Gert-Joachim Glaeßner · Michal Reiman (Hrsg.)

Systemwechsel und Demokratisierung

Gert-Joachim Glaeßner ·
Michal Reiman (Hrsg.)

Systemwechsel und Demokratisierung

*Rußland und Mittel-Osteuropa
nach dem Zerfall der Sowjetunion*

Westdeutscher Verlag

Die Deutsche Bibliothek - CIP-Einheitsaufnahme

Systemwechsel und Demokratisierung: Rußland und
Mittel-Osteuropa nach dem Zerfall der Sowjetunion /
Gert-Joachim Glaeßner/Michal Reiman (Hrsg.). -
Opladen: Westdt. Verl., 1997
   ISBN-13: 978-3-531-13003-3   e-ISBN-13: 978-3-322-87298-2
   DOI: 10.1007/978-3-322-87298-2

Alle Rechte vorbehalten
© 1997 Westdeutscher Verlag GmbH, Opladen

Der Westdeutsche Verlag ist ein Unternehmen der Bertelsmann Fachinformation.

Das Werk einschließlich aller seiner Teile ist urheberrechtlich geschützt. Jede Verwertung außerhalb der engen Grenzen des Urheberrechtsgesetzes ist ohne Zustimmung des Verlags unzulässig und strafbar. Das gilt insbesondere für Vervielfältigungen, Übersetzungen, Mikroverfilmungen und die Einspeicherung und Verarbeitung in elektronischen Systemen.

http://www.westdeutschervlg.de

Umschlaggestaltung: Horst Dieter Bürkle, Darmstadt

Gedruckt auf säurefreiem Papier

ISBN-13: 978-3-531-13003-3

"Zu wiederholten Malen seit dem Ausbruch der Revolution bis auf unsere Tage sah man die Leidenschaft für die Freiheit erlöschen, dann wieder erwachen, abermals erlöschen und immer wieder erwachen; so wird sie noch lange fortfahren und stets unerfahren und schlecht geleitet, leicht zu entmutigen, zu erschrecken und zu besiegen, oberflächlich und flüchtig."

(Alexis de Tocqueville, Der alte Staat und die Revolution)

Inhalt

Vorbemerkung 9

Gert-Joachim Glaeßner
Von der Perestroika zur liberalen Demokratie?
Strukturprobleme des Systemwechsels und der
Demokratisierung im Postkommunismus 13

Leonid A. Gordon
Weggabelungen auf der Straße der Transition.
Rückblick und Perspektiven der russischen Entwicklung 45

Klaus Segbers
Strukturdefekte und Reformpolitik.
Ursachen und Auswirkungen der finalen Krise
des sowjetischen Sozialismus 73

Michal Reiman
Das sowjetische politische System und das neue Rußland.
Eine historisch-politologische Betrachtung 97

Jutta Scherrer
Von der Krise im Selbstverständnis
der russischen Intelligenzija 111

Hannelore Horn
Der Zerfall der Sowjetunion und nationale Optionen 133

August Pradetto
Sicherheitspolitische Konsequenzen des Endes der
Sowjetunion im mitteleuropäischen Raum 153

Dieter Segert
Diktatur und Demokratie in Osteuropa 197

Margareta Mommsen
"Delegative", "halbierte" und "Nomenklatura"-
Demokratien. Zu den Entstehungs- und Entfaltungsbe-
dingungen demokratischer Gemeinwesen in Osteuropa 233

Vorbemerkung

Nach 1989 ist oft vom Sieg des Westens im Kalten Krieg die Rede gewesen. Dies war, wenn überhaupt, allenfalls ein indirekter Sieg, denn der Kommunismus ist nicht von einem äußeren Feind besiegt worden, sondern an seinen inneren Widersprüchen zugrunde gegangen. Die Revolutionen des Jahres 1989 waren darauf gerichtet, die autoritäre Herrschaft zu beseitigen und politische Freiheit zu erlangen. Für viele ehemalige Sowjetrepubliken und die Länder Mittel-Osteuropas war dies zugleich ein Kampf um ihre nationale Wiedergeburt.

Vor die Notwendigkeit gestellt, ein neues politisches und wirtschaftliches System zu errichten, wurde oft auf bewährte westliche Vorbilder zurückgegriffen: Marktwirtschaft und liberale Demokratie. In der Praxis bedeutete die Entscheidung für einen radikalen Systemumbruch massive soziale Verwerfungen und soziale Ungleichheit in Kauf zu nehmen, deren Ausmaß heute die Gleichheit politischer Teilnahmechancen ernsthaft gefährdet.

Die durch den Kommunismus hervorgebrachte Atomisierung der Gesellschaft außerhalb der politisch strukturierten Sozialbeziehungen hinterließ eine amorphe soziale Struktur und Individuen, deren Demokratiefähigkeit nur über einen mühsamen und langwierigen Restrukturierungsprozeß sozialer Interessen und normativer Überzeugungen möglich ist. Allerdings können das Ausmaß der wirtschaftlichen Krise und sozialer Ungleichheit, subkulturelle Cleavages oder bestimmte nationale Eigenschaften dazu führen, daß auftretende Konflikte nicht mit demokratischen Mitteln zu bearbeiten sind.

Da der simultane Übergang vom Autoritarismus und der Herrschaft der Nomenklatura zu Marktwirtschaft und Demokratie neue Konflikte hervorbringt und in erster Instanz nicht mehr zu bieten hatte als die Regulierung und Institutionalisierung ungewisser Ergebnisse und Entscheidungen, hängt viel von den ökonomischen und sozialen Rahmenbedingungen ab, unter denen er stattfindet. Die hier nur grob skizzierten Entwicklungen waren das Thema einer Fachtagung Ende des Jahres 1995 in Berlin. Eine erste Tagung mit demselben Teilnehmerkreis hatte im Frühjahr 1989 in Berlin (West) stattgefunden. Hier hatten in dieser Form erstmals sowjetische und deutsche Sozialwissenschaftler, Historiker und Emigranten aus mittel-osteuropäischen Ländern über die Entwicklungsperspektiven der politischen Systeme der sozialistischen Länder debattiert.[1]

Es hatte seinerzeit keine Prognose des nahen Endes der kommunistischen Regime in Osteuropa und der Sowjetunion gegeben, aber eine weitgehende Einigkeit über die Notwendigkeit grundlegender Reformen. Glasnost und Perestroika wurden als Reaktion auf eine "mehrdimensionale Krise" gesehen, die "Ausgangspunkt des sowjetischen Systemwandels" war. Als "Revolution von oben" begonnen sei sie aber zunehmend "durch eine Automatisierung von unten und durch eine wachsende nationale Dynamik" ersetzt worden, durch die "das ganze Land in Bewegung geraten" sei. (Segbers 1990: 110 f) Angesichts dieser Entwicklung bestehe, so hoffte Michal Reiman, "die reale Möglichkeit ..., eine neue Etappe der politischen und gesellschaftlichen Entwicklung zu beginnen und das alte sowjetische System Geschichte werden zu lassen." (Reiman 1990: 39)

---

1 Die Ergebnisse sind veröffentlicht in: Gert-Joachim Glaeßner/Michal Reiman (Hrsg.) 1990: Die politischen Systeme der sozialistischen Länder. Entstehung - Funktionsweise - Perspektiven, Frankfurt a. M./u. a.: Peter Lang. Die im folgenden zitierten Beiträge und Seitenangaben beziehen sich auf diese Publikation.

Differenzen wurden über die Reichweite aktueller Reformen (Perestroika) und notwendiger Reformen deutlich. Die sowjetischen Kollegen bestanden darauf, daß die Reformbestrebungen dort ihre Grenze finden müßten, wo die Stabilität der Gesellschaft gefährdet sei und eine ökonomische Krise drohe. Ob die Perestroika, also eine Reformstrategie aus dem System heraus, überhaupt noch erfolgreich sein könne, wurde von Lilja Schewzowa in Frage gestellt, die Zweifel an der Reformierbarkeit des Sozialismus äußerte. "All das zwingt zu der Schlußfolgerung, daß die Möglichkeiten systeminterner Reformen, die auf eine Erneuerung der vorhandenen gesellschaftlichen Mechanismen setzen, endgültig erschöpft sind und der Übergang zu einer qualitativ neuen Gesellschaftsstruktur notwendig ist." (Schewzowa 1990: 162) Als "Revolution von oben" komme die apparatgelenkte Perestroika in der Sowjetunion und den anderen Reformländern notwendig an ihre Grenzen: "Früher oder später kommt der Moment, wo ihre Reformaktivitäten mit der elementaren Logik der Machterhaltung in Konflikt geraten." (Schewzowa 1990: 167)

Das Ende des Kommunismus in Osteuropa hat eine Flut von Interpretationen und retrospektiven Erklärungsversuchen zur Folge gehabt, die aber häufig die Vorgeschichte dieses historischen Umbruchs vernachlässigen. Da lag es nahe, nach dem revolutionären Umbruch in Osteuropa und dem Zerfall der Sowjetunion und genau zehn Jahren nach dem Beginn der Perestroika den Versuch zu unternehmen, eine Bilanz des Systemwechsels und der Demokratisierung in diesen Ländern zu versuchen, wohl wissend, daß auch diese nur eine Zwischenbilanz eines noch anhaltenden und noch längere Zeit in Anspruch nehmenden Prozesses sein kann. Die Teilnehmer hatten sich vorgenommen, nicht nur, wie dies heute zumeist geschieht, eine aktuelle Bestandsaufnahme zu versuchen, sondern auch aus einem gewissen Abstand die historischen Voraussetzungen und Rahmenbedingungen der verspäteten Systemreform in der Sowjetunion und einigen sozialistischen Ländern zu analysieren. Die überarbeiteten Ergebnisse werden in diesem Band vorgestellt.

Möglich gemacht wurde das Unternehmen durch die großzügige Unterstützung der Brandenburgischen Landeszentrale für politische Bildung und die erneute Gastfreundschaft der Evangelischen Akademie Berlin-Brandenburg. Beiden Institutionen sind wir zu Dank verpflichtet. Lilian Klein und Carola Becker danken wir für die Unterstützung bei der Herstellung dieser Publikation.

Berlin, im Frühjahr 1996
Gert-Joachim Glaeßner
Michal Reiman

Von der Perestroika zur liberalen Demokratie? Strukturprobleme des Systemwechsels und der Demokratisierung im Postkommunismus

Gert-Joachim Glaeßner

1 Krisen und Reformversuche im sowjetischen Sozialismus

Der Kollaps des Kommunismus bietet, wie jeder Moment in der Geschichte, in dem alte Denkweisen zusammenbrechen, die einzigartige Chance einer vorurteilsfreien Auseinandersetzung mit der Vergangenheit. Frühere Einschätzungen können überprüft und wenn nötig, korrigiert werden. Die Ereignisse in der früheren Sowjetunion und den ehemals sozialistischen Ländern seit Beginn der Perestroika bieten dafür ein einmaliges historisch-empirisches Exempel.

Bis zur Gorbatschow'schen Politik der Öffnung gegenüber dem Westen, die die Idee der Kooperation an die Stelle der von Chruschtschow formulierten Politik der "friedlichen Koexistenz" setzte, waren nicht nur die Einflußzonen abgesteckt, sondern auch die Grenzen möglicher Reformen in den sozialistischen Ländern einigermaßen abschätzbar - dazu hatten auf ihre Weise politischer Druck und militärische Interventionen unmißverständlich beigetragen.

Perestroika, Glasnost und die stets verschwommene Rede vom "gemeinsamen europäischen Haus" eröffneten zwangsläufig nicht nur eine erneute Debatte über diese Rahmenbedingungen, sondern auch über die Zukunft und Stabilität des Systemverbunds des sowjetischen Sozialismus, der wesentlich das Ergebnis politischer, wirtschaftlicher und militärischer Machtkonstellationen in diesem

Raum und einer faktischen Übereinkunft der beiden "Supermächte" USA und UdSSR war, ihre Macht- und Einflußzonen zu respektieren, eine Übereinkunft, die in der Berlin-Krise des Jahres 1961 und der Cuba-Krise des Jahres 1962 faktisch fixiert wurde und - paradoxerweise - die Grundlage für die spätere Politik des Ausgleichs zwischen Ost und West bildete, die ihre Kodifizierung in der Schlußakte von Helsinki im Jahre 1975 erfuhr.

Wo diese Stabilität gefährdet war oder aus der Sicht der sowjetischen Führung gefährdet erschien, wurden alle Machtmittel, bis hin zur militärischen Intervention eingesetzt - so geschehen 1953 in der DDR, 1956 in Ungarn, 1968 in der CSSR und beinahe 1981 in Polen.

Zugleich gab es, oft parallel zu sich verschärfenden Krisen, oft in ihrer Folge, Reformanstöße in allen sozialistischen Ländern, so daß man mit Wlodzimierz Brus von "Reformzyklen" sprechen kann. (Brus 1985) Auslöser aller dieser Diskussionen war der XX. Parteitag der KPdSU 1956 mit seiner halbherzigen und widersprüchlichen Verabschiedung vom Stalinismus. Im gleichen Jahr begannen in Polen, der CSSR, Ungarn, sogar in der DDR Diskussionen über eine Dezentralisierung des Wirtschaftssystems, eine Modernisierung des Staates und eine Zurücknahme der "repressiven Funktionen des Staates", Debatten, die schon bald, als sie aus dem Ruder zu laufen drohten, als "revisionistisch" verurteilt wurden. Anfang der 60er Jahre setzte eine Reformdebatte ein, erneut ging es um die Modernisierung des Planungs- und Lenkungsmechanismus und wieder wurde sie, nach einigen praktischen Versuchen, wie mit dem "Neuen ökonomischen System" in der DDR als Pilotprojekt, abgebrochen. Die Intervention der Warschauer-Pakt-Truppen in der CSSR beendete vorerst alle Reformhoffnungen.

Die verschiedenen Reformversuche vor 1968 lassen sich - trotz aller Unterschiede - als graduelle Bewegung von einem in hohem Maße zentralisierten zu einem System beschreiben, das innerhalb einer nach wie vor streng hierarchischen Entscheidungsstruktur gewisse Elemente dezentraler Entscheidung und Verantwortlichkeit eingebaut hatte. Diese Entwicklungstendenzen ließen sich im Zusammenhang mehrerer Reformdiskussionen in den späten 50er und frühen 60er Jahren während der Herrschaft Nikita Chruschtschows und der aus der "Entstalinisierung" folgenden "partiellen Selbstreform der sowjetischen Gesellschaft" (Crusius/Wilke 1977: 11) beobachten und als historischer Trend prognostizieren.

Die eher technokratisch und nur in Ansätzen "reformkommunistisch" orientierten Aspekte der frühen Reformdiskussion bekamen in den 60er Jahren eine neue, demokratietheoretisch fundierte Ergänzung, die weitreichende Konsequenzen für den Sozialismus sowjetischen Typs zeitigten und zu einer fundamentalen, an die Wurzeln des Systems gehenden Krisensituation führten. Sie entstand im Jahre 1968, als in der Tschechoslowakei der Versuch unternommen wurde, eine Strukturreform des Sozialismus sowjetischen Typs zu bewerkstelligen, die weit über technokratische und systemtheoretisch aufgeladene Reparaturanstrengungen nach dem Muster der Reformversuche Anfang der 60er Jahre hinausgingen.

Auf die Ambivalenz der Situation und auf die Tatsache, daß die Intervention des Warschauer Paktes zwar den "Prager Frühling" beendete, aber keineswegs zu einer Lösung der Probleme geführt hatte, hat seinerzeit Zbigniew Brzezinski hingewiesen. Trotz des gewaltsamen Endes dieses Reformversuchs sei auf lange Sicht die Demokratisierung des Kommunismus "ein unvermeidbarer und unumkehrbarer Prozeß". (Brzezinski 1972: 54) Allerdings seien die tschechoslowakischen Erfahrungen nicht ohne weiteres auf die Sowjetunion übertragbar, da sie über keine demokratischen Traditionen verfüge.

Adam Michnik hat im Rückblick auf das Jahr 1968 auf ein entscheidendes Element hingewiesen, das in der Debatte oft untergeht und in der Zeit der "Abrechnung" mit dem alten System nach 1989 gegen die Reformer von 1968 gewendet worden ist: die angestrebte Systemreform ging von Kommunisten aus, die Führer des "Prager Frühlings" waren Kommunisten (und später meist Dissidenten), die "Hoffnung auf eine demokratische Evolution, einen genuinen Pluralismus und eine friedliche Transition zu einem Staat, der auf dem Recht und der Anerkennung fundamentaler Freiheiten" beruht, (Michnik 1993: 20) entstand also aus dem System heraus und wurde durch die Politik führender Repräsentanten dieses Systems genährt. Prag 1968 und der polnische Oktober von 1980 indizierten eine fundamentale Krise des Systems, aber der Prager Frühling war Teil der Geschichte des Kommunismus, wohingegen die polnischen Ereignisse Teil der Geschichte der Opposition gegen den Kommunismus gewesen sind, auch wenn hier viele der Aktivisten frühere Kommunisten waren. (Michnik 1993: 20)

"1968" bedeutete zwar das Ende aller Hoffnungen auf systemtranszendierende Reformbestrebungen, gleichwohl kamen die Reformversuche selbst in der euphemistisch als Zeit der "Stagnation" bezeichneten Breschnew-Ära nicht völlig zum Stillstand. "Die Modernisierung des Sozialismus war ein kontinuierlicher Prozeß seit Stalins Tod." (v. Beyme 1990: 133) Aber erst die Perestroika-Politik von Michail Gorbatschow, die als "große Reform" (v. Beyme) begann, eröffnete erstmals die Möglichkeit systemtranszendierender und die besonderen Bedingungen der einzelnen Länder respektierender Veränderungen, ohne daß den Initiatoren bewußt war, daß sie das Ende des Sozialismus sowjetischen Typs eingeleitet hatten. Die Frage, ob es Alternativen gab, die nicht zum Zerfall der Sowjetunion geführt hätten, ist heute nur noch insoweit von Bedeutung, als damit auch Konsequenzen für die gegenwärtige Entwicklung verbunden sind. (Vgl. Gordon in diesem Band; Schewzowa 1995: 60)

Bedeutsam für eine retrospektive Beurteilung der Perestroika-Politik sind der Reformverlauf, die einzelnen Sequenzen und die Kontingenz der Entwicklung. 1985 bis 1987 schien es noch so, als ob im wesentlichen an die Chruschtschow'schen und Andropow'schen Reformen angeknüpft werden solle. Die Anzeichen eines fundamentalen Wandlungsprozesses konnten noch übersehen oder als Randerscheinung vernachlässigt werden, denn in der Tat standen zu Beginn der Perestroika die gleichen Probleme auf der Tagesordnung, wie Anfang der 80er Jahre und bereits zwanzig Jahre zuvor, nur, daß sich das Verschleppen von notwendigen Veränderungen des Wirtschaftsmechanismus inzwischen zu einer Funktionskrise des politischen Systems ausgewachsen hatte, der mit den Mitteln einer nur technokratischen Reform im Stile der frühen 60er Jahre nicht mehr beizukommen war, zumal der Druck aus der Gesellschaft, die eine Öffnung des politischen Systems, also Glasnost, verlangte, zunahm.

"Wie schon früher im Sozialismus so oft, verselbständigten sich die Mittel gegenüber den Zielen schon in den ersten Jahren der Perestroika. Der Druck der Gesellschaft, der immer mehr Glasnost verlangt, zwingt dazu, den politischen Reformen, die sich schneller verwirklichen lassen, eine Weile Priorität einzuräumen. Dies bedeutet nicht, daß die weiterreichenden Ziele völlig aus dem Auge verloren werden. Selbst wenn das Ende der Reform funktional politische Reformen zur Bekämpfung der dysfunktionalen Reformen der wirtschaftlichen und sozialen Veränderungen sein sollte, war dies intentional von der Perestroika-Führung nicht so geplant, wie ihnen von einigen Analytikern unterstellt worden ist." (v. Beyme 1990: 134 f.)

Daß verspätet begonnene, auf bestimmte Sektoren begrenzte Reformen Forderungen aus der Gesellschaft ermutigen und überhaupt erst entstehen lassen würden, und daß dies ein kompliziertes Wechselverhältnis von dem Anspruch nach noch immer demokratisch-zentralistischer Politik und sich verselbständigenden gesellschaftlichen Interessen zur Folge haben könnte, war weder den Initiatoren der Perestroika, noch den Reformern in den anderen sozialistischen Ländern, die sich durch die Perestroika ermutigt fühlten, bewußt. Gerade hierin aber lag der Kern des Problems. Die Gesellschaften in den "realsozialistischen" Ländern hatten in den 70er und 80er Jahren, in höchst unterschiedlicher Weise, ein gewisses Eigenleben entfaltet. In einigen Ländern ging dies bis zur Entwicklung einer alternativen politischen Kultur und von Elementen einer zivilen Gesellschaft. Für eine technokratische Antwort auf die Krise - und nichts anderes stellte die Perestroika in ihrer ursprünglichen Version dar - war es zu spät. Die notwendige Verbindung von wirtschaftlicher und politischer Reform, von Perestroika und Glasnost aber war im Rahmen der seit Lenin sakrosankten Strukturen des Demokratischen Zentralismus nicht mehr zu bewerkstelligen. Dies ist der Grund für die Beschlüsse der 19. Parteikonferenz 1987, die den ideologischen Abschied vom Sowjetmodell einleiteten.

Die seinerzeitige Wahrnehmung der Ereignisse freilich war eine andere: die Sowjetunion war nach einer langen Phase der Stagnation abrupt in Bewegung geraten und die anderen sozialistischen Länder konnten in der Folge vieles von dem, was in früheren Jahren mit Gewalt unterdrückt worden war erneut versuchen. Bis 1989 überwog die Einschätzung, daß all dies bestenfalls zu einer lange überfälligen Systemreform, nicht aber zum Ende des Sowjetsozialismus führen werde.

2 Perestroika und Systemreform

In der sozialwissenschaftlichen Literatur zu System- und Regimewechseln besteht weitgehende Einigkeit darüber, daß autoritäre Systeme in dem Augenblick, in dem sie sich - in der Regel der Not gehorchend - zu Reformschritten entscheiden, in eine Ära der Unsicherheit und Gefährdung geraten, da der Abschied von bisherigen repressiven Politikmustern als Schwäche ausgelegt wird. Wie stark diese potentielle Gefährdung der Herrschaft ist, hängt von einer Vielzahl von Faktoren ab: der Stärke der Opposition, der Einigkeit oder Spaltung innerhalb der politischen Führungsschichten, innergesellschaftlichen Bedingungen, wie wirtschaftliche und soziale Krisen oder Stabilität, äußeren Faktoren u. a. m.

Die Perestroika war eine Reform, die zeitlich überfällig war, die als "reine" Wirtschafts- und technokratische Strukturreform geplant war und der keine Gesamtstrategie zugrunde lag. Sie wurde von Teilen des Apparats gegen den Widerstand anderer Nomenklatura-Gruppen vorangetrieben und im Verlauf durch Glasnost ergänzt, was aber faktisch bedeutete, daß ihre ursprüngliche Begrenzung - teils aus Einsicht in die Komplexität erfolgreicher Reformstrategien, teils auf Grund steigenden Drucks aus Teilen der Gesellschaft - aufgehoben wurde und der Eindruck entstand, hier handele es sich um eine umfassende Strategie simultaner ökonomischer und politischer Systemreform.

Leonid Gordon hat bereits 1990 darauf hingewiesen, daß es verschiedene Vorstellungen von Ziel und Weg der Perestroika und damit auch verschiedene Szenarios ihrer weiteren Entwicklung gebe:

1. Vervollkommnung des bestehenden Wirtschaftssystems und eine "gute" autoritäre Leitung (eine Position, vertreten durch Nina Andrejewa);
2. Vervollkommnung des Plansystems mit limitierter Demokratie (eine populäre Auffassung);

3. Ökonomische Reform verbunden mit autoritärer Politik (eine häufig praktizierte, aber gefährliche Politik);
4. Marktreform plus Demokratie (Programm der 19. Parteikonferenz). (Gordon 1990: 201)

Diese Grundsatzpositionen wurden in den Reformdebatten Ende der 80er Jahre von verschiedenen Gruppen der Nomenklatura und Wissenschaftlern vertreten und sind mit dem Ende der Sowjetunion, wie der Beitrag von Leonid Gordon in diesem Band zeigt, keineswegs obsolet geworden.

Will man zumindest in der Retrospektive eine Beurteilung der Chancen der Systemreform im sowjetischen Sozialismus versuchen, stellt sich die Frage, welche Entwicklungsmöglichkeiten ein autoritäres System hat, das sich liberalisiert, wie die beiden Hauptaufgaben, Umbau des Wirtschaftssystems und der politischen Institutionen miteinander verbunden werden und ob im Verlauf dieses Prozesses eine Transition zur Demokratie ohne Systemwechsel denkbar ist.

Im Anschluß an Robert A. Dahls "Polyarchy" (1971: 5 ff.) lassen sich vier Grundkonstellationen beschreiben:

Autoritäre und totalitäre Diktaturen zeichnen sich vor allem dadurch aus, daß alle Machtmittel in einem engen politischen Führungszirkel konzentriert sind, der sich nach außen hermetisch abriegelt ("closed hegemony"). Eine Öffnung ist erstens in Richtung einer eher kompetitiven Oligarchie vorstellbar. Dies sind Erscheinungen, die bereits Anfang der 70er Jahre für die Sowjetunion als Tendenz zur Herausbildung verschiedener bürokratischer Interessengruppen innerhalb der herrschenden Nomenklatura beschrieben worden sind. (Skilling/ Griffiths 1974) Gleichwohl führte diese Entwicklung, anders als von manchen Beobachtern in der damaligen Zeit erwartet (z. B. Ludz 1967), nicht zu einem Pseudo-Pluralismus innerhalb der herrschenden Eliten. In einer kompetitiven Oligarchie akzeptiert das Regime Elemente bürokratischer Rationalität und technokratische Effektivitätskriterien in der Absicht, seine Macht zu behaupten.

Schaubild: Demokratie und Diktatur

hoch	(kompetitive Oligarchie) bürokratische Fraktionierung und Technokratisierung	Demokratie (Polyarchie)
Wettbewerb		
(public contestation)	(abgeschlossene Hegemonie) autoritäre oder totalitäre Diktatur	(inklusive Hegemonie) gelenkter "Pluralismus"
niedrig		
	niedrig	hoch
	Inklusion	(Partizipation)

Eine zweite Variante besteht darin, sich gegenüber manifesten oder potentiellen Partizipationswünschen aus der Gesellschaft zu öffnen, das heißt, eine partielle Einbeziehung gesellschaftlicher Gruppen und Interessen überhaupt zu akzeptieren und Partizipation in gelenkter und kontrollierter Form zu ermöglichen, ohne einen politischen Wettbewerb zuzulassen. Verschiedene Techniken der Massenmobilisierung fallen ebenso hierunter wie die politisch gelenkte Diversifikation von "gesellschaftlichen Organisationen". Glasnost war der Versuch, eine erweiterte Variante gelenkter Mobilisierung zur Unterstützung der Reformpolitik zu realisieren, unterschied sich aber von diesen früheren Formen durch einen entscheidenden qualitativen Faktor, die Tatsache nämlich, daß sie eine Antwort auf Druck aus der Gesellschaft darstellte, also nicht, wie alle früheren Massenmobilisierungen ausschließlich instrumentell war.

Gleichwohl gab es eine Tendenz zu einem "umgestülpten Bolschewismus". (Mlynár 1990: 122) Das Bündnis von Reformern in der Parteiführung und Intellektuellen neigte dazu, die einmal als richtig erkannten radikalen Reformschritte ohne Rückkopplung zur Gesellschaft voranzutreiben - dies war sowohl für die zweite Phase der Perestroika, als auch für die Zeit typisch, als "Radikalreformer" den Kurs bestimmten. Ähnliche Erscheinungen finden wir in der Politik der "Schocktherapie" wieder, wie sie in einigen mittel- und osteuropäischen Staaten verfolgt wurde.

Das Vorauseilen der - ökonomisch rationalen und dringend notwendigen - Wirtschafts- und Preisreform und die Vernachlässigung der sozialen und langfristigen psychologischen Folgewirkungen erweist sich heute als politisches Problem und belastet die Entwicklung in Richtung der Demokratie (oder der "Polyarchie", wie Dahl die unvollkommenen, von den demokratischen Idealen weit entfernten Demokratien der Gegenwart nennt).

Demokratie hat zwei Elemente zur unabdingbaren Voraussetzung: öffentlichen Wettbewerb und das Recht zur Partizipation. Bezogen auf die Transitionsprozesse in den ehemaligen sozialistischen Ländern bezeichnen die Dimensionen "autoritäre oder totalitäre Diktatur" und "bürokratische Fraktionierung/Technokratisierung" die systemverträglichen Entwicklungsvarianten. Der Begriff "inklusive Hegemonie" trifft auf Reformvarianten zu, wie sie in unterschiedlicher Weise in der zweiten Phase der sowjetischen Perestroika (nach der 19. Parteikonferenz) oder in Ungarn versucht wurden. Die Dimension "Demokratie" (Polyarchie) bedeutet Systembruch.

3 Liberalisierung

Autoritären Systemen, wie der Sowjetunion in den 80er Jahren, bieten sich in Zeiten der politischen Krise zwei Möglichkeiten: Sie können sich allen Liberalisierungstendenzen verweigern und versuchen, sich als autoritäre (oder totalitäre) Diktatur zu erhalten, oder sie können versuchen, sich zu öffnen. In unserem Modell ist dies in zwei Richtungen denkbar: als technokratische Reform, wie in den frühen 60er Jahren und der ersten Phase der Perestroika, oder als partielle politische Liberalisierung, wie es in der Sowjetunion nach 1987 durch die Verbindung von Perestroika und Glasnost versucht worden ist. Die erste Variante würde, ihren Erfolg vorausgesetzt, zur Etablierung einer kompetitiven Oligarchie, zu bürokratischer Fraktionierung und/oder Technokratisierung, die zweite zu einem begrenzten Pluralismus führen.

Die erste Tendenz ist in einem 1974 von H. Gordon Skilling und Franklyn Griffiths herausgegebenen Buch beschrieben worden. Die Autoren analysierten Interessengruppen in der sowjetischen Politik - die Parteiapparatschiki, die Wirtschaftsmanager, die Militärs, den Sicherheitsapparat usw. Anders als frühere Analysen von Konflikten innerhalb der politischen Führungsgruppen beschränkte sich der Interessengruppenansatz nicht darauf, diese Konflikte als bloße persönliche Machtkämpfe zu begreifen. Vielmehr wurden sie als Ausdruck unterschiedlicher - wenngleich bürokratisch verformter - gesellschaftlicher Interessenlagen analysiert, als deren Exponenten die verschiedenen Protagonisten agierten. Diese Gruppen besaßen aber keine organisatorische Kohärenz und Repräsentativität und verfügten nicht über die Autonomie, ihre Interessen in geregelten Bahnen artikulieren zu können.

Wenn die autoritären Amtsinhaber beginnen, aus welchen Gründen auch immer, ihre eigenen Regeln so zu ändern, daß größere Rechtssicherheit für Individuen und Gruppen gewährt und eine politische Liberalisierung des Regimes eingeleitet wird, geschieht dies, wie in der Sowjetunion im Jahre 1987, meist auf Druck und meist zu spät. Die strukturelle Notwendigkeit für die Systeme des "realen Sozialismus", sich zu "liberalisieren", war seit Jahrzehnten vorhanden - es war ja kein Zufall, daß die Debatte über dieses Problem unmittelbar nach dem XX. Parteitag der KPdSU erstmals begonnen hatte.

Die Beharrungskräfte der politischen Strukturen und relevanter Teile der Nomenklatura waren aber so groß, daß zu verschiedenen Zeiten allenfalls technokratische Reformvarianten versucht wurden, die stets vom Mißtrauen der Parteiführungen begleitet waren. Deutlich war immer, daß ein solcher Liberalisierungsprozeß mit bestimmten Grundaxiomen der politischen und sozialen Ordnung unvereinbar war, also ein Zielkonflikt existierte.

Liberalisierung beginnt in dem Augenblick, wo das Regime erkennen läßt, daß es bestimmte Formen autonomer Organisation nicht unterdrücken wird. (Das war - für kurze Zeit - 1980 in Polen mit Solidarnosc der Fall, im Herbst 1989, als Egon Krenz das "Neue Forum" hofierte usw.) Top-down und buttom-up Elemente bestimmen oft beide den Liberalisierungsprozeß und führen zum Teil zu gegensätzlichen Interpretationen. Die Liberalisierer im Regime sehen eine Möglichkeit, mit den Kräften einer neu entstehenden zivilen Gesellschaft eine Allianz zu schließen, in der Hoffnung, ihre eigenen Vorstellungen zu verwirklichen.

Dabei ist sowohl denkbar, daß am Beginn eine, wie auch immer geartete, öffentliche Mobilisierung steht, oder aber daß sichtbar wird, daß die Führerschaft in sich gespalten ist. Von diesen Faktoren sind Tempo und Verlauf der Liberalisierung abhängig. Die Logik der Liberalisierung ist gleich, unabhängig davon, ob eine sichtbare Spaltung der Führungsgruppe oder eine Mobilisierung öffentlichen Protests am Anfang steht. Unterschiedlich ist das Tempo. Öffentliche Mobilisierung diktiert einen schnellen Rhythmus, weil sie das Regime und die Opposition gleichermaßen zwingt, schnell zu reagieren und zu entscheiden.

Für einige der sozialistischen Systeme war kennzeichnend, daß die Gründung autonomer Organisationen im Kern bereits während der Diktatur vorbereitet war. Sie konnten sich, wie Solidarnocs in ihrer Frühphase und die Charta 77, in klandestiner Form oder im Schatten einer größeren zugelassenen oder geduldeten "umbrella-organization" wie der Evangelischen Kirche in der DDR oder gar innerhalb der regierenden kommunistischen Partei wie in Ungarn entfalten, lange bevor das Zusammentreffen von Konflikten in den politischen Führungsschichten und Druck aus der Gesellschaft eine politische Öffnung des Systems ultimativ auf die Tagesordnung setzte.

Tempo und Ausmaß politischer Liberalisierung hingen entscheidend davon ab, worauf das von den Vertretern der rational-choice-Schule angenommene "autoritäre Equilibrium" beruhte: auf sozialer Anpassung, ökonomischen Vorteilen, sozialen "Errungenschaften", Repression, Lügen oder schlichter Gewöhnung. (Przeworski 1990: 58 f.) Erfolg oder Mißerfolg ist wesentlich davon abhängig, ob es gelingt, diesen Prozeß zu kanalisieren.

Wenn man nach den Akteuren fragt, so waren auf der Seite der regierenden Parteien idealtypisch drei Gruppen auszumachen: Die Vertreter des Status quo (sie werden als "Hardliner" oder auch als "strategische Clique" bezeichnet), die Gruppe der Technokraten und die diffuse Gruppe der normativ motivierten Systemreformer, zu denen die "Revisionisten" der späten 50er Jahre ebenso gehören, wie Parteiintellektuelle und Anhänger eines "Dritten Weges". In der Literatur werden die beiden letzten Gruppen zumeist unter der Bezeichnung "Reformer" (oder "institutionalisierte Gegenelite") zusammengefaßt. (Ludz 1967; Przeworski 1990)

Ich plädiere jedoch für eine analytische Trennung, da die Gruppe der Technokraten eher das Modell einer "kompetitiven Oligarchie" im Sinne Dahls präferierte, während in der Gruppe der normativ motivierten Systemreformer vorwiegend Konzepte eines gelenkten Pluralismus ventiliert wurden, wobei die Vorstellungen darüber, wo die Systemgrenzen gegenüber der "bürgerlichen" Demokratie zu ziehen seien, durchaus fließend waren.

4 Restauration oder demokratische Emanzipation?

In jedem Transitionsprozeß ergeben sich Situationen, in denen entschieden werden muß, ob die Entwicklung weiter zur Demokratie oder in Richtung der Restauration eines autoritären Regimes gehen soll. Liberalisierung als Erweiterung der sozialen Basis des (alten) Regimes ohne Wandel in seinen politischen Strukturen bringt die Entwicklung an den Scheideweg: Restauration oder demokratische Emanzipation. Restauration muß in postkommunistischen Ländern nicht unbedingt Rückkehr zum alten System bedeuten, es kann sich, wie in Rußland, auch um eine ganz anders geartete Form des Autoritarismus handeln. Es sind gerade autoritäre Lösungen, die in Übergangszeiten Unterstützung nicht nur bei den neuen-alten politischen Eliten, sondern auch bei großen Teilen der Bevölkerung finden. Die Forderung nach einer "starken Hand", das verbreitete Mißtrauen gegenüber den neuen demokratischen und das relative Vertrauen gegenüber den alten, vertrauten, oft nur oberflächlich "gewendeten" Institutionen (Rose 1994: 25-28) spielen in die Hände der neuen politischen Eliten,

die nicht selten, vor allem in den Nachfolgestaaten der Sowjetunion, die alte Nomenklatura der zweiten Reihe sind. (Schewzowa 1995: 61)
Jede Demokratisierung steht vor dem Dilemma, einen "Zweifrontenkrieg" führen zu müssen. In der ersten Transitionsphase besteht der Hauptkonflikt zwischen den Verteidigern des alten Systems und der in dessen Ablehnung einigen Opposition. Die Losung "Wir sind das Volk", die, ausgesprochen oder nicht, in allen mittel-osteuropäischen Umbrüchen diese erste Phase geprägt hat, bezog ihre suggestive Kraft aus dem spontanen Willen, die Chance zu nutzen, sich des alten Regimes zu entledigen. Daß daraus die Illusion erwuchs, man könne auch nach dem Sturz des Kommunismus auf neue Weise "einmütig" handeln, ist angesichts fehlender Erfahrungen mit der demokratischen Austragung sozialer und politischer Konflikte verständlich.

In einer zweiten Phase geht es um die kompetitive Auseinandersetzung innerhalb der sich ausdifferenzierenden Opposition - in einer Zeit, in der auf der Seite des alten Regimes die Dinge noch nicht endgültig entschieden sind, insbesondere die strategische Wahl der Reformer innerhalb des Regimes. In der Gestaltung der "Runden Tische" kommt diese Konstellation zum Ausdruck. Die Regime-Vertreter waren daran interessiert, ein Gegenüber - eine "vereinte Opposition" - zu verhindern. Die Lösung, den Tisch rund (symbolisch, wie in der DDR, oder real, wie in Polen, oder triangular, wie in Ungarn) zu gestalten, zielte darauf ab, die verschiedenen Schattierungen der Opposition an ihren sich herausbildenden spezifischen Interessen zu fassen. Sie hatte aber zugleich den Nebeneffekt, daß auch auf der Seite des Regimes Differenzierungen entstanden: z. B. drängten "Massenorganisationen" oder "Blockparteien" auf Eigenrepräsentanz und entwickelten im Verhandlungsprozeß Eigeninteressen, um ihr Überleben zu sichern.

Die Kampagne für Demokratie einigte vermeintlich alle gesellschaftlichen und politischen Gruppen, so wie es zuvor der Kampf um die Durchsetzung der Perestroika tat - nur, daß die Beteiligten höchst unterschiedliche Vorstellungen davon hatten, was Demokratie sei, und einige Akteure, vor allem die flexibleren Gruppen der Nomenklatura, den Kampf um die Demokratie als Vorwand nahmen, um ihre Positionen im neuen sozio-politischen Gefüge zu suchen und zu festigen.

Auch für die bislang gegen das alte Regime vereinte Opposition bedeutete Kampf um die Demokratie sehr bald nicht mehr gemeinsames Agieren gegen einen gemeinsamen Feind, wie noch am "Runden Tisch", sondern Konflikt. Es entstand das Dilemma, daß die oppositionellen Gruppen sich zusammenschließen mußten, um gegen den Autoritarismus zu obsiegen; um aber unter demokratischen Bedingungen erfolgreich zu sein, mußten sie miteinander in Wettbewerb treten. Von daher fand der Kampf um die Demokratie immer auf zwei Ebenen statt: gegen das autoritäre Regime, um ihm die Demokratie abzutrotzen, zugleich aber untereinander, gegen die eigenen politischen Verbündeten um die beste Ausgangsposition für die allfälligen ersten freien Wahlen.

5 Probleme der Marktreform und des Umbaus der politischen Systeme

Die Vorstellungen über das "danach" waren in der Zeit des Systemumbruchs sehr schemenhaft, auch wenn die (von der Mehrheit der politischen Gruppierungen) in allen postkommunistischen Ländern vertretene Option von Anfang an die Transition zur Demokratie und die Errichtung einer marktwirtschaftlichen Ordnung war. Doch hatte bereits die Gleichzeitigkeit von Marktreform und politischer Reform in der Sowjetunion nach 1987 gezeigt, daß es strukturelle Unvereinbarkeiten zwischen beiden gibt, und daß eine simultane Reform der Wirtschaft und des politischen Systems zu erheblichen Konflikten führen mußte. Die Hoffnung, daß es sich dabei nur um Konflikte gehandelt habe, die durch die Strukturdefekte des alten Systems und die Unfähigkeit oder den Unwillen der kommunistischen Reformer zu radikalen Maßnahmen verursacht seien, verleiteten die Reformer in der ersten Transitionsphase zu forcierten, an neoliberalen Vorstellungen orientierten Marktreformen, deren soziale Folgewirkungen und politische Langzeitfolgen verheerend waren.

Sowohl die "Neoliberalen" als auch ihre Kritiker haben die wirtschaftlichen, politischen und vor allem psychologischen Hindernisse einer radikalen Marktreform und ihre negativen Rückwirkungen auf den Prozeß der Demokratisierung unterschätzt. Umfangreiche Privatisierungsprogramme, Deregulierung und Marktliberalisierung waren dringend notwendig, um die ökonomische Krise zu überwinden. Darüber wurde aber oft vergessen, daß ein bestimmtes Maß an Staatsinterventionismus und staatlicher Regulierung gerade in ökonomischen und sozialen Krisensituationen nicht nur unvermeidbar, sondern dringend notwendig ist. Nur daß, und dies stellte das entscheidende Problem dar, dieser Staat noch nicht existierte und alle Versuche, bereits in der ersten Umbauphase den Staat erneut ins Spiel zu bringen, Tendenzen einer Festigung alter Strukturen befördert hätte. Einige "neoliberale" Maßnahmen können auch durchaus als Versuche gelesen werden, den Staat zu stärken - seien es Steuergesetze, die Neuregelung der öffentlichen Finanzen oder die Bereitstellung öffentlicher Dienstleistungen, die Reform der "wirtschaftslenkenden" Sektoren der öffentlichen Verwaltung oder die Einrichtung von neuen Entscheidungsinstanzen im Bereich der Wirtschaft. (Haggard/Kaufman 1994: 8 ff.) Der entscheidende qualitative Unterschied in einzelnen Ländern besteht darin, ob und wie diese institutionellen und rechtlichen Maßnahmen mit dem Prozeß demokratischer Institutionenbildung und parlamentarischer Verantwortlichkeit der staatlichen Administration verkoppelt sind oder zur faktischen Rekonstruktion einer niemandem gegenüber rechenschaftspflichtigen staatlichen "Superstruktur" führten.

Strukturell lassen sich vier Varianten der Verbindung zwischen politischer und wirtschaftlicher Transition feststellen (Schaubild: Ordnungsmodelle).

Eine realistische, wenngleich normativ nicht wünschenswerte Variante der Transition sowjetsozialistischer Gesellschaften war und ist z. T. noch immer die Entwicklung zu einer Marktwirtschaft mit einem autoritären Regime nach dem Muster Chiles unter Pinochet oder der südostasiatischen Autokratien (Singapur, Südkorea, Taiwan). Dies ist der Entwicklungspfad, auf den die politische Führung der Volksrepublik China setzt - mit unverkennbaren ökonomischen Erfolgen, aber auch mit in ihrer Langzeitwirkung noch nicht abschätzbaren sozialen und politischen Konsequenzen.

Diese Variante basiert auf einem Bündnis neuer und alter Eliten, die sich im Bereich der Wirtschaft neu gruppieren. Gemeinsam wehren sie demokratische Impulse aus der Gesellschaft ab. Hier geht ein prinzipieller Wechsel der wirtschaftlichen Ordnung mit einer Aufrechterhaltung einer neu definierten autoritären Politik einher.

Keine Realisierungschance hatten Konzepte eines "Dritten Weges", des Übergangs vom autoritären zu einem demokratischen Sozialismus, wie sie von Teilen der Bürgerrechtsgruppen und kleinen sozialdemokratischen Gruppierungen vertreten wurden.

Schaubild: Wirtschaftliche und politische Ordnungsmodelle

```
                        Demokratie
                            |
    politischer             |    "Dritter
    Mainstream              |    Weg"
    in Mittel-Ost-          |
    europa                  |
                            |
  ——————————————————————————+——————————————————————————
  Markt                     |                      Plan
                            |
    Modelle:                |    National-
    Chile                   |    kommunisten
    Süd-Ostasien            |
    China                   |
                            |
                        Autoritäres
                         System
```

Noch ungeklärt ist, ob es in einigen Ländern zu einer Neuauflage des Sowjetsozialismus - allerdings unter anderen ideologischen, nämlich nationalistischen Vorzeichen kommt. Dies wäre mit an Sicherheit grenzender Wahrscheinlichkeit keine schlichte Kopie, sondern ein politischer und ökonomischer Verbund, in dem sowohl die Interessen der alten Nomenklatura als auch die der neuen, meist mit der "Mafia" eng verwobenen wirtschaftlichen Interessengruppen und Nationalisten einen Pakt eingehen könnten. Eine solche Entwicklung hätte gewisse Ähnlichkeiten mit Regimewechseln innerhalb des Regime-Typus autoritärer Systeme, insbesondere Militärdiktaturen, die sich in autoritären Marktwirtschaften vollziehen und in unterschiedlicher Kombination einen Eliten- und Institutionenwechsel, gelegentlich auch Verstaatlichungen und Elemente staatlicher Steuerung der Wirtschaft kombinieren.

Die gleichzeitige Etablierung einer marktwirtschaftlichen Ordnung und eines demokratischen politischen Institutionensystems trifft noch immer auf eine Reihe von Hindernissen, die ihre Ursachen in der Struktur der Gesellschaft haben. Marktwirtschaft und Demokratie bedürfen einer je spezifischen sozialen Struktur der Gesellschaft, besonderer kultureller Muster und der Inklusion der Wirtschaftssubjekte bzw. der Staatsbürger. Die Demokratie wird unterminiert, wenn es ihr nicht gelingt, die ökonomische Sphäre effektiv zu gestalten. Die Forderung nach autoritären Regimen ist die Folge. (Elster 1993: 271) In diesem Kontext erscheint die Verbesserung der sozialen Situation in den postkommunistischen Ländern als entscheidende Nagelprobe für die zukünftige politische Entwicklung.

Wenn dieses Argument zutrifft, dann müssen die neuen Demokratien, um sich langfristig konsolidieren zu können, sowohl die Folgen des wirtschaftlichen Umbaus abfedern als auch den notwendigen sozialstrukturellen Wandel von der künstlich nivellier-

ten Gesellschaft des Sozialismus sowjetischen Typs zu einer modernen differenzierten und kompetitiven Marktgesellschaft vorantreiben.
Dem steht allerdings entgegen, daß mehr als vierzig Jahre wohlfahrtsstaatlicher Autoritarismus und Parteipaternalismus ihre Spuren hinterlassen haben. Die Bedeutung, die sozialen Grundrechten eingeräumt wird, hat ihre Ursachen nur zum Teil in einem modernen Verfassungsverständnis, sondern ist in erheblichem Maße auch Reaktion auf festverankerte Erwartungen der Bürger an einen fürsorglichen Staat. Daß die verfassungsrechtliche Verankerung von sozialen Grundrechten und von Staatszielen angesichts fehlender Chancen der Verwirklichung und fehlender individueller oder kollektiver Einklagbarkeit nicht enttäuschungsresistent ist, zeigt die Problematik dieser Regelungen.

6 Konstitutionalismus und Institutionenbildung

Die Bestimmung der Grundzüge einer neuen politischen Gemeinschaft und einer neuen politischen Ordnung ist in den meisten postkommunistischen Ländern inzwischen abgeschlossen. Die Verfassungsgebung in den einzelnen Ländern weist deutliche Unterschiede auf, die vom Charakter und den Zeiträumen des Umbruchs abhängen. Zugleich haben die Umbrüche in den ehemals sozialistischen Ländern einen neuen konstitutionellen Schub erzeugt.
Die Paradigmen und fundamentalen Prinzipien konstitutioneller Demokratien, wie sie in den historischen Verfassungen und in der Verfassungsentwicklung des 20. Jh., insbesondere nach dem II. Weltkrieg vorgezeichnet sind, stehen wieder im Mittelpunkt der Diskussionen:

1. Welches ist der Grundkonsens, auf den sich ein politisches Gemeinwesen verständigen kann und wie ist zu sichern, daß Regieren (government) nicht die Angelegenheit einer privilegierten Minderheit bleibt?
2. Der Konstitutionalismus legt besonderen Wert auf eine Begrenzung und Einschränkung von Macht, um zu verhindern, daß sie eine Gefahr für die individuelle Freiheit darstellt.
3. Eine offene Gesellschaft, die keine Einschränkungen der Rechte und Chancen einzelner aufgrund von Traditionen, Geburt, Religion, Rasse, Glauben usw. zuläßt, wird als Garant einer lebensfähigen demokratischen Ordnung betrachtet.
4. Die menschliche Würde und der Schutz des Individuums sind Grundlage der verfassungsmäßigen Ordnung - seien diese Grundsätze in einem Grund- und Menschenrechtsteil der Verfassungen kodifiziert oder nicht.
5. Rechtsstaatlichkeit und das Prinzip des "due process of law" erfordert nicht nur formale Gleichheit vor und gegenüber dem Gesetz, sondern Herrschaft durch das Gesetz und Fairneß im Umgang mit dem Gesetz. (Howard 1993)

Gemeinsam ist allen neuen Verfassungen in den postkommunistischen Ländern, daß sie formal die Grund- und Menschenrechte, die Freiheit der Rede, des Glaubens und des Gewissens, Nichtdiskriminierung, politische Freiheiten und Rechtsstaatlichkeit sichern. Höchst unterschiedlich ist die Intensität und Präzision, in der dies geschieht und in höchstem Maße beunruhigend ist in einigen Ländern die schon jetzt erkennbare Diskrepanz zwischen Verfassungsnorm und Verfassungswirklichkeit, die der unter dem alten Regime gelegentlich in nichts nachsteht.

Ein Grund dafür liegt in der in einigen Verfassungen nicht entschiedenen Frage nach dem Stellenwert von Freiheits- und Bürgerrechten und kollektiven Rechten bzw. den Rechten einzelner Gruppen.

Das alte Regime hatte kollektive, vor allem soziale Rechte kodifiziert und sowohl als Instrument sozialer Befriedung als auch als Legitimationsgrundlage dafür benutzt, seinen Bürgern individuelle Bürgerrechte zu verweigern.

Assoziationen an die alten "sozialistischen" Verfassungen erwecken Verfassungsbestimmungen, die nicht nur Menschenrechte und Grundrechte der Bürger kodifizieren, sondern sie an Grundpflichten binden und häufig mit Vorbehalten versehen. Völlig ungeklärt ist in vielen Fällen das delikate und diffizile Verhältnis von Bürger- und Minderheitenrechten. Die Verfassungen der Länder, die über nennenswerte nationale, ethnische und/oder religiöse Minderheiten verfügen, widmen diesen z. T. erheblichen Raum, ohne daß immer erkennbar ist, auf welcher Grundlage sich Minderheiten als solche definieren können und besonderen verfassungsrechtlichen Schutz genießen - ein zentrales Problem in Zeiten wachsender Sezessions- und Autonomiebestrebungen.

Die meisten Verfassungen nehmen "progressive" Elemente der jüngeren Verfassungsentwicklung auf, indem sie Staatsziele formulieren und bestimmten sozialen Rechten Verfassungsrang verleihen.

Andererseits führt die unklare Trennung zwischen individuellen und Gruppenrechten, Rechten und Pflichten der Bürger, allgemeinen Bürgerrechten und Minderheitsrechten dazu, daß verfassungsrechtliche Grauzonen ausgerechnet in den Bereichen entstehen, die besonders konfliktträchtig sind und die dauerhafte Etablierung demokratischer Verhältnisse erschweren.

Ein entscheidendes Element der Demokratisierung nach Regimewechseln ist die Frage nach den Bedingungen für die Überlebensfähigkeit und Konsolidierung von neuerrichteten demokratischen politischen Systemen. (Fish 1994; Diamond 1994)

Die Überlebensfähigkeit von Institutionen (institutional sustainability) hängt unmittelbar mit der Frage nach den Bedingungen für eine lebensfähige Verfassungsordnung (viable constitutionalism) zusammen. Eine fragile verfassungsmäßige Ordnung ist nicht in der Lage, überlebensfähige Institutionen zu bilden und bleibt dauerhaft für Militärputsche, die Herrschaft autokratischer Führer oder eine militante Einparteienherrschaft anfällig. Bevor neugeschaffene oder rekonstruierte Demokratien krisenresistent und überlebensfähig werden, durchlaufen sie in der Regel drei Entwicklungsphasen. Nach dem Regimewechsel oder dem revolutionären Umbruch ist im allgemeinen die Bestimmung der konstitutionellen Grundlagen der neuen politischen Ordnung die vordringliche Aufgabe. Zweitens geht es um die Bildung eines neuen Institutionensystems und drittens steht die Adjustierung dieses Institutionensystems und seine Bewährung angesichts von Transformations- und Adaptionskrisen auf der Tagesordnung.

Alle drei Aspekte können sich - zumal wenn der Transitionsprozeß ein großes Tempo aufweist - überlagern und verstärken. Dies gefährdet das neue Institutionensystem in den Fällen, in denen konstitutionelle Entscheidungen getroffen wurden, die das neue politische System nicht oder unzureichend in die Lage versetzen, mit einem unvorhersehbaren Set von Konfliktkonstellationen zurechtzukommen und die Adaptionskrise zu bewältigen.

Als wichtigstes Ziel der ersten Phase der Transition muß also neben der Verfassungspolitik die Entscheidung für ein überlebens- und anpassungsfähiges Institutionensystem angesehen werden. Die These, daß demokratische Institutionen, wenn sie fest implantiert sind und in der Gesellschaft Wurzeln geschlagen haben - außer unter langanhaltenden extremen Bedingungen einer tiefen Krise - kaum beseitigt werden können, ist weit verbreitet. Eine fundierte demokratische Kultur, so lautet die empirisch gestützte Vermutung, hilft Institutionen, auch unter Streß und bei Krisen zu überleben. (Szoboszlai 1991: 12)

7 Auf dem Weg zu einer Bürgergesellschaft?

Trotz weitgehend abgeschlossener Verfassungsgebung und politischer Institutionenbildung - zumindest außerhalb der ehemaligen Sowjetunion - bleibt die Frage nach dem für postkommunistische Länder optimalen politischen System auf der Agenda. Dabei geht es vor allem um die Frage nach dem Gewicht und den Kompetenzen der Exekutivorgane und ihren Beziehungen zur Legislative. Daneben hat das Problem der Übertragung von Kompetenzen an die Bürger eine erhebliche Relevanz. Wenn die Einbeziehung der Bürger in den politischen Prozeß, wenn also Inklusion als wichtiges Kennzeichen demokratischer Systeme angesehen wird, stellt sich die Frage, wie sie erreicht werden kann.

Zwei Grundsatzpositionen lassen sich ausmachen. Die eine stellt den repräsentativen Charakter der neuen demokratischen Ordnung in den Mittelpunkt. Ähnlich wie bei den Verfassungsgebern in den Westzonen Deutschlands 1948/49 steht hier die Furcht Pate, die autoritäre und antidemokratische Prägung der Bevölkerung könne dazu führen, daß direkt-demokratische Beteiligungsformen, wie Volksinitiativen und Plebiszite, das Einfallstor für neue antidemokratische Bewegungen und Führer sein könnten.

Die Gegenposition, die vor allem von Bürgerbewegungen und früheren Dissidenten vertreten wird, besteht darauf, daß die Revolutionen gezeigt hätten, daß die Völker die Demokratie wollten und auch reif für sie seien. Eine "civil society" ohne Inklusion, ohne breite Beteiligung der Bürger an den politischen Dingen, sei nicht vorstellbar. In den meisten neuen Verfassungen sind direkte Beteiligungsrechte, wie Volksinitiativen und Referenden, vorgesehen, allerdings ist auch eine gewisse Vorsicht gegenüber einer permanenten Partizipation der Bürger zu erkennen.

Demokratische Herrschaft wird in postkommunistischen Ländern nur zu oft als rigide Mehrheitsherrschaft, und nicht als Form des Interessenausgleichs begriffen. Die Erfahrungen des alten Systems erlaubten relativ übergangslos den Umgang mit der Mehrheitsregel. Im Zweifel bedurfte es nur der Ersetzung der alten Herrschaft, die sich ihre "Mehrheit" politisch-institutionell und durch die Usurpation der Machtmittel gesichert hatte, durch die neue, nunmehr demokratisch legitimierte Mehrheit. Das heißt jedoch keineswegs, daß die Prinzipien und Mechanismen der Demokratie auch verstanden und praktiziert werden. Sie zu erlernen und zu handhaben war kein Raum. Allenfalls in den Nischen politischer Betätigung im Rahmen der Kirchen oder in kleinen Oppositionszirkeln einer konsensualen politischen (Gegen)Kultur konnten sie geprobt werden. Sie mußten sich jedoch nicht in der Öffentlichkeit im Umgang mit anderen, ja entgegengesetzten politischen Auffassungen bewähren.

Die krisenhafte Entwicklung in den ersten Jahren der Transition ließ wenig Raum, diesen kollektiven politisch-kulturellen Lernprozeß nachzuholen. Viel wird davon abhängen, ob es gelingt, die sozialen Bedingungen so zu stabilisieren, daß Raum für Partizipation geschaffen werden kann. Nach der ersten Phase mehr oder weniger geglückter Institutionenbildung ist dies die wichtigste Aufgabe der nächsten Jahre.

Dabei geht es vor allem darum, verbreiteten Tendenzen zu einer rigiden Mehrheitsherrschaft die lediglich die alten, autoritären durch die neuen, demokratischen Regeln ersetzt, entgegenzuwirken. Da Konsensdemokratie an keines der politischen Muster anknüpfen und auf keine internalisierten Verhaltensweisen zurückgreifen kann, die die alte Gesellschaft bereitgestellt hat, hängt viel von den neuen "Spielregeln" ab.

Hier scheint es, als ob die Länder bessere Chancen haben, die sich für ein parlamentarisches System entschieden haben, da dies in der Regel Koalitionen nötig macht, eine Balance zwischen Exekutive und Legislative erfordert, (in der Regel) die juristische Kontrolle der legislativen und exekutiven Gewalt erlaubt und grö-

Strukturprobleme 39

ßere Möglichkeiten der Partizipation, zur Verfügung stellt. (Lijphart 1992; Linz/Valenzuela 1994)
Präsidentiellen und semipräsidentiellen Systemen hingegen eignet, und die neuen Erfahrungen bestätigen dies, eine Tendenz zur Dominanz der Exekutive und zur Konzentration der Macht, die für die Entwicklung einer demokratischen politischen Kultur und einer zivilen Gesellschaft eher hinderlich sind, auch wenn sie sich in Umbruchphasen häufig als "entscheidungsfreudiger" darstellen. Sie erschweren aber eine auf Interessenausgleich und Minderheitenschutz bedachte Politik.

8 Erfolg oder Scheitern der Demokratie?

In den neuen Demokratien ging es in den Jahren nach 1989 nicht nur um Marktreformen und den Umbau des politischen Institutionensystems, sondern vor allem um die Bestimmung der Grundzüge der neuen politischen Gemeinschaft und der neuen politischen Ordnung.

Die Revolutionen von 1989 unterscheiden sich radikal von der amerikanischen oder der französischen Revolution, die zwar eine politische Ordnung stürzten, die soziale Gemeinschaft aber weitgehend unangetastet ließen. Ähnlich radikal wie in der russischen Revolution von 1917 - aber mit demokratischen Mitteln - wurde in den kommunistischen Ländern der alten politischen Gemeinschaft der Boden entzogen, einer Gemeinschaft, die auf der politischen Vergesellschaftung durch die marxistisch-leninistische Partei und dem Staatseigentum an den Produktionsmitteln beruhte.

Was jedoch bleibt, sind die Wrackstücke dieser Gemeinschaft, "vagabundierende" soziale Gruppen und Individuen, die ihren Ort in der Gesellschaft, in der politischen Gemeinschaft und ihre Haltung zur politischen Ordnung neu bestimmen müssen. Das be-

deutet, daß die politische Ordnung auf einer sehr schwachen, in eruptiver Bewegung befindlichen sozialen Gemeinschaft ruht.
Die Gründung einer politischen Ordnung setzt voraus, daß die Bürger bereit sind, eine solche Gründung zu akzeptieren. (Friedrich 1970: 261) Akzeptanz kann verschieden motiviert sein. Sie kann bedeuten, sich aus Opportunismus oder Einsicht in die Verhältnisse zu fügen, ihr kann aber auch ein sozialer und politischer Lern- und Adaptionsprozeß zugrunde liegen, oder sie kann das Ergebnis normativer Übereinstimmung mit den Werten und Zielen einer politischen Ordnung bedeuten.
Die Funktionsfähigkeit freiheitlicher Demokratien basiert wesentlich auf ihren verfassungsmäßigen Grundlagen, auf dem in Verfassungen normierten institutionellen Gefüge und auf den dort kodifizierten Verfahren. Aber sie beruht *auch* auf der sozialen Gestalt der Gesellschaftsordnung und den Werten und Normen, denen sich die Bürger verpflichtet fühlen. Diese normative Identifizierung mit der politischen Ordnung wird im allgemeinen als Grundlage ihrer Legitimität angesehen. Legitimität ist in den Transitionsgesellschaften noch nicht vorhanden, selbst die Loyalität ist gefährdet. Was es allenfalls gibt, ist "compliance", im Sinne eines fügsamen Einverständnisses mit der veränderten Situation. (di Palma 1990: 146)
Die Erfahrungen mit Demokratisierungsprozessen nach dem II. Weltkrieg zeigen, daß die wertemäßige Verankerung der Demokratie im allgemeinen Bewußtsein ein langwieriger Prozeß ist, der jedoch erheblich erleichtert wird, wenn die neue politische Ordnung auf einer bewußten Wertentscheidung der Bürger gründet. Dazu aber bedarf es ökonomischer, sozialer und kultureller Rahmenbedingungen, die eine solche Wertentscheidung erst ermöglichen und damit die Demokratie konsolidieren. (Als Konsolidierung soll hier der Prozeß verstanden werden, in dem das demokratische Institutionensystem eine so breite Zustimmung erfährt, daß seine Beseitigung unwahrscheinlich wird.)

Die Existenz einer "civil society" ist keine Voraussetzung für den Erfolg der Demokratie in der Periode der Transition - dies sind zuerst und vor allem ein funktionierendes und leistungsfähiges Institutionensystem und eine berechenbare Verfassungsordnung - sie ist aber die notwendige Bedingung für die dauerhafte Konsolidierung der Demokratie. (Diamond 1994: 15; Fish 1994: 34)

Der Historiker und Altphilologe Donald Kagan vertritt die Auffassung, daß der dauerhafte Erfolg der Demokratie von drei Bedingungen abhängig ist:

"Erstens braucht es dazu eine Reihe funktionierender Institutionen, zweitens eine Bürgerschaft, die über Einsicht in die Prinzipien der Demokratie verfügt oder jedenfalls einen der demokratischen Lebensweise entsprechenden Charakter ausgebildet hat, und drittens eine qualifizierte Führung, zumindest in kritischen Augenblicken. Gelegentlich ist diese dritte Bedingung die wichtigste und kann sogar Schwächen bei den anderen beiden Bedingungen wettmachen." (Kagan 1992: 10)

Ob es gelingt, diese drei Bedingungen zu erfüllen, muß auch mehr als ein halbes Jahrzehnt nach dem Systemumbruch offen bleiben.

Literaturverzeichnis

After Communism: What?, 1994: Daedalus. Journal of the American Academy of Arts and Sciences, Summer 1994.

Armijo, Leslie/Biersteker, Thomas/Lowenthal, Abraham, 1994: The Problems of Simultaneous Transition, in: Journal of Democracy, Vol. 5, No. 4, S. 161-175.

Beyme, Klaus von, 1990: Transition to Democracy - or Anschluß? The two Germanies and Europe, in: Government and Opposition, Vol. 25, No. 2/1990, S. 170-190.

Brus, Wlodzimierz, 1985: The Political Economy of Polish Reforms, in: Praxis International Vol. 5, S. 195-210.

Brzezinski, Zbigniew, 1972: Entspannungspolitik im Schatten Prags, in: Grossner/Münchemeyer/Oetker/von Weizsäcker (Hrsg.): Das 198. Jahrzehnt. Eine Team-Prognose für 1970-1980, München: dtv, S. 49-68.

Crusius, Reinhard/Wilke, Manfred (Hrsg.), 1977: Entstalinisierung. Der XX. Parteitag der KPdSU und seine Folgen, Frankfurt a. M.: Suhrkamp.

Dahl, Robert A., 1971: Polyarchy: Participation and Opposition, New Haven: Yale University Press.

Diamond, Larry, 1994: Toward Democratic Consolidation, in: Journal of Democracy, Vol. 5, No. 3, S. 4-17.

Elster, Jon, 1993: The Necessity and Impossibility of Simultaneous Economic and Political Reform, in: Greenberg, Douglas/Stanley N. Katz/Melanie Beth Oliviero/Steven C. Wheatley (Eds.): Constitutionalism and Democracy. Transitions in the Contemporary World, New York/Oxford: Oxford University Press, S. 267-274.

Fish, M. Steven, 1994: Russia's Fourth Transition, in: Journal of Democracy, Vol. 5, No. 3, S. 31-42.

Friedrich, Carl Joachim, 1970: Politik als Prozeß der Gemeinschaftsbildung. Eine empirische Theorie, Köln/Opladen: Westdeutscher Verlag (engl.: Man and His Government. An Empirical Theory of Politics, New York: McGraw-Hill 1963).

Glaeßner, Gert-Joachim/Reiman, Michal (Hrsg.), 1991: Die politischen Systeme der sozialistsichen Ländern, Frankfurt a. M./u. a.: Peter Lang.

Gordon, Leonid A./Nazimowa, Maria, 1991: Strategien und Perspektiven der Perestroika, in: Glaeßner/Reiman: Die politischen Systeme, S. 145-159.

Haggard, Stephan/Kaufman, Robert R., 1994: The Callenges of Consolidation, in: Journal of Democracy, Vol. 5, No. 4, S. 5-16.

Howard, A. E. Dick (Ed.), 1993: Constitution Making in Eastern Europe, Washington D. C.: The Woodrow Wilson Center Press.

Strukturprobleme 43

Kagan, Donald, 1992: Ein delikates Gewächs, in: Deutsches Allgemeines Sonntagsblatt, Nr. 34 vom 21.8.1992, S. 10.

Lijphart, Arend, (Ed.), 1992: Parliamentary versus Presidential Government, Oxford University Press.

Linz, Juan J./Valenzuela, Arturo (Eds.), 1994: The Failure of Presidential Democracy, Baltimore: Johns Hopkins University Press.

Ludz, Peter Christian, 1967: Situation, Möglichkeiten und Aufgaben der DDR-Forschung, in: SBZ Archiv, 18. Jg./1967, Nr. 20, S. 322-324.

Michnik, Adam, 1993: An Embarassing Amiversary, in: New York Review of Books, June 10, 1993, S. 19-21.

Mlynár, Zdenek, 1991: Über die Notwendigkeit des Realismus in Theorie und Praxis der Reformen in der Sowjetunion, in: Glaeßner/Reiman: Die politischen Systeme, S. 121-144.

Palma, Guiseppe di, 1990: To Craft Democracies. An Essay on Democratic Transitions, Berkeley/Los Angeles/Oxford: University of California Press.

Przeworski, Adam, 1990: Democracy and the Market. Political and Economical Reforms in Eastern Europe and Latin Amerika, Cambridge: Cambridge University Press.

Rose, Richard, 1994: Postcommunism and the Problem of Trust, in: Journal of Democracy, Vol. 5, No. 3, S. 18-30.

Schewzowa, Lilija, 1995: The Two Sides of the New Russia, in: Journal of Democracy, Vol. 6, No. 3, S. 56-71.

Skilling, Gordon/Griffiths, Franklyn, 1974: Pressure Groups in der Sowjetunion, Wien: Europa Verlag.

Szoboszlai, György (Ed.), 1991: Democracy and Political Transformation. Theories and East-Central European Realities, Budapest: Hungarian Political Science Association.

Whithe, Stephen/Gill, Graeme/Slider, Darrell, 1993: The Politics of Transition. Shaping a Post-Soviet Future, Cambridge, Cambridge University Press.

Wnuk-Lipinski, Edmund (Ed.), 1995: After Communism. A Mulitdisciplinary Approach to Radikal Social Change, Warszawa: Instytut Studiów Politycznych.

Weggabelungen auf der Straße der Transition. Rückblick und Perspektiven der russischen Entwicklung

Leonid A. Gordon

1 Das Ende des Staatssozialismus

Die gegenwärtige Krise der russischen Gesellschaft ist Gegenstand vielfältiger wissenschaftlicher Untersuchungen, Essays und Zeitungsartikel. Die offensichtliche Bedeutung der ökonomischen Entwicklung für die Zukunft Rußlands hat dazu geführt, daß viele Analysen sich auf diese Frage konzentrieren und andere Aspekte der Entwicklung des Landes eher vernachlässigen. Die ökonomische Krise ist aber das Resultat mehrerer Faktoren im Transitionsprozeß und Teil einer weitergehenden Krise der gegenwärtigen Zivilisation.

Mit Blick auf das Ende des Staatssozialismus in der Sowjetunion und Osteuropa, die Spezifik der Reformen in China und Vietnam und die hoffnungslose Situation in Cuba muß man festhalten, daß all diese Erscheinungen nicht zufällig, sondern zwangsläufig sind. In jedem einzelnen Fall ist die Krise Begleiterscheinung der Transition von einem sozialen System zu einem anderen. Diese Transitionskrise ist allübergreifend, die ökonomische ist ebenso bedeutsam wie die politische, soziale, ethische, kulturelle oder lebensweltliche Dimension. Sie ist Kennzeichen einer Zeit des Umbruchs, in der nicht nur einzelne Elemente, sondern die Gesellschaft als Ganzes in einem Prozeß fundamentalen Wandels begriffen ist.

Die gegenwärtige Schärfe und Tiefe der Krise in Rußland ist aber auch Ausdruck der Tatsache, daß die Sowjetunion, anders als die westlichen Länder, lange die Probleme ignoriert hat, denen sich die entwickelten Länder seit den 40er und 50er Jahren gegenüber sahen. Nachdem die Möglichkeiten des industriellen Zeitalters ausgeschöpft waren, wurde die Menschheit mit den Herausforderungen eines neuen wissenschaftlich-technischen Zeitalters konfrontiert. Der Übergang zu dieser neuen Gesellschaft bedeutete, daß die industrielle Produktion durch wissenschaftlich-industrielle und informationelle Elemente ergänzt und tendenziell ersetzt wurde, die auf völlig neuen energetischen, materiellen und technologischen Grundlagen beruhten. Diese Gesellschaft erforderte einen neuen "Arbeiter", der selbstbewußter und besser ausgebildet und der in der Lage war, eigene Entscheidungen zu treffen und größere Verantwortung zu übernehmen. Wissenschaftlich-industrielle Produktion und die zu ihrer Realisierung benötigten qualifizierten und eigenverantwortlichen Arbeitskräfte vertrugen sich nicht mit dem Kommandosystem des Staatssozialismus.

Der Staatssozialismus war zwar trotz aller Ineffizienz und enormen humanen Kosten in der Lage, die notwendigen Rahmenbedingungen für das Wachstum der industriellen Produktion selbst in Zeiten größter Herausforderungen, wie in der Industrialisierung der 30er Jahre und während des II. Weltkrieges, zu sichern und das Land zu retten - durch die Mobilisierung aller denkbaren materiellen und humanen Ressourcen. Aber der Staatssozialismus konnte nicht mit der Komplexität und Vielgestaltigkeit der Probleme der wissenschaftlich-industriellen Entwicklung zurechtkommen. (Gordon/Klopov 1989; Gordon/Nazimova 1985)

Ein einziges Kommandozentrum, auch wenn es die Besten des Landes in sich vereint - meist war es aber gekennzeichnet durch eine Ansammlung von Mediokritäten - , ist strukturell unfähig,

Rückblick und Perspektiven 47

die Millionen von Einzelentscheidungen zu treffen, die nötig sind, um eine moderne Volkswirtschaft zu lenken. Frühe Reformversuche in den 50er und 60er Jahren verliefen im Sande. Die Strukturdefekte des Staatssozialismus, wie mangelnde ökonomische Leistungs- und Anpassungsfähigkeit und die ideologische Selbstblockierung, aber auch die Konfrontation der beiden Supermächte und der Rüstungswettlauf, also innere und äußere Faktoren, trugen dazu bei, daß die UdSSR und die anderen staatssozialistischen Länder in eine Systemkrise gerieten.

2 Rußland am Vorabend der Perestroika - Koordinaten des Wandels und erste Richtungsentscheidungen

Den Reformversuchen der 50er und frühen 60er standen eine Vielzahl von Hindernissen entgegen. Die Erfahrungen in Ungarn und Polen hatten gelehrt, daß der Beginn von Reformen für das System des Staatssozialismus außerordentlich gefährlich sein konnte. Daß die Breschnew-Führung und die Parteiführungen der meisten "Bruderländer" einen grundlegenden Wandel zurückwiesen, hatte wohl mit der (möglicherweise intuitiven) Einsicht zu tun, daß Reformversuche mit erheblichen Risiken verbunden wären. Das Resultat war, daß die Grundlagen des Systems unangetastet blieben und lediglich "kosmetische" Korrekturen vorgenommen wurden. Substantielle sozio-ökonomische Resultate waren davon nicht zu erwarten. Die wiederholten Fehlschläge dieser begrenzten Reformversuche führten bei einem Teil der Gesellschaft zu der Überzeugung, daß es mit graduellen Reparaturen nicht mehr getan sei und daß es einer radikalen Reformanstrengung bedürfe, die, wenn sie verzögert würde, die Dinge nur noch weiter verschlimmere. Zur selben Zeit verfestigte sich in den orthodoxen Zirkeln der Führung, aber auch in Teilen der Gesellschaft die Überzeugung, daß Veränderungen zu "Deformationen" des Sozialismus führten, daß es gelte, zum klassischen Modell des Staatssozialismus und zu einem moderaten Stalinismus zurückzukehren. Dieser Widerspruch der Meinungen kennzeichnet die Situation am Beginn des Jahres 1985, als die übergroße Mehrheit der Eliten und der Gegeneliten (die Regierenden, die Opposition, die Dissidenten) in sehr unterschiedlicher Weise erkannten, daß der Status quo nicht länger aufrechtzuerhalten und ein Wechsel notwendig war. Die Reformer träumten von einer Demokratie und dem Markt, die "Revisionisten" hofften auf einen Wandel zum demokratischen Sozialismus, die Rechtgläubigen des Staatssozialismus wollten das System von den "schädlichen" Einflüssen der Chruschtschow- und Breschnew-Ära befreien. Aufgrund einer allgemeinen Reformstimmung kam es zu einer zeitlich begrenzten Zusammenarbeit von Vertretern unterschiedlicher Strategien im Politbüro, für die die Namen der Antipoden Alexander Jakowlew und Jegor Ligatschows standen. Ihre fundamentalen Meinungsunterschiede über Substanz und Ziele der Reform traten erst später in den Vordergrund.

Die Erwartungen der verschiedenen Gruppen der Gesellschaft in der zweiten Hälfte der 80er Jahre im Viereck zwischen Marktökonomie und Planökonomie, Autoritarismus und politischer Demokratie lassen sich in einem Schaubild darstellen. (Vgl. Schaubild 1) Die vertikale Achse zeigt die ökonomischen Präferenzen, Marktwirtschaft oder geplante Ökonomie, die horizontale Achse beschreibt die sozio-politische Orientierung, entweder politische und soziale Demokratie, Föderalismus, Einbindung in das internationale System und Ausgleich mit dem Westen oder Präferenz für ein autoritäres Regime, sozialen Paternalismus, Nationalismus und Konfrontation mit dem Westen. Die vier Felder des Schemas markieren zugleich die möglichen Varianten einer Reformpolitik in den ersten Jahren der Perestroika, des "Umbaus". (Gordon/Nazimova 1990)

Rückblick und Perspektiven 49

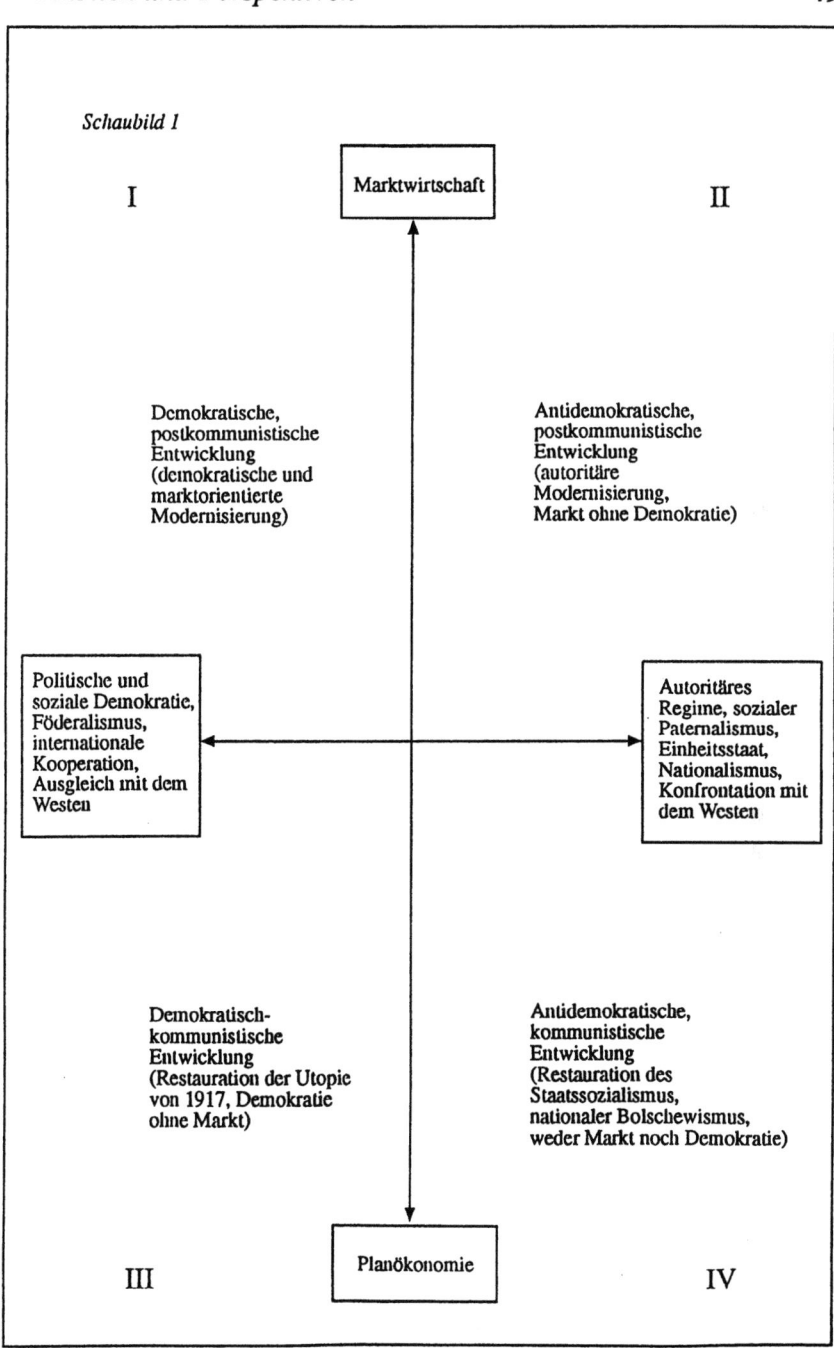

Schaubild 1

Die am wenigsten realistische Reformstrategie hätte ohne Zweifel der Versuch dargestellt, mit der politischen und sozialen Demokratisierung zu beginnen, ohne eine Reform der Wirtschaft in Angriff zu nehmen. Die utopische Variante einer solchen "Demokratie" ohne Markt und des Ideals sozialer Gleichheit hatte Chinas "Kulturrevolution" dargestellt. Die Beharrungskräfte der ideologischen Traditionen und offiziellen Ideale ließen Überlegungen in dieser Richtung durchaus möglich erscheinen. Jurij Andropows erste Reformschritte verrieten den Wunsch, zu den Anfängen der frühen sowjetischen Utopie, einer sozialen Demokratie ohne Markt, zurückzukehren. Ihre Realisierungschance wurde nicht ernsthaft auf die Probe gestellt, da sie (wegen des frühen Todes von Andropow) nur kurzzeitig umgesetzt worden ist.

Vermutlich sah die sowjetische Führung eine Restauration, d.h. die "Reinigung" der ursprünglichen Idee des Staatssozialismus von späteren Hinzufügungen, als nicht erstrebenswert und unwirksam an. In den 80er Jahren präferierten nur einige wenige Mitglieder der Nomenklatura und marginale Gruppen in der Gesellschaft eine Rückkehr zum oder eine ein wenig moderatere Variante des Stalinismus. Heute, da die Erinnerung an das Leben im Staatssozialismus allmählich verblaßt und die Lasten des täglichen Lebens auf den Schultern der Menschen lasten, erscheinen die Dinge in einem anderen Licht - Restauration ist heute, anders als in den 80er Jahren, wieder eine Option.

In der Realität waren in den 80er Jahren nur zwei der vier theoretischen Strategien möglich: Entweder der Versuch, wirtschaftliche und politische Reformen gleichzeitig zu beginnen, also der Weg einer demokratischen Modernisierung (Feld I des Schaubildes), oder der Weg einer Marktreform ohne Demokratisierung (Feld II des Schaubildes), also der "Chinesische Weg". Als die Perestroika begann, schien der Weg einer autoritären Modernisierung die wahrscheinlichste und zu bevorzugende Variante. Die Vertreter der Perestroika sahen (und überschätzten sogar) die Komplexität und katastrophalen Konsequenzen einer demokratischen Modernisierung, aber sie realisierten nicht, wie gering ihre Chancen waren, die Nomenklatura zu kontrollieren. (Dies machte den chinesischen Weg in Rußland unmöglich.)

In den Jahren 1985 bis 1987 konzentrierten sich die Reformer in der sowjetischen Führung ausschließlich auf die Ökonomie. Sie begannen mit einem Programm der *Uskorenije* (Beschleunigung), mit dem strukturelle Veränderungen in der Volkswirtschaft erreicht werden sollten, die unter den Lasten eines aufgeblähten Militärprogramms und extrem teuren Großprojekten stöhnte. Sehr bald stellte sich heraus, daß das Gleichgewicht der Volkswirtschaft nicht hergestellt werden konnte, ohne das Verhältnis zwischen den einzelnen Sektoren zueinander zu verändern. Die Vorstellungen über die ökonomische Reform, die 1987 entwickelt worden sind, hätten, wären sie realisiert worden, die Voraussetzungen für die Errichtung unabhängiger Unternehmen, von Marktbeziehungen und schließlich für eine Marktökonomie schaffen können. In der gleichen Zeit der frühen Perestroika waren politische und ideologische Veränderungen äußerst begrenzt. In den Jahren 1986 und 1987 folgten die Veränderungen in der UdSSR der gleichen Logik wie in der Volksrepublik China in den 70er und 80er Jahren.

3 Die Unmöglichkeit des chinesischen Weges - Vorrang der politischen vor der ökonomischen Reform

In den Jahren 1987/88 wurde deutlich, daß der chinesische Weg in der Sowjetunion nicht zu realisieren war. Das sowjetische politische Zentrum hatte weder die Autorität noch die erkennbare Bereitschaft, die Nomenklatura und die Bürokratie zu zwingen, die Reformen umzusetzen. Von der politischen Führung wurden

Veränderungen angekündigt und Direktiven ausgegeben, aber realisiert wurden sie nicht oder nur in Ausnahmefällen. Man braucht nur die Beschlüsse des Zentralkomitees vom Sommer 1987 mit den nachfolgenden Instruktionen zu ihrer Umsetzung zu vergleichen, um zu begreifen, wie sie in den Händen des Apparates, der für ihre Realisierung zu sorgen hatte, umgedeutet und zurückgeschnitten wurden. Die Geschichte der Chruschtschowschen und Breschnewschen Reformen wiederholte sich. Es wirkten die gleichen Muster, Reformen zu verschleppen und zu verhindern und es schien, als ob auch das politische Schicksal der Reformer das Gleiche seine werde - Degradierung, wie im Falle von Kossygin, oder erzwungener Rücktritt, wie im Falle von Chruschtschow.

Da der chinesische Weg einer allmählichen, ausschließlich ökonomischen Reform in der Sowjetunion der 80er Jahre nicht gangbar war, mußte politische Unterstützung für eine beschleunigte Reformstrategie und die Überwindung der Widerstände des Apparates mobilisiert werden. Der tradierte Weg, um politische Unterstützung für die politische Linie der Parteiführung zu mobilisieren, wäre der der Repression gegenüber abweichenden Positionen gewesen. In den späten 80er Jahren war dieser Weg aber nicht mehr gangbar. Nach mehr als einem Vierteljahrhundert partieller Liberalisierung hätte diese Variante eine Rückkehr zu Formen der Repression gefordert, wie sie in der Stalinzeit üblich waren. Den Führern der Perstroika wäre dieser Weg selbst dann versperrt geblieben, wenn sie ihn hätten einschlagen wollen.

Das demokratische Rußland (und die Welt) schulden Gorbatschow Dank dafür, daß er einen anderen Weg wählte, um politische Unterstützung für seine Reformpolitik zu mobilisieren. Dieser Weg bestand darin, den Prozeß der Demokratisierung zu unterstützen, ideologischen Pluralismus zuzulassen und damit den Weg zu einem unblutigen Sieg über die Nomenklatura zu ebnen. Die Entscheidung zugunsten einer Demokratisierung fiel auf der

Rückblick und Perspektiven 53

9. Parteikonferenz - die Politik von *Glasnost* (Offenheit) und der Rückzug des Parteistaates als ideologischer Monolith bildeten den Kern dieser neuen Strategie. (Vgl. Schaubild 2) Die Frage, ob die Parteiführung die Konsequenzen dieser Entscheidungen 1988 auch nur entfernt vorausgesehen hat, ist nicht zu beantworten. In einer späteren Äußerung räumte Gorbatschow ein, daß die ökonomischen Reformen zu nichts geführt hätten und daraus die Frage entstanden sei, was nun zu tun sei. Er sei zu dem Ergebnis gekommen, daß politische Reformen notwendig waren. Als sich das Plenum des Zentralkommitees entschied, die 19. Parteikonferenz abzuhalten, sei es um eine umfassende Reformstrategie gegangen. Was immer die Intentionen der politischen Führer waren, eine "Revolution von oben" in Gang zu setzen, sie hat die sowjetische Gesellschaft in kürzester Zeit fundamental verändert. Vor 1988 hatte es Versuche gegeben, Marktreform ohne politische Reform zu betreiben, nach 1988 wurden wirtschaftliche und politische Veränderungen gleichzeitig vorangetrieben. Die Strategie der autoritären Modernisierung wurde für eine Weile durch eine Strategie der demokratischen oder antitotalitären Modernisierung ersetzt.

4 *Gorbatschow 1988 - 1990, Kossygin 1991 - 1993: Zwei politische Führer, ein Ziel*

Dies ist nicht der Platz, um die Frage zu diskutieren, ob die Möglichkeiten sozio-ökonomischer Reformen genutzt wurden, nachdem der Widerstand der Nomenklatura überwunden war. Aber auch dann, wenn man der Politik der sowjetischen Führung nach 1988 und der russischen Führung nach 1991 kritisch gegenübersteht, wird man nicht leugnen können, daß die Überwindung

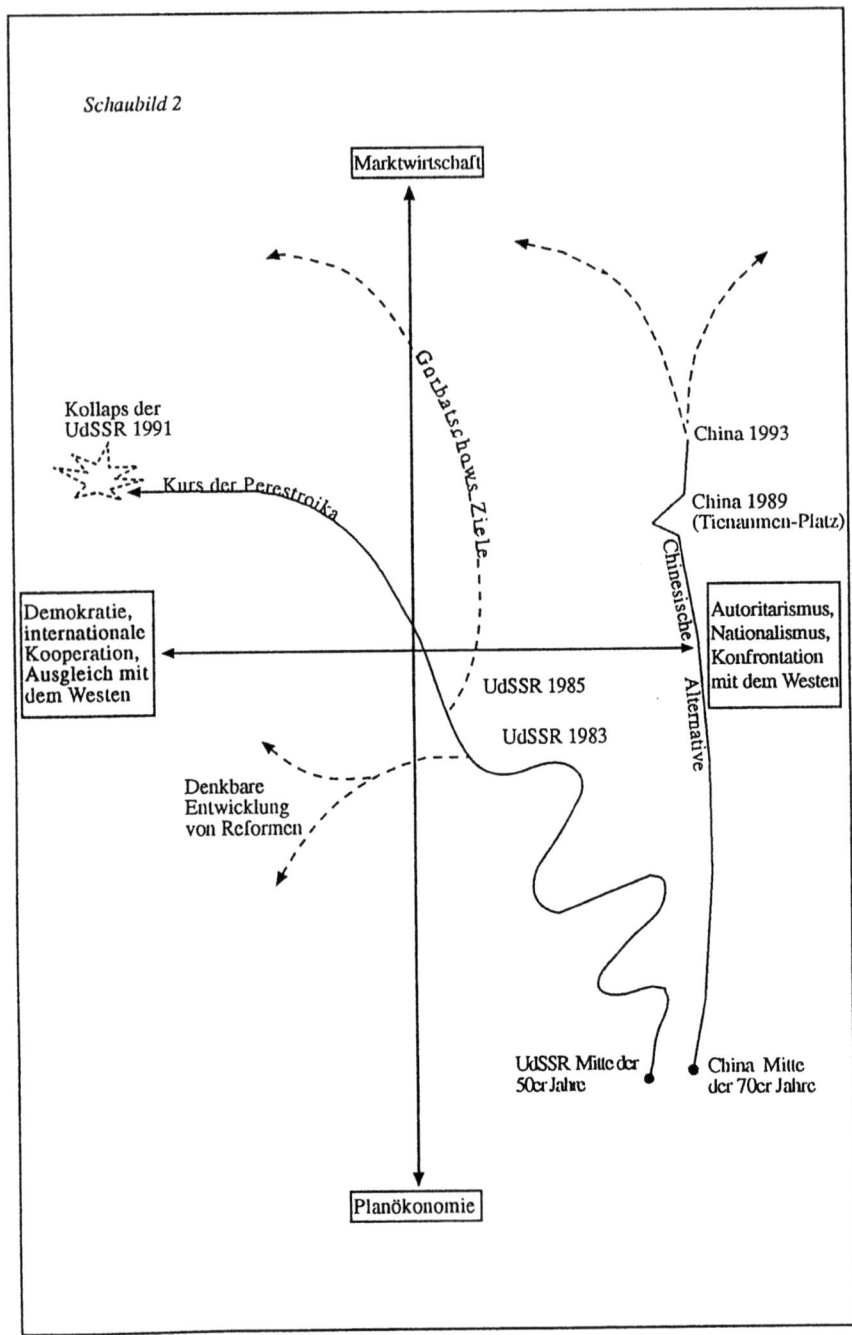

Rückblick und Perspektiven 55

des Staatssozialismus nur durch den Schritt von einer bloß ökonomischen zu einer simultanen ökonomischen und politischen Reform überwunden werden konnte. Gorbatschow und Jelzin erkannten diesen Strukturdefekt (oder ahnten ihn zumindest) und entschieden sich 1988/89 und nach 1991, das politische System des Staatssozialismus zu zerstören. Heute liegen das Gorbatschow- und Jelzin-Lager in heftigem Streit miteinander, aber langfristig werden ihre Differenzen als sekundär erscheinen. Aus einem gewissen zeitlichen Abstand läßt sich sagen, daß der Konflikt zwischen beiden aus der Tatsache entsprang, daß im Verlauf der Reformen, zuerst der wirtschaftlichen und dann später der politischen, Gorbatschow und seine Berater in eine Situation gerieten, wo ihre Politik zu einem Hindernis für den weiteren Reformprozeß wurde, während Jelzin und seine Anhänger die Reformen weiter voranzutreiben bereit und in der Lage waren. Die Absetzung Gorbatschows 1991 bedeutete, daß der Prozeß, den er in Gang gesetzt hatte, weitergehen konnte.

In den späten 80er und frühen 90er Jahren (vor allem zwischen 1988 und 1993) fochten Gorbatschow und Jelzin und alle ihre Unterstützer, ob es ihnen bewußt war oder nicht, denselben Kampf: den Staatssozialismus wieder zu seinen politischen und ideologischen Wurzeln zurückzuführen.

5 Die negativen Effekte der Zerstörung des Staatssozialismus: Von der Beseitigung des Parteistaates zum Kollaps des Staates

Wenn man, wie dies der Autor dieser Zeilen tut, der Meinung ist, daß Rußland heute die Reste des Staatssozialismus beseitigen muß, weil nur so dem Wohl des Landes Genüge getan werden kann, dann kann man die Zerstörung des Parteistaates in der Sowjetunion nur als einen entscheidenden positiven Prozeß betrachten, der einen Weg aus der Lähmung des politischen Systems wies und eine Rückkehr zur Vergangenheit unmöglich machte. Gleichwohl hatte dieser Prozeß auch tragische Konsequenzen. Wenn man die ideologischen und politischen Grundlagen des Staatssozialismus beseitigt, werden die staatliche Ordnung und das soziale System erheblich geschwächt. Es liegt in der Natur des totalitären Sozialismus, daß es in seinem Spätstadium nur äußerst schmerzhafte Alternativen gibt, Alternativen, die sich als noch schlechter als der Staatssozialismus erweisen können. Vor allem in multiethnischen Ländern kann die Schwächung der Staatsmacht fatale Konsequenzen haben, wie das Beispiel Jugoslawiens verdeutlicht.

Der Kollaps der Sowjetunion hat mehr negative als positive Konsequenzen gezeitigt. Auf der anderen Seite war der Zerfall der Sowjetunion für Rußland nicht das schlechteste Ergebnis des Kollapses des Staatssozialismus. Wenn man Rußland mit anderen ehemaligen Sowjetrepubliken vergleicht, dann läßt sich vermuten, daß hier noch die besten Chancen bestehen, mit den Folgen der Transition und des Umbaus des Wirtschaftssystems fertig zu werden. Unsere wichtigsten Probleme sind nicht Grenzfragen, sondern die Tatsache, daß die Grundlagen der staatlichen und sozialen Ordnung durch die notwendigen grundlegenden politischen und ökonomischen Reformen entscheidend geschwächt worden sind, bevor die ökonomischen und sozialen Beziehungen neu gestaltet und konsolidiert waren bzw. ihre Umgestaltung auch nur ernsthaft begonnen hatte.

Die Zerstörung der Macht des Parteistaates und seiner bürokratischen Apparate in einer Phase der Reform, in der die Wirtschaft noch nicht auf Marktprinzipien beruht und die Institutionen, die das soziale System stützen ohne den Parteistaat nicht mehr funktionsfähig sind, gefährdet ernsthaft die Lebensfähigkeit des sozialen Organismus. Die Schwächung und das schließliche

Verschwinden des Parteiapparates - eines der wichtigsten Ziele der Reform - schuf ein Vakuum. Der soziale Organismus wurde auf allen Ebenen zerstört - nicht nur auf der zentralen staatlichen Ebene, sondern auch in den Provinzen, Distrikten, Städten und Gemeinden und auf Betriebsebene. Staatliche Anweisungen wurden nicht mehr befolgt, die Disziplin ließ nach, politische Entscheidungen an der Spitze des Staates wurden ignoriert, Korruption und Verbrechen breiteten sich aus. In den frühen 90er Jahren war nicht der Zerfall der Sowjetunion, sondern der völlige Zusammenbruch der sozialen Ordnung das entscheidende Element der Entwicklung in Rußland.

Die Schwächung der staatlichen Ordnung vollzog sich allmählich, sie erreichte ihren Höhepunkt, als die alte staatliche Struktur, die Institutionen des Parteistaates, in Frage gestellt wurden. Auch der Parteiapparat brach nicht über Nacht zusammen. Alte Verhaltensweisen und Gewohnheiten der Bürokratie erwiesen sich als zählebig. Erst im Laufe der Zeit zeigten sich Effekte der Zerstörung des Parteistaates. Andererseits wäre jeder Versuch, die Zerstörung der Grundlagen des alten politischen Systems zu verlangsamen oder gar zu vermeiden, letztlich darauf hinausgelaufen, die Reformen zu stoppen. Dies war das Motiv, das dem Putsch von 1991 zugrunde lag. Seine Niederschlagung ebnete den Weg zur endgültigen Beseitigung des Staatssozialismus und zur Beschleunigung des Reformprozesses.

Der August 1991 war kein Wendepunkt, wenn man das Kriterium des Zerfalls der staatlichen Ordnung zum Maßstab nimmt. Die Staatskrise wäre auch ohne den Putsch aufgetreten. Vielleicht hätte sie eine andere Form angenommen, vielleicht wäre der Zusammenbruch der Sowjetunion nicht so plötzlich und unabänderlich gewesen. Aber die prinzipiellen Kennzeichen der Krise - Machtvakuum und Zerstörung der sozialen Ordnung - wären mehr oder weniger die gleichen gewesen. Die staatliche Ordnung in der UdSSR wäre mit derselben Geschwindigkeit zusammengebrochen, wie dies in der russischen Föderation geschah. Auch die Transitionskrise, die den Weg von der Kommandowirtschaft zur Marktwirtschaft kennzeichnet, wäre dem nationalen Ruin nahegekommen.

Daß sich der Zusammenbruch des staatlichen Systems 1991 beschleunigte und schneller erfolgte als zuvor, hängt mit der Dauer und den kumulativen Effekten des Umbauprozesses zusammen, nicht mit völlig neuen Faktoren, wie dem Ende der Sowjetunion oder dem Machtantritt von Boris Jelzin.

Ein neues Element, das als Konsequenz der angedeuteten Entwicklungen anzusehen ist, war die Beschleunigung der Marktreformen - die Freigabe der Preise und die Versuche, mit monetären Mitteln die Inflation in den Griff zu bekommen.

Trotz dieser Versuche ist Rußland noch immer ein Land, das eine nationale Krise durchmacht - mit steigenden Inflationsraten und sinkenden Produktionsziffern. Trotzdem hat Rußlands Wirtschaft deutliche Fortschritte auf dem Weg zu einem modernen Marktkapitalismus gemacht. In dieser Hinsicht hat es die anderen früheren Sowjetrepubliken weit hinter sich gelassen, die nach 1991 nicht die gleichen radikalen Maßnahmen ergriffen haben. Bislang hat Rußland eine soziale Katastrophe oder gar einen Bürgerkrieg verhindern können.

Dies bedeutet nicht, die Folgen der Krise zu unterschätzen. Die offenkundigen Fehler der Reformer sind nicht zu übersehen, auch wenn die Vorschläge der Opposition meist wenig hilfreich, oft auch sinnlos sind. Es bedeutet nur, daß bestimmte Elemente der Krise objektiver Natur sind, nämlich die notwendige Konsequenz des Wechsels von einem *sozialen System* zu einem anderen. Eine solche Transition kann nicht ohne Krise erfolgen. Im heutigen Rußland aber wird diese Krise dadurch verschärft, daß eine ihrer Begleiterscheinungen die weitgehende Schwächung, wenn nicht gar de facto Destruktion der staatlichen Ordnung ist. Dieser Umstand hat alle anderen Aspekte der Krise noch verschärft,

Rückblick und Perspektiven 59

eingeschlossen die Krise der nationalen Wirtschaft. Das entscheidende Problem ist die Abwesenheit des Staates, nicht die Fehler und Irrtümer von Politikern, wie Jelzin, Gaidar oder Tschernomyrdin. Die Lösung der Krise kann nur erfolgen, wenn der Staat und die soziale Ordnung wiederhergestellt und gefestigt werden können. Heute gibt es, anders als in den späten 80er und frühen 90er Jahren, keinen grundsätzlichen strukturellen Konflikt mit dem anhaltenden sozialen Wandel. Die alte Nomenklatur ist verschwunden oder hat sich zerstreut, die Institutionen, die den Sowjetstaat in einen Parteistaat verwandelt hatten, sind zerstört und nicht länger ein Hindernis für die Entwicklung des Landes. Ganz im Gegenteil, das Haupthindernis heute ist die Schwäche des Staatsmechanismus. Die Wiedererrichtung einer staatlichen Ordnung und funktionsfähiger staatlicher Institutionen, die in der Lage sind, Recht und Ordnung und die Grundlagen einer marktwirtschaftlichen Ordnung zu gewährleisten, ist unter den heutigen Bedingungen notwendig und möglich.

Die Schlüsselrolle, die der Staat bei der Konsolidierung der gesellschaftlichen Ordnung spielt, wird heute generell anerkannt. Allerdings werden die Gefährdungen, die mit einer Stärkung des Staates einhergehen, nicht immer in Betracht gezogen. Um die soziale Ordnung zu stärken, müssen zugleich die autoritativen Elemente des politischen Systems gestärkt werden und bestimmte Restriktionen individueller Freiheiten in Kraft gesetzt werden. Die hier nur angedeuteten Widersprüchlichkeiten kennzeichnen den gegenwärtigen Stand des politischen und sozialen Umbruchs in Rußland.

6 Die Wiedererrichtung einer staatlichen Ordnung und Tendenzen einer autoritären Entwicklung

Die Entwicklung in den letzten Jahren der Sowjetunion war durch einen Demokratisierungsprozeß gekennzeichnet, der dem Umbau der Wirtschaftsordnung vorauseilte. Ohne dieses Vorauseilen wäre der Parteistaat nicht zu Fall gebracht worden. Den demokratischen Idealen lag die Hoffnung zugrunde, daß es möglich sei, ohne Umwege vom Totalitarismus zum Autoritarismus und von dort zur Demokratie zu gelangen. Doch war in den Jahren, die dem ersten Reformschub folgen sollten nicht die Zerstörung des Parteistaates und die Errichtung einer Demokratie das entscheidende Problem, das die Gesellschaft bewegte, sondern die Wiederherstellung der staatlichen Ordnung. Der als befreiend empfundene große Sprung zur Demokratie verlor seine Faszination und an die Stelle trat die Furcht vor den Gefahren, die mit dem Zusammenbruch der staatlichen Ordnung verbunden waren. Um Recht und Ordnung wieder herzustellen, mußten der Administration Kompetenzen und Machtmittel übertragen werden. Gegenwärtig kann Rußland (anders als die USA oder Großbritannien) nicht eine bedingungslose Freiheit der Rede, der Presse oder unbeschränkte Versammlungsfreiheit gewährleisten, weil Faschisten und andere Anhänger der politischen Gewalt dies für ihre Zwecke ausnutzen würden. In der heutigen Situation kann Rußland die Kriminalität nur mit außerordentlichen Maßnahmen bekämpfen. Kurzum, Rußland muß sich mit einer eingeschränkten und nicht voll entwickelten Demokratie begnügen, um die staatliche Ordnung zu stärken, die nach dem Ende der Sowjetunion zusammengebrochen war.

Auch wenn dies durchaus mit dem gegenwärtigen Stand der politischen Kultur und den politischen Einstellungen der Mehrheit korrespondiert, liegt in einer solchen Entwicklung eine Gefahr. Der teilweise Verzicht auf Demokratie kann sich zu einer Ableh-

Rückblick und Perspektiven

nung der Demokratie entwickeln. Die Entscheidung zugunsten einer halb demokratischen, halb autoritären politischen Ordnung am Ende einer revolutionären Entwicklung mag verständlich sein, aber sie kann leicht in eine Rückkehr zu einem Autoritarismus münden, der durchaus auch dazu führen kann, das alte oder ein neues totalitäres System zu errichten.

In Rußland ist diese Gefahr besonders groß. Weder die Elite noch die Bevölkerung verfügen über irgendwelche demokratischen Erfahrungen. Im allgemeinen Bewußtsein wird das gegenwärtige Chaos oft mit der Demokratie identifiziert und daraus eine Präferenz für ein autoritäres und paternalistisches soziales System abgeleitet. Es existiert keine Konzeption, wie ein zeitlich begrenztes semi-demokratisches und semi-autoritäres System aussehen könnte, das möglicherweise mit diesen Problemen umgehen könnte. Daher kann der durchaus verständliche Wunsch, der Regierung zeitlich und inhaltlich begrenzte zusätzliche Kompetenzen zu übertragen, um die Funktionsfähigkeit des Staates wiederherzustellen, leicht dahingehend umgedeutet werden, daß ihr uneingeschränkte Macht übertragen wird und damit die Entwicklung zur Demokratie ernsthaft in Frage gestellt wird.[1]

Am Ende des Jahres 1993 stand die russische Gesellschaft an einer neuen Weggabelung. Ähnlich wie in den Jahren zwischen 1988 und 1991 war sie mit unvereinbaren Alternativen konfrontiert. In den Jahren vor 1991 war das Risiko groß, daß die notwendigen politischen Reformen, die ohne die dazu erforderlichen ökonomischen, ideologischen und kulturellen Voraussetzungen und Rahmenbedingungen gestartet worden waren, das staatliche System zum Einsturz zu bringen drohten. Der Widerspruch der Jahre nach 1993 besteht darin, daß, aus gut erwogenen Gründen,

---

1 Als Beispiele für eine solche Entwicklung seien nur die Aktivitäten der Faschisten und Ultranationalisten während der Oktoberereignisse 1993 und die Tatsache angeführt, daß in den Dezember-Wahlen 1993 ein Viertel der Wählerstimmen an profaschistische Parteien gingen. (Vgl.: Rezultaty 1994)

der Regierung mehr als die unbedingt nötigen Machtbefugnisse übertragen werden, die selbst eine semi-demokratische oder begrenzte Demokratie gefährden und zur Entwicklung eines nichtdemokratischen Systems führen können. Je bewußter man sich dieses Risikos ist, je größer sind die Chancen, effektive Alternativstrategien zu entwickeln.

7 Demokratische und kommunistische Utopien

Rußland ist heute geprägt durch eine - vorgebliche - Politik der starken Hand. Aber eine strenge Hand bedeutet nicht, daß es nur eine denkbare Entwicklung in der Zukunft gibt, die eines autoritären Staates. Gerade die Widersprüchlichkeiten der gegenwärtigen Situation erlauben es, Varianten der Entwicklung genauer zu bestimmen und erhöhen die Chance, realistische Alternativen zu entwickeln. Zwischen radikaler Marktreform und Restauration und zwischen Demokratie und Autoritarismus existieren die verschiedensten Zwischenstufen und Schattierungen. (Vgl. Schaubild 3)

Unrealistisch und höchst unwahrscheinlich erscheint die Fortsetzung der bisherigen Entwicklung: Ausweitung der Freiheitsspielräume und gleichzeitige Schwächung des Staatsapparates sowie eine Beschleunigung der liberalen Marktreformen. (Quadrant I im Schaubild) Diese Gleichzeitigkeit von Reformmaßnahmen zur Schaffung neuer politischer Strukturen und sozioökonomischer Beziehungen war von Anfang an unrealistisch. Ein hohes Maß an persönlichen Freiheiten bei Abwesenheit einer entwickelten Marktökonomie mußte unweigerlich zu sozialer Anarchie führen. Andererseits war diese Strategie notwendig und ist es bis heute, um das alte System zu überwinden. Da nunmehr die Widerstände beseitigt sind, die vom alten System ausgingen, geht es jetzt darum, wie die erst rudimentären und ungefestigten politi-

Rückblick und Perspektiven

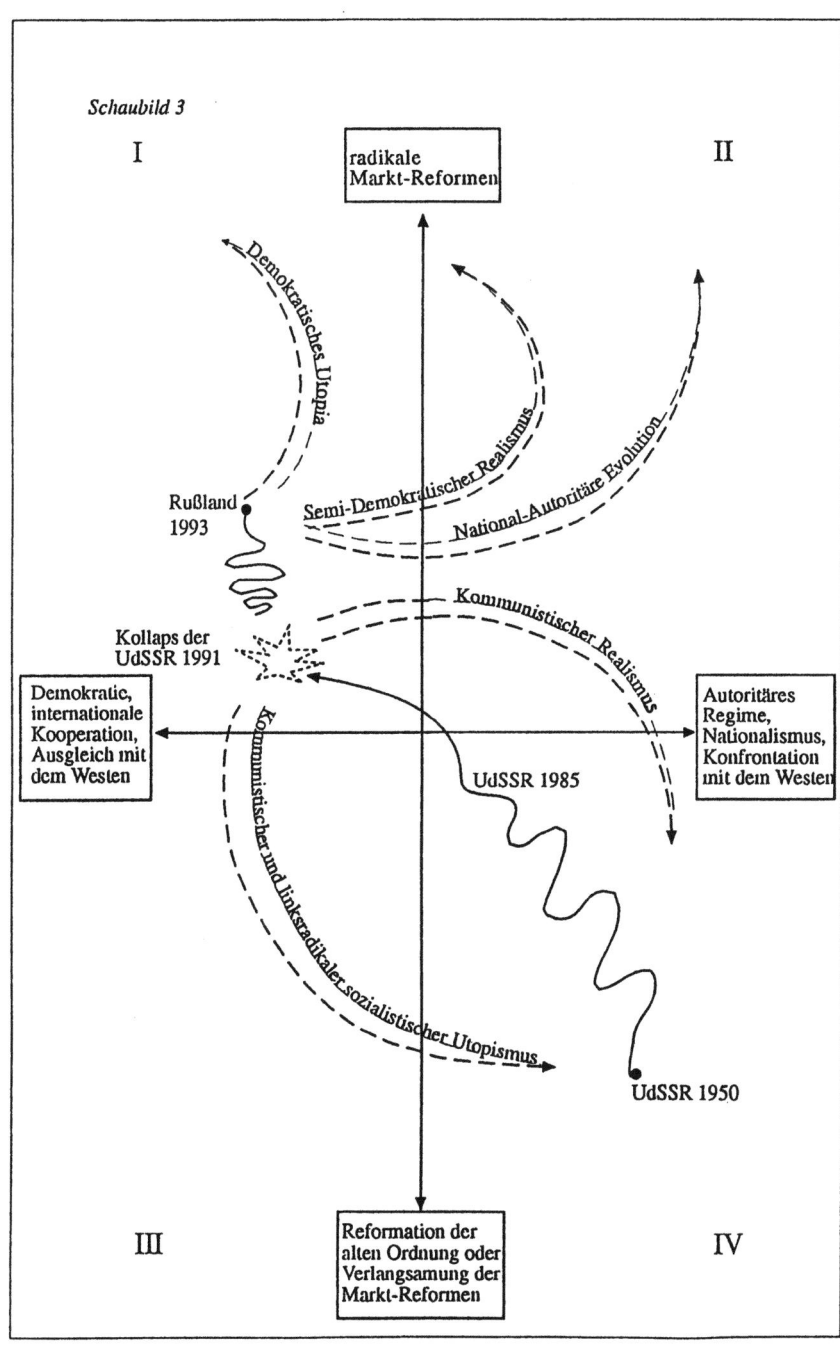

schen Strukturen gefestigt werden können. Die Vorstellung, man könne beides zugleich bewerkstelligen: grundlegende demokratische Reformen und Marktreformen, stellt nichts anderes dar, als eine "markt-demokratische Utopie". (Glaeßner 1994: 192 ff.) Solch unsinnige Versuche können nur im Chaos enden. Im gegenwärtigen Rußland ist auch keine politische Kraft erkennbar, die eine solche liberal-demokratische Strategie vertritt.

Noch weniger realistisch ist möglicherweise die Linie einer kommunistischen oder links-sozialistischen Utopie. (Quadrant IV im Schaubild) Ähnlich wie die Strategie radikaler Marktreformen setzt sie auf die unmittelbare Verwirklichung einer Ordnung sozialer Gleichheit und "wahrer" Demokratie. Im Mittelpunkt stehen nicht politische, sondern soziale Rechte. Dazu wird dem Staat eine entscheidende Rolle in der ökonomischen Sphäre, bei der Planung und Distribution zuerkannt. Obwohl die Unvereinbarkeit von Demokratie und einer vom Staat verwalteten Gesellschaft immer wieder bestätigt worden ist - am deutlichsten in unserem Lande - wird diese Lektion der Geschichte noch nicht von allen begriffen. In Zeiten schwerer Krise beginnen Millionen Menschen erneut an das Unmögliche zu glauben. Anders als die markt-demokratische Utopie findet die Illusion einer kommunistischen sozialen Demokratie breite Unterstützung. In diesem Sinne sind die Positionen von Gruppen, wie der Sozialistischen Arbeiterpartei, der Labour Partei oder den Linksradikalen in den Gewerkschaften und der Kommunistischen Partei, nicht ganz ohne Erfolgsaussichten.

Allerdings tendiert die demokratische Utopie der Kommunisten, wenn sie an die Macht kommt, immer dazu, zu einem antidemokratischen Staatssozialismus zu mutieren. Kommunismus ist die Utopie, die in der Praxis immer zur totalitären Tyrannei wird. Eine Hoffnung mag darin liegen, daß die Mehrheit der russischen Bevölkerung genug von der kommunistischen Propaganda hat. Wenn schon nicht ein Verständnis der historischen Gegebenheiten, so mag sie doch eine instinktive Aversion gegenüber den Lügen und der Heuchelei der Vergangenheit davor bewahren, das Unvereinbare zu versuchen: sozio-politische Demokratie und zentralverwaltete staatliche Wirtschaft. Bei der Betrachtung der russischen Entwicklung sollte der Fokus auf die Entwicklungsalternativen gerichtet werden, die einen realistischen Ausweg aus der gegenwärtigen Krise versprechen, die das Chaos beseitigen und die soziale und staatliche Ordnung wiederherstellen können. In erster Linie geht es um die Sicherung der staatlichen Autorität, bevor weitere wirtschaftliche, soziale und kulturelle Fortschritte gemacht werden können. Die Stabilisierung des Staates ist essentiell. Sie zu erreichen, muß man, wie immer am Ende der destruktiven revolutionären Phase nach einem Regimewechsel, Freiheiten partiell beschneiden, um das Chaos zu vermindern. Die Frage ist nur, wie weit man Alternativen für eine autoritäre Entwicklung öffnet. Dies sind die Entscheidungen, vor denen das moderne Rußland steht. (Quadrant IV des Schaubildes)

In vielen Fällen wird ein autoritäres System als Ideal einer sozialen Ordnung erscheinen, die angestrebt und für immer bewahrt werden soll. In anderen Fällen wird die Stärkung autoritärer Elemente als notwendiges Übel bei der Lösung aktueller Probleme gesehen werden, die aber den Prinzipien des eigentlich gewollten sozialen Fortschritts entgegenstehen. Autoritäre Elemente der politischen und sozialen Ordnung sind hier Zeichen der Krise, die so nach ihrer Überwindung zu beseitigen und durch demokratische Verfahren zu ersetzen sind.

Obwohl die Wiederherstellung einer funktionierenden Ordnung absolut notwendig ist, hängt doch der Charakter dieser Restauration ganz wesentlich davon ab, von welchen sozio-ökonomischen und politisch-kulturellen Vorstellungen sie geleitet wird. Die Frage eines neuen Autoritarismus wird nicht nur durch Intensität und Dauer, sondern auch und vor allem davon bestimmt, in welchem sozio-ökonomischen und politisch-kulturellen Rahmen sich die Entwicklung vollzieht: Im Rahmen einer Entwicklung zur freien Marktwirtschaft oder einer Kommandoökonomie, in Richtung einer privatwirtschaftlichen Ordnung oder des Staatseigentums. Und sie wird entscheidend durch außenpolitische Orientierungen beeinflußt, nämlich der Entscheidung darüber, ob man Mitglied der Gemeinschaft demokratischer Staaten sein will oder sich gegen den Westen und die internationale Ordnung richtet.

8 Drei Entwicklungsvarianten

Die soeben dargelegten Zusammenhänge legen es nahe, für die nähere Zukunft drei idealtypische Entwicklungsvarianten im Auge zu behalten, die in der Realität in den verschiedensten Kombinationen auftreten können:
1. eine Verschärfung nationalistischer und autoritärer Tendenzen, die sowohl als "nationaler Sozialismus" als auch als nationalistische Diktatur und Faschismus erscheinen kann;
2. eine semi-autoritäre und semi-demokratische Evolution;
3. die Entwicklung einer Zivilgesellschaft.

Die Wahrscheinlichkeit ist recht groß, daß sich die Tendenzen einer autoritären Entwicklung verschärfen. Autoritäre Politikmuster im Inneren, eine staatsabhängige Wirtschaft, militaristische und imperiale oder isolationistische Elemente in der Außenpolitik sind das Kennzeichen einer solchen Entwicklung. Die autoritäre Entwicklung wäre mit einer Ablehnung oder Zurückdrängung von Marktelementen und Versuchen einer graduellen Restauration politisch-ideologischer Elemente des sowjetischen Staatssozialismus verbunden. Nur die radikale Variante sieht die Wiederherstellung einer Staatspartei und eines Parteistaates, der Fünfjahrespläne und des Monopols einer kruden kommunistischen Ideologie vor.

Rückblick und Perspektiven

Wahrscheinlicher erscheint eine andere Variante: eine nationalistisch-autoritäre Evolution der Gesellschaft, die ein starkes autoritäres Machtzentrum präferiert, ohne daß eine Restauration des Staatssozialismus angestrebt wird. Elemente des Marktes und Privateigentums werden akzeptiert, auf eine einheitliche Ideologie und Symbole des alten kommunistischen Regimes wird verzichtet. Dies macht einen starken nichtkommunistischen Autoritarismus zu einer durchaus realistischen Alternative, da sie die allgemeine Ablehnung der sowjetischen Vergangenheit nicht in Frage stellt und an verbreitete autoritäre Einstellungen appelliert.

Die Verbindung nationalistischer und autoritärer Orientierungen lädt gerade zu einer staatlichen Intervention in die Wirtschaft ein. Die nationalistisch-autoritäre Evolution tendiert in Richtung eines Staatssozialismus.

Trotz der unverkennbaren Differenzen zwischen den staatssozialistischen und staatskapitalistischen (zum Teil auch pro-faschistischen) Kräften gibt es Übereinstimmungen: der extreme Autoritarismus, ihre gemeinsame Vergötterung des Staates und ein überzogener Nationalismus. Es ist durchaus möglich, daß gemeinsame Aktionen von kommunistischen Extremisten, religiösen Fanatikern, extremen Nationalisten und Faschisten, die typisch für die letzten Jahre waren, schließlich zu einer Union dieser verschiedenen Varianten des nationalistischen Autoritarismus führen können. Solange dies noch nicht geschehen ist, ist der Widerstand gegen eine solche Entwicklung die gemeinsame Aufgabe aller demokratischen Kräfte.

Die dritte denkbare Variante ist ein moderater Autoritarismus, eine semi-autoritäre, semi-demokratische Entwicklung, die keine schnelle Entwicklung zur einer entwickelten Demokratie, sondern die Wiederherstellung der staatlichen Ordnung als Ziel hat. Im günstigsten Falle kann im heutigen Rußland nur eine begrenzte, eingeschränkte Demokratie verwirklicht werden. Wiederholte Versuche, direkt in das Reich der Freiheit zu gelangen, sind unrealistisch, nur eine Strategie schrittweiser Entwicklung der Demokratie verspricht Erfolg. Semi-Demokratie ist der demokratische Realismus von heute. Sie ist realistisch, weil sie die Idee bekämpft, daß die Ordnung wiederhergestellt werden könne, ohne Abstriche bei der unmittelbaren Verwirklichung der Demokratie zu machen. Sie ist demokratisch, weil sie sich grundsätzlich gegen die nationalistischen und autoritären Strömungen wendet.

Ein zentrales Problem semi-demokratischer und semi-autoritärer Strukturen ist die Frage der Gewaltenteilung. Die Erfahrung der letzten Jahre hat gezeigt, daß Rußland noch nicht in der Lage ist, ein politisches System zu etablieren, das auf der klaren Trennung der Gewalten und der Gleichberechtigung und Gleichwertigkeit der exekutiven, legislativen und judikativen Aufgaben beruht. Alle Versuche, durch ein System von "checks and balances" zu einer Bestimmung der Aufgaben der einzelnen "branches of government" und zu einer angemessenen Kompetenzzuweisung zu gelangen, wie dies in den Jahren 1992/93 zumindest versucht wurde, verschärften durch die Doppelherrschaft von Parlament und Präsident die politische Krise, führten dann zur Anarchie, zur Rebellion und schließlich zum Bruderkampf.

Um die Ordnung aufrechtzuerhalten und das normale Funktionieren des Staates im heutigen Rußland zu gewährleisten, bedarf es einfacherer und simplerer Mechanismen als eines differenzierten und ausgefeilten Systems der Gewaltenteilung. Um eine gefährliche Dauerkonkurrenz von Verfassungsorganen zu verhindern, müssen die Kompetenzen eines Zweigs der Regierung, der Exekutive oder der Legislative, deutlich stärker sein, als die des anderen. Die Ausweitung der Macht der Exekutive (wie sie in der russischen Verfassung verankert ist) mag nicht mit dem demokratischen Ideal übereinstimmen, aber sie erlaubt es, sowohl Anarchie als auch die Gefahren einer autoritären Diktatur zu vermeiden, zumal sie mit Elementen einer Gewaltenteilung verschränkt ist. Beide, die Legislative und die Judikative, haben, anders als in autoritären Systemen, ihre gesicherten unabhängigen Rechte. Eines der Ergebnisse der Oktoberereignisse des Jahres 1993 war die Annahme einer Verfassung, die der Exekutive, insbesondere dem Präsidenten größere Kompetenzen als zuvor übertrug. Eine Ausweitung autoritärer Elemente scheint der Preis zu sein, den Rußland für die Ausbreitung der Anarchie zahlen mußte, die durch das Prinzip der Teilung der Gewalten verursacht wurde, für das das Land noch nicht reif war.

Die Unterschiede zwischen autoritärer Repression und semiautoritärer Restriktion sind nur schwer eindeutig bestimmbar, und sie können fließend sein. Abweichungen vom klassischen liberaldemokratischen Modell mit seiner Doktrin individueller Bürgerrechte führen nicht notwendig zur völligen Eliminierung demokratischer Freiheiten. Angesichts der dringendsten gesellschaftlichen Probleme, erwähnt sei nur die beängstigende Verbreitung der Kriminalität, kommt es zuerst auf die Sicherung der Rechtsstaatlichkeit und der Achtung der Gesetze an. Einschränkungen einiger individueller Freiheiten - zum Beispiel im Kampf gegen die Kriminalität - müssen allerdings von Glasnost, also einer breitest möglichen Öffentlichkeit und öffentlichen Kontrolle, begleitet sein, damit sich nicht bestimmte Institutionen, die an der Bekämpfung des Verbrechens beteiligt sind, wie die Polizei, die Sicherheitsdienste oder die Staatsanwaltschaften, Rechte und Kompetenzen aneignen, die zu neuer Willkür und Rechtlosigkeit führen.

Die beiden angeführten Beispiele zeigen, daß die gegenwärtige semi-demokratische Politik zwischen der Scylla einer möglichst schnellen und vollständigen Annäherung an die Normen liberaler Demokratien und der Charybdis eines Rückfalls in einen exzessiven Autoritarismus hindurchsegeln muß.

Die Gefahr, daß der gegenwärtige Mittelweg einer semi-demokratischen, semi-autoritären Entwicklung eher zum Autoritarismus führen wird als zu einer entwickelten Demokratie, ist unverkennbar. Unser Staatsapparat, unsere Bürokratie, sowohl die alte als auch die neue, tendieren dazu, mit der Wiederherstellung der sozialen Ordnung zugleich auch die Macht des Staates soweit wie möglich zu stärken. Eine Stärkung des Staates hat in Rußland eine krebsartige Wucherung der Bürokratie, unkontrollierte Herrschaft und soziale Ungerechtigkeit zur Folge. Angesichts des allgemeinen politischen Bewußtseins und der Schwäche der zivilen Gesellschaft ist die Gefahr eines Rückfalls in einen rigiden Autoritarismus unübersehbar. (Cholodkowski 1994; Gaidar 1994) Das Gleichgewicht zwischen demokratischen und autoritären Elementen zu halten, wäre spezielle Aufgabe der Regierung, die in Rußland aber gerade nicht für ihre Kultur des Kompromisses und des Ausgleichs bekannt ist. So hängt denn fast alles am Charakter der politischen Elite - solange keine wirksame Kontrolle durch die politische Gemeinschaft, durch unabhängige politische Organisationen, soziale Bewegungen, Interessengruppen, Gewerkschaften, Konsumentenorganisationen usw. erfolgt.

Die Ereignisse der späten 80er und frühen 90er Jahre haben bewiesen, daß demokratische Organisationen den Kurs der Reformen und der Demokratisierung entscheidend beeinflussen können. Die gegenwärtige Situation erfordert einen dauerhaften Druck seitens der politischen Gemeinschaft, um konfligierende Ziele zu erreichen: das Hinübergleiten in einen exzessiven Autoritarismus zu verhindern, für die Wiederherstellung der politischen Ordnung und des staatlichen Systems einzutreten und Verschiebungen im Kompetenzgefüge zwischen präsidentiellen und parlamentarischen Institutionen sowie verfrühte Versuche einer zu weit getriebenen Demokratisierung zu verhindern.

(Aus dem Englischen von Gert-Joachim Glaeßner)

Literaturverzeichnis

Gordon, L. A./Klopov, E., 1989: Stalinizm i poststalinism, in: Osmyslit kult Stalina, Moscow.
Gordon, L. A./Nazimova, A. K., 1985: Rabochi klass SSSR: tendentsii i perspektivy sotsialno-ekonomicheskogo razvitiya, Moscow.
Gordon, L. A./Nazimova, A. K., 1990: Perestroika: Kakie varianty vozmozhny, in: Obshchestvo v raznykh izmereniyakh, Moscow.
Gordon, L. A./Nazimova, A. K., 1990: Perestroika in Historical Perspective: Possible Scenaries, in Government and Opposition, London, vol 25, no. 1.
Rezultaty vyborov deputatov Gosudarstvennoi Dumy po obshchefederalnomu izbiratelnomu okrugu, in: Byulleten Tsentrelnoi izbiratelnoi komissii Rossiskoi Federatsii, Moscow 1994, No. 1 (12).
Kholodkovsky, K., 1994: Liberaly i demokraty, in: Segodnya (13 April).
Gaidar, J., 1994: Fashizm i byrokratiya, in: Segodnya (15 June).
Zaslavskaya, T. I., 1994: Dokhody rabotayushchego naseleniya, in: Ekonomicheskie li sotsialnie peremeny, Moscow, Nos. 1, 2.
Zubova, L. C./Kovalyova, N. V./Khakhulina, L. A., 1994: Bednost v novykh ekonimicheskikh usloviyakh, in: Zaslavskaya 1994, No. 4.

Strukturdefekte und Reformpolitik. Ursachen und Auswirkungen der finalen Krise des sowjetischen Sozialismus

Klaus Segbers

1 Vorbemerkungen

Es werden im folgenden drei Fragen gestellt: War der Kommunismus reformierbar, war das Scheitern der Perestroika vermeidbar und welche Perspektiven gibt es nach dem Zerfall der Sowjetunion?
Dazu versuche ich, gewiß (be)streitbare erste Antworten zu geben. Das soll in fünf Schritten erfolgen:
1. wird die Frage von Kontinuität und Bruch am sowjetischen Beispiel aufgeworfen;
2. sollen Ursachen für die Systemkrise des sowjetischen Modells und für den Zerfall der UdSSR sowie für das "Scheitern" der Perestroika diskutiert werden;
3. sind die Folgen des Verschwindens der UdSSR als Modell und als Weltmacht anzusprechen;
4. werden Charakter und Perspektiven der laufenden Transformationen bilanzierend skizziert;
5. bleibt über die reale westliche Hilflosigkeit zu räsonnieren.

2 Zur Frage von Kontinuität und Bruch

Wer sich heute mit den ökonomischen, sozialen, politischen und kulturellen Transformationen in der früheren Sowjetunion beschäftigen will, ist gut beraten, mit einer Re-Interpretation der sowjetischen Realgeschichte zu beginnen. Falls man nicht davon ausgeht, daß die Jahre 1985 oder 1991 Nullpunkte für die folgenden Wandlungsprozesse waren, oder eine tabula rasa, sondern daß wir Zeugen waren von Kristallisationen längerfristiger Entwicklungen, muß man die Ereignisse und Strukturveränderungen der letzten Jahre zunächst auf die UdSSR rückzubeziehen suchen.

Nach deren Vergehen muß somit nicht nur die Zukunft gewonnen, sondern auch die frühere Sowjetunion neu interpretiert werden, um die Gegenwart angemessen zu verstehen. Dabei geht es in erster Linie nicht darum, daß zahlreiche neue, bisher verschlossene Quellen zugänglich geworden sind. Wichtiger ist, daß nun aus der Perspektive eines weltgeschichtlich schließlich gescheiterten und zunächst abgeschlossenen Entwicklungsversuchs (teils einer dissoziativen Modernisierung, teils des isolierten Überlebens) heraus die Bedeutung des sowjetischen Entwicklungsmodells insgesamt sowie einzelner Phasen und Ereignisse neu erfaßt werden kann.

Die aktuelle Bedeutung neuer Interpretationsversuche liegt darin, daß wenigstens zwei von drei historischen Zeitebenen (der französischen Annales-Schule folgend; vgl. Burke 1991; Honnegger 1977) weit in Gegenwart und Zukunft hineinragen: die mittlere der Konjunkturen, und die lange, die der longue durées. Unter Umständen könnte ein neu zu erarbeitender Befund lauten, daß die Kontinuitäten zwischen vor-, hoch- und nachsowjetischer Zeit stärker sind, als die bislang für entscheidend gehaltenen Brüche.

Dazu müssen auch sogenannte Schlüsseldaten und -ereignisse wie 1917 (Oktober-/Novemberrevolution), 1921 (Neue Ökonomische Politik-NEP), 1928/29 (Beginn der Fünfjahrplanung und der Etablierung des "klassischen" Sowjetsystems), die mittleren dreißiger Jahre, die Kriegszeit, die Phase des (ersten) Kalten Kriegs, das Jahr 1956 (20. Parteitag), die Reformversuche der sechziger Jahre, der Aufstieg der UdSSR zur zweiten Weltmacht (notifiziert im SALT I-Vertrag 1972), das Krisenjahr 1979 und die 1985 ein-

Strukturdefekte

setzende Perestroika überdacht - und zum Teil neu interpretiert werden. Eine nüchterne Historisierung ist überfällig. Sie müßte den Gegenstand Sowjetunion zugleich aus sich selbst heraus und im Vergleich mit anderen Realentwicklungen betrachten und zu begreifen suchen. Sie dürfte vor Differenzierungen auch um den Preis der Irritation gewohnter politischer Wertungen nicht absehen; und sie sollte unaufgeregt nach der Rechtfertigung der überwiegend unverändert behaupteten "Singularität" der "Schlüsseldaten" 1917 und 1991 fragen.

Wahrscheinlich macht es Sinn zu versuchen, Prozesse und Probleme längerer Dauer herauszuarbeiten, die die Sowjetunion nach hinten und nach vorne überwölben und die möglicherweise andere Periodisierungen nahelegen:

- die konstante relative russische Rückständigkeit, gemessen an den jeweils fortgeschrittenen Industriestaaten;
- der Charakter des Russischen Reiches, der UdSSR und der Russischen Föderation als Vielvölkergebilde;
- die permanenten Konflikte zwischen Stadt und Land, zwischen Zentrum und Peripherie;
- das notorische Mißverhältnis zwischen Überzentralisierung in Form von Autokratie/ Parteiführung/ Präsidialregime einerseits und relativer Wirkungslosigkeit politischer Durchgriffe andererseits;
- ungleichmäßige, aber beständige Modernisierungsschübe in den Bereichen Bildung, Gesundheit, Urbanisierung, Verrechtlichung, Stellung der Frauen;
- die schwierige Brückenlage zwischen Europa und Asien und die Debatten über Integration versus Autismus;
- die Mythen, vor allem 'Rossiju umom ne ponimat'... (Rußland ist mit dem Verstand nicht zu verstehen, so das berühmte Diktum von Fedor Tjucev).

Die Verhältnisse sowjetischen Typs wurden lange eher politisch definiert denn analytisch erarbeitet. Die sogenannte Totalitarismustheorie, als solche schon in den dreißiger Jahren entwickelt, dann im ersten Kalten Krieg aus- und aufgebaut und selbst immer stark politisch aufgeladen, diente später als Legitimation eines ideologisch definierten Gegensatzes zwischen den OECD-Staaten und Osteuropa. Während der totalitarismus-theoretische Ansatz auf einer phänomenologischen Ebene durchaus Herrschaftsaspekte beschrieb, die unterschiedlichen Systemen eigen waren, versagte er bei genetischen und Entwicklungs-Fragen und gerierte sich seinerseits oft totalitär gegenüber konkurrierenden Versuchen.

Zugleich bleibt auch heute mit Verwunderung festzustellen, daß es auch diesseits des Totalitarismus und jenseits des legitimatorischen Konstrukts des "realen Sozialismus" in 75 Jahren nach dem Oktober 1917 nicht gelungen ist, die entscheidenden Aspekte und Elemente sowjetischer Systeme - wenn sie sich zu einem System verdichten lassen - in einen überzeugenden und durchsetzungsfähigen theoretischen Zugriff einzupassen. Stattdessen hat sich eine Vielfalt anti-totalitärer und miteinander konkurrierender Interpretationsansätze herausgebildet (Fleron/Hoffmann 1991; Glaeßner 1982; Meyer 1979):
– Bürokratisch deformierte Arbeiterstaaten (Trotzkismus);
– Sozialrevisionismus (Maoismus);
– Bürokratischer Sozialismus/Etatismus (Neue Linke);
– Sozialistische oder sich modernisierende Industriegesellschaft;
– Konsultativer Autoritarismus/Interessengruppen und bürokratischer Pluralismus;
– Eigenständiger Systemansatz.

Während die meisten dieser Theorievorschläge bestimmte Elemente und Aspekte realsowjetischer Existenz erfaßten, verabsolutierten sie diese zugleich und verstellten sich somit selbst den Weg zu einer integrativen (nicht: additiven) Theorie sowjetischer Systeme. Dieser Vorhalt geht erneut einher mit dem Vorbehalt

Strukturdefekte

des zweifelhaften Systemcharakters dieser Entwicklungsmodelle, die von manchen Außenseitern durchaus intelligent auch als permanente Ausnahmeregime oder verstetigte Überlebensphänomene, oder auch als prinzipiell defekte Entitäten charakterisiert wurden.

Somit gingen seit 1989 mehrere Gewißheiten verloren: daß die osteuropäischen Gesellschaften hinreichend verstanden und beschrieben worden seien; daß sie über wenig Wandlungsspielräume verfügten; daß der Totalitarismus der noch adäquateste Theorieansatz sei; und, auf einer politischen und sozialpsychologischen Ebene: daß es sich vor oder nach der Perestroika um eine Übergangsgesellschaft mit realutopischem Potential gehandelt habe, die der real existierenden kapitalistischen Welt (oder dem Weltsystem) entkommen, dieses einhegen oder gar zurückdrängen könne.

Daß das sowjetische Modell letztlich gescheitert ist und aufgegeben werden mußte, besagt noch nicht, daß es in der UdSSR siebzig Jahre Versagen und Stillstand gab. Größere Teile der Gesellschaft waren stets in Bewegung, spontan und genötigt, es gab immer Unruhe, immer Entwicklung und Modernisierung - wenn auch auf paternalistische Art. Auch das Verhältnis zwischen Machteliten, die das "System" repräsentierten, und der Gesellschaft war bei weitem nicht so eindeutig antagonistisch, wie in westlichen Lehrbüchern oft angenommen (Fitzpatrick 1979; Lewin 1988; Millar 1987; Scott 1973; Zaslavsky 1982).

Um den Wandel und den Austausch des Sowjetsystems sowie seine scheinbare Leerstelle in der heutigen Welt besser zu verstehen, ist ein kurzer Rückblick auf (die) Grundcharakteristika des vermuteten klassischen sowjetischen Modells sinnvoll. Üblicherweise werden hier folgende Merkmale genannt (Fainsod 1967):
- eine politische Determinierung von Politik und Wirtschaft, von Innen- und Außenverhalten durch die marxistisch-leninistische

Ideologie oder durch eine traditionell-imperiale Definition von Interessen;
- ein hoher Grad der Zentralisierung ökonomischer Entscheidungen und Vorgaben, d. h. eine Übersteuerung der Wirtschaft, die gleichsam ohne reale Subjekte (dys)funktionierte;
- eine Verstaatlichung nicht nur der Ökonomie, sondern auch der Gesellschaft, die zu einer "staatlichen Veranstaltung" wurde (oder eine solche blieb), was die repressive Ausgrenzung oder Liquidierung autonomer Interessen und Äußerungen bedingte;
- eine eindeutig vorrangige Stellung des Rüstungssektors und des Militärs, woraus eine erhebliche Gefährdung der Außenwelt (wenn nicht gar eine prinzipielle Unfriedlichkeit der Sowjetunion) resultierten;
- die zwangsweise Zurückstauung eines differenzierten kulturellen, nationalen Lebens in Regionen und Republiken zugunsten einer administrativen "Russifizierung";
- die Reduktion von Hochkultur auf einen kanonisierten sozialistischen Realismus und die gefällige Folklorisierung von Alltagskultur;
- die Konzentration des (Staats)Politischen räumlich auf den Moskauer Kreml, organisatorisch auf einen engen Zirkel mächtiger Männer und funktional auf die Kommunistische Partei, auf landsmannschaftliche oder nepotistische Bindungen und auf machtpolitisch induzierte personelle Konkurrenzen und Konflikte.

All diese Aussagen und Wertungen sind nicht ganz falsch. Trotzdem sind sie - jedenfalls in dieser "reinen" Form - zu reduktiv und damit unzutreffend. Dies wird schon lange durch eine Vielzahl von regionalen und sektoralen Studien, von historischen und sozialwissenschaftlichen Untersuchungen (Zaslavsky 1982) durch literarische Zeugnisse, wie den Werken von Jurij Trifonov und Vladimir Sorokin bestätigt (Fleron/Hoffmann 1991; Glaeßner

1982; Meyer 1979). Ein so rigides System hätte nicht 70 Jahre funktionieren können.
Nötig ist heute eine Rekonstruktion der wesentlichen Merkmale des real funktionierenden Sowjetsystems. Dabei werden folgende Begriffe von einigem Nutzen sein, die in den Arbeiten von Jerry Hough, Simon Kordonskij, Vitalij Naisul' und Boris Groys entwickelt worden sind:
- Administrativ-institutionalisierter Pluralismus, vor allem in der KP sowie in weiteren Koordinierungsgremien. Die KP war der Ort von ständigem bargaining verschiedener regionaler, sektoraler und politischer Akteure.
- Interessengruppen und Lobbies - im sowjetischen Sinne, nicht als Klassen gemäß der Stellung im Produktionsprozeß, sondern als pressure groups im Rahmen der informellen Steuerung des Systems.
- Die Vorstellung eines stabilen Korporatismus - im sowjetischen Sinne, der immanente Zwang zum Konsens auf Zeit zwischen wesentlichen ökonomischen, sozialen, politischen, landsmannschaftlichen und ethnischen Interessengruppen.
- Für die sowjetische Ökonomie der Begriff der extensiven Produktionsweise, d. h. einer Wirtschaft, die Produktivitätssteigerungen nur durch die Zufuhr stets neuer Produktionsfaktoren: Kapital, Arbeitskräfte, Ressourcen, Böden zuwege brachte.
- Eine solche Produktionsweise war charakterisiert und gestützt durch soft budget constraints, in gewissem Sinn den Gegensatz zum Wertgesetz bildeten die Versicherung gegen das einzelbetriebliche Risiko und die Grundlage des sozialen Konsens.
- Die durch formale Planung und Steuerung produzierten Funktionsdefizite sowie die zahlreichen informellen, kompensatorischen Ausgleichsbewegungen, die zusammengenommen einen administrativnyj rynok (administrativer Markt) ergaben, d. h. ständige nicht-koordinierte, aber nach Regeln verlaufende

Transaktionen zwischen Akteuren, die unterschiedliche Positionen im sozialen und ökonomischen Gefüge einnahmen.
- Dabei war eine administrative Valuta das Zahlungsmittel für bjurokraticeskie torgi, für bürokratisches Aushandeln.
- Schließlich, im öffentlichen und gesellschaftlichen Bereich, double talk, d. h. die Teilung von öffentlicher und politischer Sphäre als Grundlage von Stabilität und spezifisch sowjetischem Gesellschaftsvertrag.

Diese Begriffe werden künftig analytische Schlüsselrollen auszufüllen haben.[1] Sie können hier nur skizzenhaft genannt, nicht erläutert werden. Es geht für diesen Zweck darum, daß nur ein Zusammendenken, nur die Integration der traditionellen Lehrbuch-Kennzeichen von Systemen sowjetischen Typs mit den Ergebnissen einer neuen Vergewisserung über die realen Funktionsbedingungen eine Annäherung an den vergangenen Osten Europas und die Ausgangsbedingungen seiner Transformation ergeben kann.

Dabei sind reflektierte Anleihen bei der Politischen und Neuen Institutionen-Ökonomie, bei Netzwerkansätzen, bei sozialwissenschaftlichen Verfahren und auch bei diskurstheoretischen und dekonstruktivistischen Ansätzen oft fruchtbar.[2]

Bei solchen Verfahren und Forschungsstrategien wird sich für das heutige Rußland wohl der Eindruck einstellen, daß sich die vor- und nachsozialistischen wie auch die sowjetischen Entwick-

---

1 S. dazu die Ergebnisse eines großen Forschungsprojekts über nachsowjetische Transformationen, das von der Körber-Stiftung (Hamburg) gefördert und an der Stiftung Wissenschaft und Politik in Ebenhausen durchgeführt wurde: Segbers/DeSpiegeleire 1995.
2 Gedacht ist vor allem an eine Nutzung der ökonomischen Ansätze von Buchanan und North (1988). Hinzuweisen ist ferner auf laufende Projekte an der Universität Leipzig (Hartmut Elsenhans, Frank Geißler); der Humboldt-Universität Berlin (Helmut Wiesenthal, Petra Stykow u. a.); der JWG-Universität Frankfurt/ Main (Tamas Bauer, Elke Siehl, Mary Cline); Forschungszusammenhängen am CREES der University of Birmingham; u. a.

lungsprobleme überraschend ähneln: es ging und geht stets um die Frage, ob und auf welche Weise der "westliche Weg" (Marktregulierung, Rücknahme des Staates, politische Pluralisierung, Integration in internationale Regime) zu akzeptieren und dann beschleunigt nachzuholen oder abzulehnen - und dann zu bekämpfen - sei.

3 Ursachen für die Systemkrise des sowjetischen Modells und für den Zerfall der UdSSR

Die Suche nach den Gründen für die sowjetische - schließlich finale - Krise gehört zu den beliebtesten Gesellschaftsspielen und führt stets zu hitzigen intellektuellen Gefechten.

Waren es eher interne oder externe Einflüsse? Waren politische Faktoren oder strukturelle Momente ausschlaggebend? Kam es - nach 70 Jahren - zum offensichtlichen Scheitern eines von Anbeginn an aussichtslosen Unterfangens, oder war der Zerfall Ergebnis des Verrats einiger Politiker? All diese Varianten halten sich als Behauptungen und Beschimpfungen.

Dabei unterläuft oft eine naheliegende, aber irrige Verwechslung: zwischen Erklärungen für die Krise des sowjetischen Modells und zwischen Erklärungen für die jeweiligen Reaktionen darauf. Wir können uns hier nicht lange bei dieser Frage aufhalten, aber es soll auf diese wesentliche Unterscheidung hingewiesen werden.

Tatsächlich war die frühere Sowjetunion seit etwa 1987 einer doppelten Krise ausgesetzt. Die Erschöpfung des traditionellen Entwicklungsmodells, seit den siebziger Jahren offensichtlich, wirkt weiter und der Versuch, auf diese Krise zu antworten - die Perestroika - und der nachfolgende Systemwechsel haben das Land endgültig destabilisiert und viele Sowjetbürger erst recht "außer sich" gebracht. Die Erschöpfung hatte objektive Gründe und war weit mehr als eine vorübergehende Schwäche. Der Antwortversuch darauf, die Perestroika, war kein Laborversuch, sie mußte on the run instrumentiert werden, ähnlich wie in vielen früheren Sowjetperioden.

Was waren die Ursachen der Erschöpfung dieses klassischen sowjetischen Modells in den siebziger Jahren und der folgenden Krise? Die Ökonomie war quantitativ nicht mehr in der Lage, die zweite Weltmacht zu tragen. Die realen Wachstumsraten fielen, eine Entwicklung, die in den mittleren siebziger Jahren vorübergehend noch durch hohe Deviseneinnahmen aus dem Verkauf von Energieträgern verdeckt wurde. Doch war spätestens Ende des Jahrzehnts klar, daß das klassische extensive Modell sowjetischer Produktion an seine Grenzen gestoßen war: Ein endemischer Kapitalmangel, die demographische Stabilisierung auf niedrigem Niveau in den slawischen Republiken, der Mangel an neu erschließbaren Böden und die extreme Verteuerung der Erschließung neuer Lagerstätten von Ressourcen aller Art setzten der traditionellen sowjetischen Wirtschaftsweise objektive Schranken.

Die Krisenwirkung übertrug sich auch auf die Gesellschaft, und die politische Führung sorgte sich um die Sicherheit der internationalen Stellung der UdSSR. (Byrnes 1983; Segbers 1989) Hinzu kamen qualitative Probleme. Der Rückstand der UdSSR in modernen Schlüsseltechnologien auf die OECD-Staaten wuchs erheblich. Ebenfalls zu nennen sind die sich parallel vollziehenden zunehmenden gesellschaftlichen Desintegrationstendenzen.

Die daraus resultierenden, von der damaligen sowjetischen Führung jedenfalls perzipierten außenpolitischen Positionsverluste waren die zwangsläufige Folge der dramatischer werdenden inneren Schwäche.

Diese inneren krisenschaffenden Faktoren wurden ergänzt durch äußere Momente.

Auch diese spielten eine Rolle - nicht jedoch in der oft behaupteten Form direkter politischer Pressionen (etwa aus den USA

Strukturdefekte 83

Reagans). Wesentlich für die strukturelle sowjetische Krise war die zunehmende weltweite Integration - im Bereich der Medien und der Kommunikation, im Bereich des Transports und der Infrastruktur. Dadurch wurden nicht nur Konsummuster verallgemeinert, sondern es wurde auch ein Bewußtsein geschaffen für wachsende Probleme im globalen Maßstab, seien es Ökologie, AIDS, Katastrophen oder Terrorismus, die zunehmd global governance erfordern.

Hinzu kam eine wichtiger und sichtbarer werdende Rolle von NGOs, die transnationale Vernetzungen schufen. Epistemic communities (funktionale/ thematische Elitennetzwerke) schlugen Brücken über erodierende Systemgrenzen hinweg.

Weltweit sich ändernde Produktionsbedingungen und die zunehmende nationale Entgrenzung von Kapital und Arbeit schufen neue Wettbewerbsbedingungen, die sich bei den gegebenen sowjetischen Funktionsdefiziten nicht anders als in einem wachsenden Rückstand ausdrücken konnten.

Es sei noch einmal gesagt, daß diese strukturellen Veränderungen nicht dasselbe sind wie politische Einflußnahmen, die bei den Reaktionen sowjetischer Eliten eine gewisse Rolle gespielt haben, nicht aber für Ausbruch und Zuspitzung der Krise selbst. (Deudney/Ikenberry 1991)

Auch die Frage danach, ob und wie Analytiker und Politiker in der früheren Sowjetunion die Ursachen der tiefen gegenwärtigen Probleme verstehen, ist von Interesse. Ihre Beantwortung kann Aufschluß darüber geben, welche politischen Strategien sie verfolgen oder verfolgen würden, wenn sie die Möglichkeiten dazu hätten. Dabei sind zwei Arten der Einschätzung zu unterscheiden: solche, die die Krisenphänomene der 70er und 80er Jahre als Ergebnis falscher Politik (oder eines "Verrats") der politischen Führungen interpretieren, und solche, die die strukturellen Ursachen dieser Krise erkennen.

Zu welcher Interpretation wichtige politische Repräsentanten in dieser Frage kommen, ist erheblich. Wenn das derzeitige Desaster als Ergebnis subjektiver Fehler verstanden wird, müssen die alten ökonomischen, politischen und sozialen Bausteine des traditionellen Sowjetsystems nicht notwendigerweise versagt haben. Wenn strukturelle, fundamentale Gründe für Leistungsschwächen und den Verlust des Imperiums erkannt werden, ist die innere Orientierung auf einen Systemwechsel unvermeidlich.

Als Resümee dieser Überlegungen können wir ohne Vorbehalt festhalten, daß die Krise des sogenannten sowjetischen Kommunismus unvermeidbar war und natürlich unaufhebbar ist. Das Phänomen Gorbatschow und die Perestroika sind Krisensymptome und Vorläufer des Systemwechsels, Agenten und Symbole des großen Wandels, nicht Akteure und Gestalter, nicht Programme und selbständige Visionen.

Die Frage nach dem Scheitern der Perestroika, verdient im Grunde eine ähnliche Antwort. Die populäre Meinung, daß "Gorbatschow" nach 1985 und "Jelzin" nach 1991 stets zu spät, unentschieden, zögerlich und langsam agiert hätten, unterstellt die Möglichkeit zur konzeptionellen, wenn nicht totalitären Politikgestaltung in einer zunehmend pluralen und konfliktorischen, teilweise chaotischen Gesellschaft bei einem notorisch desorganisierten politischen Rahmen.

Die "Reformversuche" seit 1982/85 waren reaktive Versuche im Sinne einer Suche nach zunächst systemimmanenter Dynamisierung; dann systemreformierenden Umbauens und schließlich nur noch des alltäglichen Reagierens auf Krisenzustände in beinahe allen Regionen und Funktionsbereichen der UdSSR, die kaum noch informativ erfaßt, geschweige denn analysiert, durchdacht und konzeptionell bewältigt werden konnten. Aus der Mehrzahl der Vorwürfe gegen das politische Personal der Jahre 1985-1995 spricht eher ein romantischer Glaube an die Mechanisierbarkeit der Politik, der Hunger nach den großen historischen

Bewegern, die Notwendigkeit eigener tagespolitischer Profilierung, oder auch, wiederum verständlicher, der Schmerz übergangener Berater als eine nüchterne Einschätzung der Zeit- und Situationsverhaftung von Politikern in Umbruchsituationen im späten 20. Jahrhundert.

Die Perestroika war, obgleich in vielem ihrem Gegenstand verhaftet, doch zuerst eine kurvige Einbahnstraße weg von der sowjetischen Vergangenheit. Zugleich provozierte und enttäuschte sie notwendig die Suche nach neuem emanzipatorischen Potential. Sie war ein weiterer Knoten in der (nicht nur) russischen Geschichte.

4 Folgen des Verschwindens der Sowjetunion als Modell und als Weltmacht eigenen Profils

Das Vergehen der Sowjetunion hatte nicht nur Folgen für diese selbst. Es wirkte auch auf die Welt, so wie deren Formwandel den Zerfall der UdSSR beförderte.

Die Beobachtung, die ich den folgenden Überlegungen zugrunde lege, ist nicht besonders originell; aber die Folgen, auf die sie auch verweist, sind offensichtlich von Bedeutung. Die Beobachtung besagt, daß die Ereignisse und Prozesse in Osteuropa seit 1985, spätestens seit 1989, von Wissenschaftlern und Politikern, von Publizisten wie vom breiten Publikum vorwiegend mit Ratlosigkeit registriert werden.

Diese Ratlosigkeit hat eine analytische, oder theoretische, aber auch eine praktische Seite. Vor 1985 schien das Reden über und das Agieren in internationalen Beziehungen, jedenfalls in der nördlichen Hemisphäre, weitgehend von gültigen Verabredungen geprägt zu sein. Die Basisstruktur des internationalen Geflechts war ein Ost-West-Konflikt, dem ein systemischer oder ein machtpolitischer Antrieb zugrundegelegt wurde. Die Nord-Süd-Dimen-

sion war unübersehbar vorhanden, aber im Kern, so schien es, der Ost-West-Dominante unter- oder doch zugeordnet.
Insoweit waren sich realistische und funktionalistische sowie liberale Ansätze in all ihren Varianten weitgehend einig. Sie unterschieden sich in ihren Aussagen über den Binnencharakter der Antagonisten und über Wege der Konfliktregulierung, weniger hinsichtlich der angenommenen dichotomischen Grundstruktur. Dieses Grundmuster prägte Wahrnehmung und Verständnis von Wissenschaftlern, Politikern und Journalisten.

Es hatte zudem auch einen Generationenbezug. Wer erst in den vierziger Jahren oder später geboren worden war, hatte keine andere unmittelbare Erfahrung des internationalen Umfeldes und seiner internen Verarbeitungsversuche machen können. Die Welt schien auf Dauer zweigeteilt, und es ließ sich darüber streiten, in welcher Ecke sie besser geordnet oder besser legitimiert oder akzeptabler eingerichtet war.

Mit den historischen Umbrüchen nach 1989, symbolisiert im Beitritt der DDR zur BRD, im offenen Zusammenbruch der UdSSR, in der zunächst freudigen Emanzipation der Staaten in Ostmitteleuropa, aber auch in der Renaissance von Bürger- und zwischenstaatlichen Kriegen und Konflikten und einer Re-Konventionalisierung von militärischen Optionen, ging auch die traditionelle Orientierung in der Welt für viele verloren. Der Ost-West-Konflikt war vordergründig entschieden, und prinzipielle Entwicklungsalternativen zum Königsweg der OECD-Staaten schienen nicht mehr denkbar. Der Ausruf "End of History" und die Europäische Charta von Paris 1990 symbolisierten exakt die dominante Stimmung zu jenem Zeitpunkt.

Doch bald mußten sich Zweifel einstellen. War mit dem Vergehen der einen Weltmacht die andere wirklich "übrig geblieben"? Galt nun eine Unipolarität? War die Definition und Etablierung einer "neuen Weltordnung" ein realistisches, akzeptables und durchsetzungsfähiges Programm? Lassen sich Elemente eines internationalen Systems auf der Basis von Nationalstaaten noch definieren, jenseits von überholten Dichotomien, ohne politisierte Post-Hegelianismen und diesseits eines auch schon vorgeschlagenen poststrukturalistischen Derri-Dadaismus? Kennzeichen der internationalen Staaten- und Gesellschaftswelt heute sind vor allem: a) die Koexistenz von Kontinuitäten und Brüchen, b) die Abkehr von der Bipolarität hin zu Unübersichtlichkeit, die sowohl als Multipolarität wie als Chaos wahrgenommen wird, c) die Parallelität von Globalisierung und Integration einerseits mit Fragmentierung und Regionalisierung andererseits, d) allgemeine Steuerungsverluste der Nationalstaaten (Proliferation, Terrorismus u. a.) und e) die Problematik der generellen Innenwendung der Eliten trotz übergreifender Probleme, die global govcernance erfordern.

Man kann ohne Händereiben konstatieren, daß die Welt mit dem Zerfall der UdSSR und dem Verlust positiver Utopien (vielleicht mit Ausnahme des Islam) nicht sicherer geworden ist, wie Jahrzehnte erwartet oder behauptet wurde. Doch ist das Vergehen der ehedem zweiten Weltmacht seinerseits auch Ausdruck tiefgreifender Veränderungen im Weltmaßstab, und es gibt kein zurück. Die neue Lage muß verstanden - und angenommen werden, nur so kann sie noch gesteuert werden.

5 Charakter und Perspektiven der laufenden Transformationen in der früheren Sowjetion

Für die künftige Weltstruktur sind die Vorgänge in den Räumen der früheren Sowjetunion von erheblicher Bedeutung. Und damit stellt sich die dritte und letzte Frage - nach den Perspektiven des Transformationsgeschehens in der früheren Sowjetunion. Dieses hängt bei weitem nicht nur von Befindlichkeiten und Entscheidungen der Präsidenten, Berater und Parlamente ab.

Deshalb möchte ich zunächst einige allgemeinere Strukturprobleme des Übergangs nachsowjetischer Gesellschaften formulieren:

1. Die Veränderungen sind in der Form sowohl von Blockaden wie von Durchbrüchen Bestandteile einer langen Transformation, die notwendig instabil ist und bleiben wird. Gegenläufige und widersprüchliche Bewegungen, Konfrontationen und Konvulsionen sind nicht Ausnahmen von einem generell organisierten Übergang, sondern sie sind die Regel. Dies ist immer wieder zu vergegenwärtigen, wenn die tagespolitischen Aufgeregtheiten "Entscheidungsschlachten" suggerieren (wie erneut für die Wahlen im Dezember 1995 und im Juni 1996).
2. Der Übergang zur Marktregulierung ist eine äußerst schwierige Gradwanderung zwischen zwei gegensätzlichen und einander im Grunde oft ausschließenden Zielsetzungen: einerseits der Notwendigkeit eines fortgesetzten Protektionismus für (noch) nicht konkurrenzfähige Wirtschaftssubjekte, gradualistischen Veränderungsschüben und politisch-taktischen Entscheidungen über die Abfolge (sequencing) und Umsetzung einzelner Reformelemente, andererseits dem Erfordernis, staatliche Interventionen rasch und drastisch zu vermindern, Wirtschafszweige, Betriebe und Bürger in ihrer Doppelrolle als Produzenten wie Konsumenten "loszulassen", und schließlich die Budgetschranken entschieden zu härten.
3. Der alte "Gesellschaftsvertrag" der sowjetischen Nachkriegsperiode, der sozialen Schutz und Stabilität für den Verzicht auf politisch relevanten Dissens vorsah, erodierte in den späten siebziger Jahren, als das traditionelle sowjetische Entwicklungsmodell erschöpft war und somit immer weniger Ressourcen und Produkte zu verteilen waren. Bisher konnte kein neuer Gesellschaftsvertrag entworfen werden: es gibt keinen Zuwachs an Ressourcen, Kapital und Warenströmen, der zwischen Republiken, Regionen, Branchen, Betrieben und sozialen

Gruppen verteilt werden kann. Stattdessen erfolgen Umverteilungen zu Lasten der jeweils durchsetzungsschwächsten Gruppen. Folgerichtig schrumpft die soziale Basis für jede offensive Durchsetzung des Reformprojekts. Soziale Konflikte, Desorientierungen, Separatismen, Regionalisierung, Nationalismen und Grenzkonflikte drücken dieses Dilemma aus.
4. Staaten, allüberall entstehend und Symbole reklamierend, funktionieren nicht. Gewaltmonopole und Apparate sind oder werden privatisiert, Verwaltungen laufen leer und sind korrumpiert, Grenzen strittig, Identitäten fließend oder unklar, Loyalitäten werden auf Stämme, Clans, Gangs, immer kleinere Territorien und peer groups umgeleitet. Steuern bleiben aus, Budgets sind katastrophal defizitär, und es gibt nur wenige real greifende Steuerinstrumente.
5. Die Simulation von Staatlichkeit hat vorerst zunehmend spielerischen Charakter. Reale Gefährdungspotentiale werden oft ignoriert oder nicht beherrscht. Was an staatlichen Funktionen noch "arbeitet", beruht oft mehr auf Selbstregulierung und Vernetzung auf neuer Grundlage als auf ordentlicher Verwaltung.
6. Funktionierende und leistungsfähige Infrastrukturen, d. h. Transportwege und -mittel, Nachrichtenverbindungen, Gesundheits- und Ausbildungssysteme sind Voraussetzung für Austauschbeziehungen zwischen den nachsowjetischen Räumen. Diese Einrichtungen sind jedoch in den meisten Teilen der früheren Sowjetunion in einem beklagenswerten Zustand. Transportleitungen, Schienenwege, Telefonnetze, Krankenhäuser und Schulen sind veraltet, überlastet und unterkapitalisiert. In der überschaubaren Zukunft ist kein Nachfolgestaat in der Lage, die erforderlichen Mittel für Modernisierung oder Ersatz der alten und gefahrträchtigen Anlagen aufzubringen.
7. Die forcierte Modernisierung in der früheren Sowjetunion, die unter ungünstigen inneren und wohl auch äußeren Bedingungen

stattfindet, "produziert" zwangsläufig Nationalismen. Neue politisch-territoriale Einheiten werden etabliert, Räume werden wirtschaftlich und kulturell homogenisiert, kulturelle Standards und Sprachen werden festgelegt und durchgesetzt, oft gegen die Interessen und Kompetenzen von Minderheiten in der eigenen Region und gegen parallel laufende Vorgänge in den Nachbarregionen. Nationalismus ist ein Phänomen, das zur selben Zeit als Nebenprodukt von Modernisierung "geschieht" und von oben gemacht, organisiert wird.

8. Die Vervielfältigung der politisch-territorialen Einheiten, Interessen und Eliten, die zumeist unter jeweils hohem Binnendruck agieren müssen, macht es schwierig und oft unmöglich, prinzipiell vernünftige Formen horizontaler Kooperation in der früheren Sowjetunion zu organisieren oder beizubehalten. Viele der bekannten politischen, wirtschaftlichen, ökologischen und militärischen Konflikte sind Ergebnis dieses quasi-autistischen Verhaltens. Die meisten, wenn nicht alle dieser Grundkonflikte können kaum oder gar nicht positiv von außen beeinflußt oder gar gelöst werden.

6 Zur realen Hilflosigkeit westlicher Politik

Die geschilderte Situation - internationale Unübersichtlichkeit, mehrdeutige Entwicklungen in der früheren Sowjetunion - wird erschwert durch fehlerhafte oder jedenfalls zweifelhafte westliche Wahrnehmungen und Interpretationen wesentlicher Aspekte und Konstellationen sowie durch unzulängliche Konzeptbildung für und Wirkungsanalysen von innerer und äußerer Politik der Räume im Umbruch. Daraus folgen ineffektive oder unzulängliche, teilweise auch schädliche Versuche der "gutgemeinten Einflußnahme" in die laufenden Transformationsvorgänge. Einige Beispiele mögen dies verdeutlichen:

1. Deklarativ-affirmative Äußerungen zugunsten von "Markt", "Demokratie" und "Selbstbestimmungsrecht" reichen nicht aus und können problematisch sein, wenn sie nicht definiert und in einen sinnvollen Kontext gestellt werden. Wirtschaftliche und politische Deregulierung sind beide im Prinzip unvermeidbar und bedingen sich gegenseitig. Sie bilden aber offensichtlich einen problematischen Zusammenhang, wenn sie gleichzeitig und parallel initiiert werden oder "geschehen" und münden dann in allgemeine Desorganisation. (Offe 1994)
2. Die allgemeinen und darüber hinaus in jedem Fall spezifischen Voraussetzungen erfolgreicher nachholender Modernisierung werden zu wenig angesprochen. Dies muß jedoch geleistet werden, selbst dann, wenn keine prinzipielle Entwicklungsalternative in Sicht ist. Andernfalls wird eine unterstellte westliche Erfolgsgeschichte vorschnell als Modell genommen - und dies produziert notwendig Enttäuschungen.
3. Es reicht nicht mehr aus, Kataloge und Programme eines "richtigen" politischen Rahmens wie Anreize, property rights, soziales Netz usw. zu deklinieren und die Erwartung anzuschließen, daß dies nur umgesetzt werden müsse, um den Systemwechsel zu "schaffen". Nicht mangelhafte Zielsetzungen sind das Hauptproblem, nicht (nur) fehlende Einsicht in das Notwendige oder Unvermeidbare, sondern die fehlende Technologie der Umsetzung dieser Richtmarken unter widrigen Bedingungen.
4. Die Vermutung eines hohen Integrationsgrades nachsowjetischer Politik im allgemeinen und russischer Außenpolitik im besonderen beruhte entweder auf einem Irrtum oder aber auf dem Wunsch nach ihr. Tatsächlich zeichnet sich auch die sowjetische Realgeschichte durch permanente Auseinandersetzungen über die angemessene außenpolitische Linie aus. Mit der 1987 einsetzenden Transformation der gesamten ökonomischen, sozialen und politischen Regulationsmechanismen der Sowjet-

union haben sich auch Effekte eingestellt, die zu einer weitgehenden außenpolitischen Lähmung der nachsowjetischen Räume (Länder) führten. Der Vorrang innenpolitischer Themen und Anliegen auf der politischen Agenda der meisten Akteure ist enorm. Zentrales Thema für Individuen und Gruppen ist das Überleben, nicht das Gestalten von irgendetwas. Es geht ferner um die Nähe zu Verteilungszentren. Von daher ergibt sich ein überragendes Interesse an Präsidentennähe und -wahlen, an Zugriff auf oder Zugang zu Ressourcen. Das Beziehen von Positionen zu den meisten Themen der internationalen Politik ist für die dominanten Interessen nicht relevant. Die Schnittstelle zwischen den russischen Aktionsräumen zur Akkumulation von Kapital und Ressourcen und der Restwelt ist im wesentlichen nur dann interessant, wenn sie die Primärinteressen berührt. Wird die Tätigkeit ausländischer Banken und Versicherungen in der Russischen Föderation zugelassen? Was sind die Regime für den Ex- und Import von Waren? Wie sind Exportlizenzen für strategische Rohstoffe zu erhalten? Wie kann die Existenz von völkerrechtlich gültigen, aber faktisch ungewissen Grenzen zu einem geldwerten Vorteil gewendet werden?

Daraus folgt schlüssig die Unfähigkeit, nationale Interessen verbindlich zu definieren, oder einen wirksamen Konsens darüber mehrheitlich herzustellen. Hinzu kommt das Fehlen von Gestaltungsabsichten jenseits der unmittelbaren concerns. In der Folge ergibt sich ein partikularer Charakter außenpolitischer Interessen und eine fluide Form internationalen Agierens. Es fehlt eine mediatisierende und harmonisierende, auch Kompromisse erzwingende Instanz. Der russische Staat ist nicht - noch nicht? - in der Lage, diese Rolle auszuüben. Er simuliert sie.

Bei den innerrussischen Polemiken geht es selten um die Substanz der Frage. Es geht um ihren innenpolitischen Tauschwert. Und damit sind wir bei der nächsten Feststellung - der Instrumentalisierung außenpolitischer Themen für innere Auseinandersetzungen und von Zufälligkeiten außenpolitischen Agierens wie in Tschetschenien. Vor dem Hintergrund dieser Argumentation liegt die Beweisführung für die Konsistenz nationaler russischer Außenpolitik wesentlich stärker bei denen, die eine solche behaupten.

5. Das naheliegende Bestreben, die zerfallenden Interpretationsmuster für die Struktur internationaler Beziehungen zu ersetzen und neue handhabbare Kategorien wiederzugewinnen, sollte nicht dazu führen, alte Grobraster wie Totalitarismus versus Demokratie oder Kommunismus versus Kapitalismus durch neue oder alte reduktionistische Begriffe abzulösen. Der Versuch, die Kategorie der Zivilisation als überschaubares Ordnungsmuster und Feindbild einzuführen, sollte mißtrauisch machen. Zugleich sollte der Europa-Begriff nicht exklusiv verwendet werden. Nach der bisher angestellten Analyse fällt es schwer, im Rahmen der bisher in der westlichen Öffentlichkeit diskutierten und praktizierten Formen von "Hilfe" und Einflußnahme auf die sich wandelnden Gesellschaften in der früheren Sowjetunion wirklich effektive und sinnvolle Formen zu identifizieren. Materielle Beihilfen in der Form von globalen und mehr oder weniger ungebundenen Mittelzuweisungen (Kapitaltransfers) sowohl an zentrale Apparate wie an regionale Eliten sind problematisch. Die Aufnahmeseite kann die Mittel entweder nicht zielgerichtet und effektiv einsetzen, oder sie fühlt sich zur Dissoziation ermutigt.

Was könnten dennoch sinnvolle Primärinteressen bezogen auf die Transformationen in Osteuropa sein? Aus meiner Sicht vor allem eine Fortsetzung der Wandlungsprozesse in Ostmitteleuropa und der früheren Sowjetunion. Das heißt Ermutigung des Wandels bei verschiedenen sozialen und politischen Akteuren, Förderung gesamteuropäischer Kooperation gegen Tendenzen zu neuen Blockbildungen und Segmentierungen, Vermeidung von Zonen prinzipiell unterschiedlicher ökonomischer Perspektiven und Sicherheit.

Eine sinnvolle Politik vor allem der OECD-Staaten gegenüber den sich transformierenden Räumen in Osteuropa müßte zunächst folgende Bereiche erfassen:
- die abgestufte politische und ökonomische Integration der osteuropäischen Regionen jedenfalls als regulierende Idee heute und als reale Möglichkeit in der Zukunft;
- zugleich die Vermeidung unbedachter Regimebildungen (übereilte Ostausdehnung von EU und NATO);
- die Öffnung westlicher Märkte für einige der ohnehin wenigen konkurrenzfähigen Produkte aus Osteuropa, d. h. selektive Öffnung für bestimmte Produktgruppen;
- eine reflektierte, kalkulierbare und koordinierte (Ein)Wanderungspolitik;
- die Erarbeitung und Förderung breiter, dezentraler Kontaktstrategien mit osteuropäischen Akteuren;
- Förderungen im Grundlagenbereich, vor allem in der Infrastruktur (Transport und Kommunikation, Bildung und Gesundheit);
- Ausbau zwischenregionaler (substaatlicher) Kooperationen;
- Förderung der Vernetzung von NGOs und Selbsthilfegruppen;
- Akzeptanz der Herausbildung von eigenen politischen Interessen der hegemoniefähigen Eliten in den Räumen Ost-Mitteleuropas und der früheren Sowjetunion, auch wenn sie teilweise von denen des Westens distinkt sind.

In kaum einem dieser Bereiche ist in absehbarer Zeit mit sichtbaren Erfolgen zu rechnen, da erstens die inneren Voraussetzungen für stabilisierende Aktivitäten nach außen in vielen der potentiellen Partnerstaaten selbst fehlen und zweitens Interessengegensätze zwischen westlichen Staaten eine ausreichend abgestimmte und effektive Politik nach Osten offensichtlich verhindern. Drittens intensiviert sich die Innenwendung wesentlicher

Strukturdefekte

Akteure. Äußeres (Re)Agieren wird oft durch innengeleitete Kalküle geformt.

Dies bedeutet, daß die Aussichten für eine erfolgreiche, realistische, abgestimmte und wirksame Politik der Einwirkung auf die sich wandelnden Gesellschaften Osteuropas und der früheren Sowjetunion, nüchtern betrachtet, gering sind. Eine Maxime, die dennoch Gültigkeit beanspruchen kann, lautet, die Aufgabe besteht nicht darin, Stabilität einer notorisch instabilen Transformation zu erreichen, sondern Politik unter Bedingungen eines fließenden und widersprüchlichen, permanenten Wandels zu betreiben. Letztlich sind die Transformationen eine große Chance für die Menschen in der früheren Sowjetunion und in Ost-Mitteleuropa die einzige Chance überhaupt. Und auch für uns sind sie eine Chance zur Überprüfung unserer eigenen Maximen, unserer Begriffe und unserer Lernfähigkeit.

Literaturverzeichnis

Buchanan, James/North, Douglas, 1988: Theorie des institutionellen Wandels, Tübingen.
Burke, Peter, 1991: Offene Geschichte. Die Schule der "Annales", Berlin.
Byrnes, Robert F. (Hrsg.), 1983: After Breznev. Sources of Soviet Conduct in the 1980s, Bloomington.
Deudney, Daniel/Ikenberry, G. John, 1991: Soviet Reform and the End of the Cold War: Explaining Large-Scale Historical Change, in: Fleron/Hoffmann 1991: 205-237.
Fainsod, Merle, 1967: How Russia is Ruled (überarbeitet und modernisiert von Jerry Hough, 1979: How the Soviet Union is Governed).
Fitzpatrick, Sheila (Hrsg.), 1984: Cultural Revolution in Russia, 1928-1931, Bloomington.
Fitzpatrick, Sheila, 1979: Education and Social Mobility in the Soviet Union, 1921-1934, Cambridge.
Fleron, Frederic J./Hoffmann, Erik P., 1991: Post-Communist Studies & Political Science. Methodology and Empirical Theory in Sovietology, Boulder usw.
Glaeßner, Gert-Joachim, 1982: Sozialistische Systeme, Opladen.
Honegger, Claudia (Hrsg.), 1977: Schrift und Materie der Geschichte, Frankfurt a. M.
Lewin; Moshe, 1988: Gorbatschows neue Politik. Die reformierte Realität und die Wirklichkeit der Reformen, Frankfurt a. M.
Meyer, Gert, 1979: Sozialistische Systeme, Opladen.
Millar, James (Hrsg.), 1987: Politics, work, and daily life in the USSR, Cambridge, New York usw.
Offe, Claus, 1994: Der Tunnel am Ende des Lichts.
Scott, John, 1973: Behind the Urals. An American Worker in Russia's City of Steel, Bloomington.
Segbers, Klaus, 1989: Der sowjetische Systemwandel, Frankfurt.
Segbers, Klaus/De Spiegeleire, Stephan (Hrsg.), 1995: Post-Soviet Puzzles. Mapping the Political Economiy of the Former Soviet Union, Band 1:Methoden und Ansätze, Band 2: Regionen, Band 3: Interessen und Eliten, Band 4: Gesellschaft, Baden-Baden: Nomos
Zaslavsky, Victor, 1982: In geschlossener Gesellschaft. Gleichgewicht und Widerspruch im sowjetischen Alltag, Berlin.

Das sowjetische politische System und das neue Rußland. Eine historisch-politologische Betrachtung

Michal Reiman

1 Das Ende der Sowjetunion und die politische Wissenschaft

Das Ende der Sowjetunion war das Ergebnis des im August 1991 mißglückten Versuchs der Mehrheit der damals amtierenden Staatsspitze, durch einen Staatsstreich und einen Ausnahmezustand dem Zerfall der Union und der Entmachtung der zentralen Unionsmacht zuvorzukommen. Die Initiative fiel in die Hände der Russischen Föderation und ihrer Verfassungsorgane, vor allem des Präsidenten, Boris Jelzin. In der Auflösung der UdSSR sah er das Mittel, sich von der überflüssig und lästig gewordenen Unionsmacht zu befreien. Im Dezember 1991 beschlossen die Präsidenten von Rußland, der Ukrajine und Belorußland bei einem gemeinsamen Treffen, die UdSSR aufzulösen; dieser Entscheidung schloß sich danach die Konferenz der Staatsoberhäupter der früheren sowjetischen Republiken an. Die Sowjetunion hörte auf zu existieren, an ihre Stelle trat am Neujahrstag 1992 die lockere Gemeinschaft der Unabhängigen Staaten (GUS).

In Rußland selbst wurde die Kommunistische Partei aufgrund eines Dekrets von Jelzin verboten und entmachtet (später wurde dieser Verbot durch einen Gerichtsbeschluß de facto aufgehoben). Das alte politische System verlor dadurch seinen inneren Zusammenhalt. In den darauffolgenden zwei Jahren verschwanden seine noch überkommenen wesentlichen Elemente und Bauteile, vor allem die Sowjets auf allen Ebenen. Die Auflösung des Sowjetsystems wurde vollendet und ist unumkehrbar geworden.

Zwar wäre es vorstellbar, daß eine zukünftige kommunistische Restauration, wenn sie denn käme, den Versuch unternähme, dieses System wiederaufzubauen, doch seine tragende Säule, vor allem das allumfassende Parteimonopol und das Monopol einer Parteiideologie, lassen sich nicht mehr wiederherstellen.

Eine derart schnelle Auflösung der UdSSR und ihres politischen Systems war von ausländischen, ebenso wie von einheimischen Beobachtern nicht erwartet worden. Diese Fehleinschätzung rief daher eine nicht zu überhörende Kritik der politischen Wissenschaft hervor wegen ihrer mangelnden Fähigkeit, die russischen Verhältnisse zu analysieren und die russische Entwicklung zu prognostizieren. Diese, wenngleich oft überzogene Kritik ist gleichwohl eine Überlegung wert: Die politische Wissenschaft verfügt zwar über keine Instrumente, anstehende Ereignisse zu prophezeien, sie sollte aber fähig sein, den Ernst anstehender Konflikte zu erkennen und ihre Lösungsmöglichkeiten vorzuzeichnen. Insofern lautet die Frage, inwieweit die politikwissenschaftlichen Analysen noch zur Zeit der Existenz der früheren Sowjetunion mit ihrem Zerfall und mit einem Zusammenbruch ihrer gesellschaftlichen und politischen Ordnung gerechnet haben, bzw. warum sie in ihren Prognosen eindeutige Aussagen vermieden haben. Um diese Frage beantworten zu können, müssen wir uns die Umstände der damaligen Zeit vor Augen führen.

Im Frühling 1989 war der Zerfall des "sozialistischen Lagers" noch nicht vollzogen. Bei den Prognosen der anstehenden Entwicklung konnte man aber den "subjektiven Faktor" nicht außer acht lassen. Damals war noch nicht klar, wie die sowjetische Führung auf die sich mehrenden Zersetzungserscheinungen in ihrem "Lager", damals vor allem in Polen und in Ungarn, reagieren werde. Eine harte Reaktion hätte die herangereifte Krise stark beeinflussen, sie abbremsen oder ihren Zeithorizont wesentlich verschieben können. Erst die Entwicklung in Polen 1989, nämlich die Bildung einer durch die Solidarnosz geführten Regierung, die darauffolgenden Ereignisse in Ungarn und in der DDR ließen den mangelnden Willen und die Unfähigkeit der sowjetischen Führung deutlich werden, in die Ereignisse einzugreifen und ihren militärisch-politischen Block vor dem Zerfall zu bewahren. So konnte man vor diesem Zeitpunkt, d. h. vor dem Zerfall des Sowjetblocks 1989/90, die Perspektiven eines anstehenden Zerfalls der Sowjetunion und eines "Verzichts" der in der Sowjetunion herrschenden Partei auf ihre "führende Rolle" nicht deutlich genug erkennen.

Dieser Stand der Dinge wirkte sich selbstverständlich auf die politologische Analyse und Prognose aus. Ich erinnere mich gut an eine Tagung, die von der Zeitschrift "Osteuropa" im Jahr 1990 in Berlin veranstaltet wurde. In meinem Referat vertrat ich damals die Ansicht, daß der Zerfall des Sowjetsystems nicht allzuweit entfernt sei. Zu diesem Fazit führten mich nicht so sehr die angespannten nationalen Konflikte in der UdSSR, sondern vielmehr das Ausmaß, das die Kompromittierung des Sowjetsystems angenommen hatte, und die augenscheinliche Unfähigkeit der sowjetischen Führung, einen Ausweg aus der völlig verfahrenen Lage zu finden. Die Meinungen der Tagungsteilnehmer waren gespalten. Die Diagnose eines schon bald bevorstehenden Zerfalls der Sowjetunion erschien gewagt. Schwer wog auch der Umstand, daß die westliche Politik völlig auf das politische Überleben von Gorbatschow fixiert war. Sie wollte den anstehenden Zerfall der Sowjetunion nicht wahrhaben, ein Umstand, der auf die politische Wissenschaft zurückwirkte. So waren die Prognosen, welche die Eventualität eines Zerfalls erwogen, in der Regel vorsichtig formuliert. Sie argumentierten vor allem mit dem aktuellen Stand der nationalen Konflikte und mit dem Willen vieler sowjetischer Republiken zum Austritt aus der Union. Den Zerfall des Sowjetsystems konnte man kaum für eine systemimmanente Unvermeidlichkeit halten.

Die Krise des Sowjetsystems trat infolge einer überspannten Supermachtpolitik auf, die extrem lange dauerte und den vererbten und nicht überwundenen Rückstand des Landes außer acht gelassen hatte. Insofern war es durchaus vorstellbar, daß sich die Politik, die ihre Zielsetzungen und Prioritäten veränderte, einen nicht unbedeutenden Manövrierspielraum verschaffen würde. Es lag auch an den Fähigkeiten Gorbatschows und seiner Führung, ob es möglich war, den Ernst der Lage zu erkennen, sich für ein erfolgversprechendes Vorgehen zu entscheiden und es konsequent einzuhalten. Erst im Verlauf des Jahres 1989 und 1990 ist definitiv klar geworden, daß Gorbatschow und seiner Umgebung dies nicht gelang.

2 Charakter der Wende in der Sowjetunion

In der Sowjetunion begann die Transformation als eine von oben gesteuerte Reform, die sich zum Ziel setzte, die bestehende Ordnung wesentlich zu verbessern, was immer das auch zu bedeuten hatte. Obwohl im Verlauf der Ereignisse Zehntausende und Hunderttausende von Menschen auf die Straßen gingen, um für politische Veränderungen zu streiten, war es keine politische Revolution im traditionellen Sinne des Wortes. Die Macht blieb in den Händen der kommunistischen Führung und insofern schien die Sowjetordnung nicht ernsthaft bedroht zu sein. Man war überzeugt, daß sie von der "Nomenklatura" massiv gestützt wurde und daß diese Schicht über genügend Mittel verfüge, um sie zu verteidigen. Viele Beobachter - darunter auch die Reformer in der herrschenden Partei und sogar Gorbatschow selbst - waren von der Stärke der konservativen "Nomenklatura"-Schicht überzeugt, sie fürchteten, daß ihr Widerstand kaum zu brechen wäre. So sahen sie sehr lange die UdSSR und ihre Ordnung kaum ernsthaft

Neues Rußland 101

bedroht. Akut erschien ihnen demgegenüber aber die Gefahr einer konservativen Gegenreform.
Diese Bewertung der Lage erwies sich jedoch nachträglich als falsch. Die "Nomenklatura" war innerlich tief gespalten, ihr konservativer Teil war durch die negative Bilanz der Breschnew-Ära stark ausgedünnt und politisch geschwächt, er konnte keinen starken Widerstand mehr leisten. Für das Schicksal der UdSSR und ihres Systems erwies sich die veränderte Interessen- und Stimmungslage in wesentlichen Teilen der "Nomenklatura", vor allem in ihren mittleren und regionalen Rängen, als entscheidend. Zum Sprachrohr dieser "Nomenklatura" wurden Teile der oberen Parteiintelligenz, die durch die offenkundigen Mängel und durch die Verkrustung des Systems unter Breschnew frustriert waren.
Die unentschiedene und erfolglose Politik Gorbatschows zerstörte den Respekt der breiten "Nomenklatura"-Schichten dem politischen Zentrum gegenüber und schuf eine Situation, in der sie sich von einer Schwächung dieses Zentrums nicht nur eigene Vorteile und einen Machtzugewinn, sondern auch einen Ausweg aus der gefährlich gewordenen innenpolitischen Lage versprachen. Sie begannen sich so von einer Systemreform zu einem Systemwechsel zu bewegen. Gerade dieser Positionswandel in der "Nomenklatura", der damals von den Beobachtern nicht ausreichend erkannt wurde, und nicht so sehr der Widerstand der konservativen Politiker, war für den Sturz von Gorbatschow entscheidend.
Der Sturz Gorbatschows begann sich anzubahnen, als sich das russische Parlament gegen seinen erklärten Willen für Jelzin als russischen Parlamentspräsidenten entschied. Dadurch verloren Gorbatschow und die gesamte Unionsspitze die Voraussetzungen für eine effektive Kontrolle der Administration und der Machtapparate Rußlands; in der UdSSR konnte aber niemand für Dauer regieren, ohne Rußland voll zu kontrollieren. Jelzin pochte jetzt auf die russische Souveränität. Rußlands Souveränität bedeutete

aber zwangsläufig auch Souveränität für alle anderen Unionsrepubliken. So leitete der Machtwechsel in Rußland das Abrücken einer breiten Schicht der "Nomenklatura" von der Sowjetunion und ihrer sozialen und politischen Ordnung ein. Die Basis der konservativen Unions-"Nomenklatura" wurde weggespült, sie hatte - wie die August-Ereignisse 1991 bewiesen - keine Kraft mehr, sich dem Zerfall der UdSSR effektiv zu widersetzen. Auch Versuche Gorbatschows, die Union doch zu retten, konnten keine ausreichende Unterstützung mehr finden.

3 Rußlands politische Klasse und der Wandel des politischen Systems

Ich widme mich diesem Aspekt der Ereignisse deswegen, weil er uns von der gewohnten Sicht und Bewertung, vor allem von einer verbreiteten Idealisierung der August-Ereignisse 1991 wegführt. Der August 1991 bezeichnet zwar das Ende einer Epoche, das Ende einer Supermacht und eines multinationalen Imperiums, er bedeutet aber keinen Sieg einer Volksbewegung über die "Nomenklatura". Obwohl die Rolle dieser Bewegung in großen städtischen Zentren nicht zu leugnen ist, gerieten die Ereignisse in Rußland und in den anderen Staaten der GUS jedoch zu keinem Augenblick aus der Kontrolle der herrschenden Schicht. Es spielte sich keine Entmachtung der "Nomenklatura" ab, die Macht ging lediglich von einer Schicht der "Nomenklatura" zur anderen über. Die Freiräume im System weiteten sich teilweise aus, dadurch entstand aber keine freiheitliche und demokratische Ordnung. Insofern ist es leichter die Frage zu beantworten, was im August 1991 zu Ende ging, als die, was hier ins Leben gerufen wurde.

Das eigentliche Problem aber ist die Antwort auf die Frage, inwieweit der August 1991 die früheren Systemanalysen bestätigt oder widerlegt hat. Die Antwort erscheint hier nur in einem Punkt leicht zu sein: als falsch erwiesen sich solche Analysen, welche einen relativ kurzfristigen Zusammenbruch der UdSSR und ihrer gesellschaftlichen Ordnung für völlig unwahrscheinlich hielten oder gar seine Möglichkeit leugneten. In anderen Punkten kann die Antwort kaum so eindeutig sein, sie setzt sich aus vielen Komponenten zusammen. Im Kern handelt es sich dabei um das Problem, ob und inwieweit sich die neue russische Ordnung von wesentlichen Überbleibseln der alten Ordnung befreit hat bzw. befreien kann.

Zuerst geht es um die Zusammensetzung der neuen herrschenden Klassen. Der russische Wendepunkt 1991 ist mit der Wende 1989 in Ostmitteleuropa nicht gleichzusetzen. In Rußland erfolgte kein Wechsel der herrschenden Schicht; es handelte sich vielmehr um einen Wechsel innerhalb dieser Schicht. Die Unions-"Nomenklatura" wurde - analog spielte sich der Wandel in der Mehrzahl der GUS-Staaten ab - von der regionalen "Nomenklatura" und von Politikern weggedrängt und entmachtet, die sich um das russische Parlament sammelten. Ministerien und Verwaltungen der Russischen Föderation traten an die Stelle der früheren Unionsministerien und -verwaltungen. Nur ein Teil ihres Personals wurde dabei von Rußland übernommen. Das alte Unionsparlament wurde ebenfalls ausgeschaltet und aufgelöst. Dadurch wurden die Spitzen der im Entstehen befindlichen Bürgergesellschaft, sowie die neu entstandenen politischen Gruppierungen getroffen. Solange ihre Vertreter über keine Positionen in Ortsverwaltungen, vor allem in Großstädten, verfügten, verschwanden sie von der politischen Szene und spielten in der Regel keine wesentliche Rolle in der herrschenden Schicht mehr.

Noch eine wesentliche Veränderung fand statt: In der neuen herrschenden Schicht war die "Nomenklatura" aus den Unionsrepubliken nicht mehr vertreten. Die neue herrschende Schicht war in Wahrnehmung der staatlichen Interessen bedeutend stärker russisch geprägt. Andererseits nahm das spezifische Gewicht der regionalen "Nomenklatura" erkennbar zu, da sie durch die "Nomenklatura" der Unionsrepubliken nicht mehr ins dritte Glied der herrschenden Klasse abgedrängt werden konnte. Sie konnte auch von der Schwächung der zentralen Macht profitieren. Außerdem nahm mit dem Zerfall der zentralisierten Mechanismen der staatlichen Ökonomie auch der Einfluß der Wirtschafts-"Nomenklatura" stark ab.

Es geht jedoch auch um die Formen, in denen die herrschende Klasse ihren politischen Einfluß und die Macht ausübt. Der Einparteienstaat war zerstört. Die kommunistische Partei verlor ihre frühere Rolle und Position. Dadurch fiel die gesamte frühere Konstruktion des politischen Systems und der Gesellschaft auseinander, die bis dahin von einem Machtzentrum aus geführt und geleitet wurden. Zwar erlangten ihre einzelnen Teile eine Autonomie, zerstört aber waren die Institute und Formationen, welche die innere Organisation und die soziale Struktur der herrschenden Schicht früher sicherstellten. Dies wirkte sich zwangsläufig auf den Entstehungsprozeß der neuen politischen Struktur aus.

Im Gefüge des Staates fielen Regierung und Administration und das neue Parlamentswesen auseinander. Breitere "Nomenklatura"-Schichten fanden im Parlament und in den Sowjets aller Ebenen eine Ersatzstruktur, die ihnen alternative Organisationsstrukturen zur Verfügung stellte und zugleich eine Plattform zur Artikulierung ihrer Interessen verschaffte. Diese Struktur wies zwar einige Elemente früherer Zentralisierung auf, die eine gewisse Abstimmung der Positionen ermöglichte, entbehrte jedoch der früheren Unterordnung unter ein einheitliches politisches Zentrum. So erlaubten das Parlament und die übriggebliebenen Sowjets dieser Schicht der "Nomenklatura", ihre Meinungen zu artikulieren und sich der zentralen Exekutivmacht und ihren Plänen zu widersetzen. Das Parlamentspräsidium und sein Vorsitzender sowie die Sowjetorgane vor Ort verfügten dabei über eine nicht zu übersehende Macht. Sie fiel ihnen im Laufe der Auseinandersetzung mit der Unionsspitze in die Hand. Außerdem schöpften diese Organe ihren Einfluß auch daraus, daß sie eine größere Selbständigkeit der Regionen forderten.

Die Rolle des Parlaments und der Sowjets als Sammelpunkte der "Nomenklatura" wurde auch dadurch begünstigt, daß das Parteiensystem unentwickelt blieb. Benachteiligt waren dadurch vor allem die Vertreter neuer politischer und sozialer Kräfte. Dieser Zustand wirkte sich um so mehr aus, als die Volksbewegung, die noch im August 1991 stark war, nach dem Zerfall der UdSSR erheblich an Bedeutung verlor. So kann es kaum verwundern, daß sich unter diesen Bedingungen große Teile der "Nomenklatura" zur Demokratie bekannten und auf die Achtung des Parlaments und der Sowjets vor Ort pochten.

Durch die Wende 1991 nahm auch die Position der Exekutive eine neue Gestalt an. Der Wegfall der früher herrschenden Partei, deren Organe als politisches Zentrum der Exekutive wirkten, verschaffte ihr Selbständigkeit und eröffnete die Chance, ihre eigene Politik zu bestimmen. Zugleich schuf das Ende der KPdSU aber eine Situation, in der die Exekutive ihre frühere systemimmanente Stütze verlor. Sie verfügte über keine wesentlichen Instrumente mehr, das Parlament und die Sowjets aller Ebenen zu beeinflussen und zu lenken. Sie konnte ihre Autorität vor Ort nur beschränkt ausüben. Ebenso wurden die Mechanismen ausgeschaltet und zerstört, die früher in der Bevölkerung für die Regierungspolitik warben. Jelzin war als Präsident nicht ausreichend bemüht oder gar nicht interessiert und willig, den Einfluß der reformfreudigen Parteien auszubauen und sie als Stütze der Regierungspolitik ins Spiel zu bringen.

Die gesamte Basis der Exekutive blieb auf diese Weise schwach und instabil. Sie konnte sich vor allem auf die zentralen Regierungsapparate und auf die Regierungsbürokratie stützen, wobei die letztere dabei extrem zu wachsen begann. Um sich der Unterstützung dieser Apparate zu versichern, ignorierten der Präsident bzw. die von ihm bestellte Regierung die Korruption und Zersetzungserscheinungen in der Regierungsbürokratie. Diese Entwicklung stieß eine breite Schicht von Reformanhängern ab.

4 Das Entstehen des neuen russischen politischen Systems

Die hier beschriebenen Umstände und Verhältnisse waren nicht von Dauer. Sie ließen schon relativ früh einen offenen Konflikt zwischen der Exekutivmacht und dem Parlament entstehen. Die Gründe hierfür sind ausreichend klar: die Exekutive wollte ihre Macht ausbauen und festigen, dies bedeutete jedoch zwangsläufig eine wesentliche Beschränkung der Macht und des Bewegungsspielraums des Parlaments. Das Parlament setzte sich zur Wehr. Um ihre Position dem Parlament gegenüber zu stärken, mußte sich die Exekutive und vor allem der Präsident selbst, als alleiniger Träger der Reformen darstellen. So brachte der Präsident einige reformfreudige Vertreter der Intelligenz in die wichtigen Regierungspositionen, ohne jedoch die Reformen, vor allem die Preisliberalisierung, die sich stark auf die Lebenssituation der Bevölkerung auswirkte, mit dem Parlament ausreichend abzustimmen und sie sozial abzufedern. Zwar verschafften ihm die angefangenen Reformen eine wachsende westliche Unterstützung, im Lande selbst aber lösten sie ein äußerst widersprüchliches Echo aus. Sie stießen die um das Parlament und die Sowjets konzentrierten Kräfte vom Präsidenten ab, verschafften ihm jedoch keine feste Basis in den politischen Eliten und in der Bevölkerung: Man verlangte der Bevölkerung große Opfer ab, ohne sie mit einer glaubwürdigen Perspektive und der Hoffnung auf eine Besserung der Lage verbinden zu können.

Neues Rußland

Das Ringen der beiden Mächte um Einfluß im neuen russischen politischen System erreichte seinen Höhepunkt im Oktober 1993, als der Präsident das Parlament gewaltsam auflöste und dem Land eine neue Verfassung oktroyierte. Rußland entwickelte sich dadurch zu einer neuen Autokratie. Jelzins Sieg war aber keinesfalls der Ausdruck seiner Stärke. Er resultierte aus der mangelnden Entwicklung der gesellschaftlichen Gesamtstruktur, aus der Zersplitterung politischer und sozialer Interessen, aus der Nichtexistenz eines entwickelten Parteiwesen.

Äußerlich unterbrachen Jelzins Oktoberumsturz 1993 und die gewaltsame Auflösung des Parlaments die direkte Kontinuität des neuen russischen politischen Systems mit der sowjetischen Ordnung. Im Ausbau des neuen Staatswesens ist trotzdem kein wirklicher Neuanfang zu verzeichnen. Die Teilung der Gewalten und die Autonomie der Gesellschaftsorganisation sind nicht gewährleistet, sie sind durch die autokratische Macht des Präsidenten überlagert und verwischt; diese letztere entzieht sich einer effektiven Kontrolle und einer Beeinflussung seitens der repräsentativen Organe.

Das neu entstandene politische System verankert so die Macht der bürokratischen Apparate und der hierarchisch aufgebauten Bürokratie. Im Unterschied zur früheren sowjetischen Ordnung fehlt ihm eine systemimmanente herrschende Partei und eine gleichgeschaltete gesamtgesellschaftliche Struktur. Seine politische und soziale Basis ist relativ schmal, sie schrumpft sogar weiter zusammen. Die Macht der zentralen Exekutive in den Regionen bleibt ungefestigt, die Regionen leben in vielerlei Hinsicht ihr eigenes Leben. Das System ist jedoch auf die parlamentarische Unterstützung nicht angewiesen und profitiert vom Rückgang der politischen Aktivitäten in der Gesellschaft.

Die postkommunistische "Nomenklatura" verlor nach dem Jahr 1993 ihre frühere Geschlossenheit und kann sich keinen offenen Konflikt mit der Exekutive mehr leisten; sie bleibt trotzdem ein mächtiger Faktor der politischen und sozialen Struktur, deren Interesse die Exekutive kaum ignorieren kann. Vor allem zeichnet sich ein Prozeß einer Verlagerung ihrer Aktivitäten in das parteipolitische Spektrum ab. Seit dem Jahr 1993 ist die Verstärkung aller postkommunistischen Parteien und Gruppierungen zu verzeichnen.

Im gewissen Sinne ist das neue russische politische System mit dem politischen System des vorrevolutionären Rußlands, wie es sich in der Periode nach der Revolution 1905 entwickelte, vergleichbar. Auch für das damalige politische System waren ein entrechtetes Parlament und die schwachen politischen Parteien charakteristisch, so daß die Exekutivmacht weitgehend unabhängig vom Parlament und von den politischen Parteien agieren konnte. Es war aber ein System, das - abgesehen von bloßer Gewalt - über keine wirksamen Mechanismen verfügte, sich in ernsteren inneren Konflikten zu behaupten.

Solche Mechanismen sind auch im heutigen System nicht zu finden. Im Vergleich zum alten System fehlt dem heutigen nicht nur die Stabilität, sondern auch eine wahre Legitimität. Die Macht des Präsidenten stützt sich zwar auf eine Verfassung, die Legalität dieser oktroyierten Verfassung läßt sich jedoch aus vielen Gründen anzweifeln. Dabei ist die Legitimität des russischen Präsidenten - im Unterschied zum früheren Zaren - vom Ausgang der Wahlen abhängig. Zwar agiert der Präsident autokratisch, ohne den Willen der demokratischen Parteien zu achten, er ist aber für seine Wahl und Wiederwahl auf das Wohlverhalten dieser Parteien angewiesen. Alle diese Elemente untermauern die Feststellung, daß Unsicherheit und Instabilität zu strukturellen Grundlagen des neuen politischen Systems in Rußland geworden sind.

Die Entwicklung des heutigen politischen Systems in Rußland läßt (erneut) keine sichere Prognose zu. Die Ursache liegt in der gerade beschriebenen Abkoppelung der Exekutive vom Parlament und vom Parteiensystem, die ihrerseits nur unvollkommen den tiefen Wandel in der gesamten russischen Gesellschaft und den Interessenwandel großer Bevölkerungsschichten widerspiegeln. Hinzu kommt, daß den politischen Führungs- und Machteliten keine ausreichenden Mechanismen für eine durchgreifende Korrektur ihrer Politik zur Verfügung stehen. Eine solche Korrektur erscheint daher nur im Zusammenhang mit einem Machtwechsel möglich und vorstellbar.

Parallelen zur Spätphase der Ära Gorbatschow sind unverkennbar: Die beharrenden Elemente des alten Systems erweisen sich als stärker denn vermutet, Anspruch und Wirklichkeit der Systemreform driften immer weiter auseinander. Durch die inkonsequente und erfolglose Politik von Gorbatschow waren nicht nur relativ breite Schichten der Bevölkerung, sondern auch die "Nomenklatura" zur Überzeugung gelangt, daß die alte Ordnung einer notwendigen Dynamik nicht mehr fähig und einer Reform nicht mehr wert sei. Eben daraus ergab sich ihre verbreitete Bereitschaft, auf die Alleinherrschaft der Kommunisten zu verzichten. Man war dabei von der Illusion beseelt, man könne schnell westliches Lebensniveau und westlichen Lebensstandard erreichen und hoffte, die eigenen Mängel durch Anleihen aus westlichen Systemen beheben zu können. Auch die Vorstellungen über den Willen und die Fähigkeit des Westens, Rußland zu helfen, waren stark übertrieben.

Nach dem Jahr 1993 zeigte sich allmählich, daß der Boden für ein wirtschaftliches und politisches System westlichen Typs in Rußland vorläufig nicht vorhanden ist. Das Denken der herrschenden Schicht war dabei noch immer durch ihre Sozialisation im alten System stark beeinflußt. Sie konnte sich aus den überkommenen Verhältnissen weder befreien noch sie beseitigen. So bewegte sie sich auf ein spezifisches Modell des politischen Systems zu: sie trennte sich zwar von einem Parteimonopol und von einer Monopolideologie, blieb aber trotzdem autoritär und autokratisch. Insofern bleibt sie noch immer durch das alte System stark geprägt, was die Analysen des Systemwandels in Rußland auch für die Zukunft nicht gerade leicht macht.

Von der Krise im Selbstverständnis der russischen Intelligenzija

Jutta Scherrer

In einem Fernsehinterview, das der Moskauer Literaturwissenschaftler und Publizist Lew Anninskij im Dezember 1993 mit dem Petersburger Schriftsteller Daniil Granin führte, plädierte Anninskij dafür, den emotional aufgeladenen russischen Begriff "Intelligenzija" endgültig abzuschaffen und durch den wertneutralen westlichen Begriff "Intellektuelle" (im Russischen *intellektualy*) zu ersetzen. Die Verwendung von "Intelligenzija" hielt Anninskij nicht mehr für zeitgemäß, da sich dieser Begriff einzig auf das moralische Verhalten einer Elite gegenüber Staat und Gesellschaft beziehe. Angesichts der politischen und sozialen Entwicklung Rußlands seit den letzten Jahren habe die Intelligenzija, die jegliche Eigeninitiative und Aktion zugunsten der Gemeinschaft und des Staatsganzen von sich weise, heute keine Berechtigung mehr. Der sich auf demokratische Institutionen und die zivile Gesellschaft hinbewegende russische Staat - es handelt sich, wohlbemerkt, um die Zeit vor dem Tschetschenien-Krieg - könne mit der moralischen Opposition einer sich als Außenseiter begreifenden Intelligenzija-Elite wenig anfangen. Dagegen habe die Intelligenzija für den demokratischen Aufbau Rußlands die Funktion von "Intellektuellen" zu übernehmen, von Anninskij als "Professionelle im westlichen Sinn", d. h. als "Spezialisten" und "Pragmatiker" definiert. Das klassische Dreieck "Intelligenzija-Macht-Volk", das die vorrevolutionäre russische und in einem eingeschränkteren Maße auch noch die sowjetische Geschichte gekennzeichnet hatte, sei nicht mehr verbindlich: Macht und Staat stellten heute keine externen Faktoren mehr gegenüber der Intelligenzija dar.

Daniil Granin entgegnete Anninskij nicht ohne Pathos, daß er sich ein Rußland ohne Intelligenzija nicht vorstellen könne und einen solchen Zustand auch niemals akzeptieren werde. Die russische Geschichte, insbesondere die der kommunistischen Herrschaft sei nur dank des moralischen Bewußtseins der Intelligenzija und ihrer kompromißlosen Haltung gegenüber dem Staat gerettet worden. Als führende Leitbilder der Intelligenzija nannte er den Historiker Dmitrij Lichatschow, die Physiker Andrej Sacharow und Petr Kapitza sowie den Schriftsteller Alexander Solschenizyn.

Knapp zwei Jahre später, in einem am 29. September 1995 in der *Iswestija* veröffentlichten Interview, stellte Granin resigniert fest: "Die Staatsgewalt ist schwach, und die Intelligenzija schmilzt nur so unter unseren Augen weg" (Granin 1995). Die Gründe, die er hierfür nannte, waren die folgenden: Die Begabtesten unter der Intelligenzija-Jugend suchen im Ausland eine Arbeit, und wer daheim bleibt, weicht in die Wirtschaft aus. Um zu überleben, muß die Intelligenzija ihre Berufe wechseln und die Bereiche der intellektuellen Arbeit aufgeben. Hierzu käme die Verachtung, mit der die Staatsgewalt die Intelligenzija und ihre Arbeit als Kulturträger behandele. Nichtsdestoweniger stellt für Granin die Intelligenzija noch immer "ein besonderes russisches Phänomen" dar als Träger des Gewissens und wegen ihres verschärften Sinnes für Gerechtigkeit. "Im Westen", so unterstrich Granin, "gibt es Intellektuelle - doch keine Intelligenzija in unserem russischen Verständnis."

Granin zufolge konnte die Intelligenzija über die stalinistische Epoche hinweg deshalb "rein" bleiben, weil sie in der sowjetischen Gesellschaft kein Ansehen besaß. Für die ungebildete oder nur wenig gebildete sowjetische Staatsmacht zählten nur die Arbeiter und Bauern. Mit Ausnahme einer ganz kleinen Elite interessierte sie die Intelligenzija nicht. Unter Gorbatschow sei der "aktive" Teil der Intelligenzija zu ihm übergegangen: Diejenigen, die auf Reformen hofften, die auf die Glasnost setzten und die die Konservativen ausschalten wollten. Doch Gorbatschow fürchtete um seine Macht, er traute der Intelligenzija letztlich nicht, und vor allem wollte er kein Risiko eingehen. Das Engagement der Intelligenzija für die Perestroika erwies sich daher als kurzlebiger "Roman mit der Macht". Dieser endete bereits zur Zeit der Herrschaft Gorbatschows, der die Intelligenzija für seine egoistischen Ziele jedoch bis zum Ende seiner Macht ausnutzte. Daß Granin, der selbst die Politik der Glasnost unterstützte, später als *intelligent* in Jelzins Präsidentenrat eintrat, bezeichnete er als rein kulturelle Tätigkeit, die er von der politischen scharf unterschied: Im Präsidentenrat kümmere er sich ausschließlich um Wissenschaft und Kultur.

Hier ist nicht der Ort, auf Granins etwas undifferenzierte Sicht der Intelligenzija näher einzugehen und vor allem nicht auf die angepaßte Rolle, die der Schriftsteller selber in der sowjetischen Vergangenheit spielte. Granins Vorstellungen werden hier nur stellvertretend für viele ähnliche Argumentationen angeführt, die seit den letzten Jahren - mehr oder weniger seit dem Zusammenbruch der Sowjetunion - über die Bedeutung der Intelligenzija und ihr Selbstverständnis im post-kommunistischen Rußland geführt werden. Zum einen wird dabei die Auseinandersetzung um die Intelligenzija erneut in den aus der russischen Geschichte des 19. Jahrhunderts bekannten Kontext des Verhältnisses Rußlands zu Europa gestellt. Die heutige Intelligenzija findet sich, beginnend mit ihren geistigen Vorvätern Nowikow und Radischtschew, in eine seit zwei Jahrhunderten bestehende Tradition und scheinbar ungebrochene Kontinuität ihres Bewußtseins integriert. Zum anderen wird von Granin und all denen, die auf der Beibehaltung des Terminus Intelligenzija insistieren, auf das sie auszeichnende

Gefühl der Verantwortung - gelegentlich ist auch von Schuld die Rede - verwiesen: Tatsächlich würde die Intelligenzija ihrem traditionellen Selbstverständnis gemäß aufhören zu existieren, wenn sie ihre persönliche moralische und geistige Verantwortung vor Volk und Staat an eine andere Instanz, wie zum Beispiel an neue Rechtsinstitutionen oder eine im Entstehen begriffene zivile Gesellschaft, delegierte.

Granin und alle, die die Intelligenzija als moralische Instanz, gleichermaßen als Inkarnation einer "Gesinnungsethik" verstehen, übergehen in ihrer Einschätzung der Beziehung von Intelligenzija und Macht eine wichtige Tatsache, die die von ihnen berufene historische Kontinuität zumindest brüchig erscheinen läßt: Im Unterschied zu der Intelligenzija vor 1917, die zum großen Teil gegen das autokratische Staatssystem Stellung bezogen hatte, hatte nach 1917 ein bedeutender Teil der Intelligenzija zum Aufbau des kommunistischen Staatssystems beigetragen und entsprechend von der sowjetischen Macht und den von ihr vergebenen Privilegien bis in die allerletzte Zeit profitiert.

Die Intelligenzija als das "Gewissen der Nation", als das "Gewissen Rußlands" in die ungebrochene Kontinuität vom Ende des 18. Jahrhunderts an bis in die Gegenwart stellen zu wollen, kommt zuweilen einer ideologisierten oder gar mythologisierten Form eines rückwärts gerichteten Denkens gleich. Der Historiker des vorrevolutionären Rußlands, vor allem aber der Historiker der russischen Intelligenzija kann diesen scheinbar ungebrochenen Rückgriff auf die vorrevolutionäre Intelligenzija und ihre vermeintlichen Traditionen nicht mitvollziehen. Genausowenig kann er aber auch dem von einigen Apologeten der Intelligenzija seit kurzem postulierten unmittelbaren Anschluß an die Traditionen der Intelligenzija vor 1917 folgen, wobei die fast fünfundsiebzig Jahre währende sowjetische Vergangenheit so gut wie ungeschehen gemacht und aus dem historischen Gedächtnis entfernt wird. Alle diese ideologischen Konstrukte und Theoreme gehen von der

Annahme aus, daß die Intelligenzija bis heute eine homogene Schicht darstellt. Ein soziologischer und funktionaler Differenzierungsprozeß der Intelligenzija hatte sich jedoch bereits im letzten Jahrzehnt vor der Revolution von 1917 abgezeichnet (Scherrer 1996). Diesen zu leugnen, was die mit der Perestroika begonnene, gleichsam euphorische Wiederentdeckung des vorrevolutionären Rußland impliziert, ist ahistorisch; ein solcher Ansatz führt weder in methodologischer noch in soziologischer Hinsicht weiter.

Die *Vechi*-Rezeption ist eines der aufschlußreichsten Beispiele für den ideologischen Umgang der heutigen Intelligenzija mit ihrer vorrevolutionären Vergangenheit. Genau das, was die Autoren des 1909 herausgegebenen Sammelbandes *Vechi* (Wegzeichen) an der Intelligenzija ihrer Epoche kritisierten, wird für die durch die Erfahrungen der sowjetischen Gleichschaltung der Intelligenzija geprägten neuen Leser der *Vechi* zum Vorbild. Gemessen an den Wertvorstellungen der alten russischen Intelligenzija schien erstmals Solschenizyn nach seiner 1974 veröffentlichten Lektüre der *Vechi* die sowjetische Intelligenz nicht mehr würdig zu sein, die Bezeichnung Intelligenzija zu tragen; es handelte sich bei der sowjetischen Intelligenz laut Solschenizyn nur noch um eine *obrazovanscina*, d. h. um "Halbgebildete" oder "Intelligenzler" (Solschenizyn u. a. 1974: 217-259). Der Moralkodex der alten Intelligenzija, den die *Vechi*-Autoren wie Berdjaew, Bulgakow, Frank, Struve und Gerschenzon als "Psychopathologie des kulturellen und moralischen Nihilismus der Intelligenzija" so scharf verurteilt hatten, wurde bei Solschenizyn zum Vorbild. Zahlreiche andere prominente sowjetische Leser folgten später seiner Lesart als 1991 die *Vechi* erstmals wieder veröffentlicht werden durften (sie erschienen im Verlag der *Prawda*). Jetzt bringt die Entdeckung der *Vechi* selbst Mitglieder der Partei und Mitarbeiter des Zentralkomitees, wie den bisher marxistisch orientierten Philosophen Alexander Cipko, auf den Weg der Umkehr und der

Reue: "Die Vechi machten mich nicht nur zum Menschen, sondern zum Patrioten" (Cipko 1990). Man erkennt sich selbst in den *Vechi* wieder, man findet durch ihre Lektüre seine Identität als Angehöriger der Intelligenzija und damit als moralische Elite der Nation zurück. Die Rückkehr zu den Werten der vorrevolutionären Intelligenzija wird nunmehr bei den einen zum Dogma und bei den anderen zur Mode. "Sowjetische Intelligenzija" wird häufig als Synonym für "stalinistische Intelligenija" gebraucht und der Stalinismus zum sozialen Tod der Intelligenzija in Rußland sowie auch in der Emigration erklärt. Über die eigene Rolle, das eigene Wirken als vormalige Angehörige der "sowjetischen Intelligenzija" herrscht freilich größtenteils Schweigen.

Mit der Vorbereitung der Revolution, worin die Autoren der *Vechi* die Hauptsünde der russischen Intelligenzija sahen, hatte der aus dem Sammelband herausgelesene Idealtypus der Intelligenzija nichts mehr gemein. Auch die Behauptung der *Vechi*, daß die bedeutendsten russischen Schriftsteller und Philosophen wie Fedor Dostojewski, Lew Tolstoj und Wladimir Solowjew nicht zu der von ihnen verfemten Intelligenzija gehörten, blieb ungelesen. Im krassen Unterschied zu dem Wortgebrauch "Intelligenzija" durch die *Vechi*-Autoren, doch unter formeller Berufung auf ihre geistige und moralische Autorität, wird nunmehr der Begriff Intelligenzija ausschließlich mit den Erzeugern und Trägern der "hohen Kultur" des vorrevolutionären Rußland identifiziert, in deren unmittelbarer Tradition man sich selber sieht und an die man bruchlos anknüpfen zu können glaubt. Berdjaew, noch während der Perestroika zum Starphilosophen der Intelligenzija gekürt, hatte in seinem *Vechi*-Beitrag deutlich zwischen der "philosophischen Wahrheit" (*filosofskaja istina*) und der "ideologischen Wahrheit" der Intelligenzija (*intelligentskaja prawda*) unterschieden. Doch seine Gleichsetzung von Intelligenzija und "falschen Ideologen" - Berdjaew sprach von der Intelligenzija als "falschen Ideologen des Volkes" - wurde nicht nur

Russische Intelligenzija

nicht gelesen, sie wurde nicht einmal verstanden. So rief die bekannte Literaturkritikerin Natalja Iwanowa in einem bewegenden Plädoyer die Intelligenzija auf, zu eben der von Berdjaew so scharf kritisierten "Wahrheit der Intelligenzija" als ihrer ideologischen Tradition zurückzukehren. Unter "Wahrheit der Intelligenzija" verstand Natalja Iwanowa ihre Askese, die sie dem Reichtum der "neuen Russen" und ihrer "Ideologie des Erfolgs" entgegenhielt (Iwanowa: 1993).

Was in diesen Kreisen der Intelligenzija, in denen ich während der letzten zehn Jahre seit Beginn der Perestroika sehr häufig zu tun hatte, kaum mehr zu hören ist, ist die Frage nach der Verantwortung, um nicht zu sagen der Schuld für die jüngste Vergangenheit - die sowjetische Geschichte. Die Kritik am Stalinismus, die die Intelligenzija zunächst eher aus ethischen als politischen Gründen am Anfang der Perestroika Gorbatschow zuführte, war innerhalb weniger Jahre einer Glorifizierung der vorrevolutionären Vergangenheit gewichen. Zuweilen hat es sogar den Anschein, als ob die mehr als siebzigjährige kommunistische Herrschaft aus der historischen Erinnerung ausgeklammert wird - weil sie in das Bild, das sich die Intelligenzija von sich selbst macht, nicht paßt.

In diesem Zusammenhang ist auch die Einstellung zur Oktoberrevolution aufschlußreich. Zunächst wurde sie deshalb verdammt, weil sie mit den demokratischen Errungenschaften der Februar-Revolution gebrochen und durch die Auflösung der Verfassunggebenden Versammlung im Januar 1918 eine demokratische Entwicklung Rußlands endgültig zunichte gemacht hatte. Als Folge auf die sich in kürzester Zeit entwickelnde Apologie des zaristischen Rußland, zu der die Wiederentdeckung der Tugenden des von der marxistischen Historiographie so heftig verworfenen Ministerpräsidenten Stolypin gehört, wird der Weg des vorrevolutionären Rußland unmittelbar in die Demokratie westlichen Zuschnitts immer mehr zu einer verbürgten Wahrheit. Die Oktoberrevolution, die diesen friedlichen Transitionsprozeß grausam unterbrach, wird damit zum "Staatsstreich".

Daß die Intelligenzija in der Oktoberrevolution eine Rolle spielte, wird gleichermaßen geleugnet. Mit anderen Worten: die Theoretiker, die sie vorbereiteten und an ihr teilnahmen, wie Trozkij, Bucharin, Bogdanow, Martow, Lunascharskij, doch selbst Schriftsteller wie Maxim Gorki, werden heute nicht mehr zur Intelligenzija gezählt - von Lenin ganz zu schweigen. Die oppositionelle Haltung der Intelligenzija im zaristischen Rußland gegen die Autokratie, die auch die heutigen Ideale wie Berdjaew, Florenskij oder Bulgakow charakterisierte, wird geleugnet, wenn nicht zum Tabu. Diejenigen, die Zar Alexander II. töteten und die Revolution "provozierten", so urteilt Bulat Okudzawa, gehören nicht zur Intelligenzija. Sie waren Halbgebildete mit den Minderwertigkeitskomplexen von Erfolglosen, die nach Macht dürsteten und allein auf Gewalt vertrauten (Okudzawa 1996).

Erstaunlich ist gleichfalls, wie schnell der persönliche Einsatz der Intelligenzija für Gorbatschows Reformen und vor allem für die Glasnost in ihrer Erinnerung verblaßte. Die Generation der "Sechziger" (sestidesjatniki), die Chruschtschows Enthüllungen über die Verbrechen Stalins an die Erneuerung der sowjetischen Gesellschaft glauben ließen und die während des Breschnew-Regimes auf Reformen warteten, war Gorbatschow nahezu ohne Zögern gefolgt. "Unsere letzte Chance", so dachten sie damals. Das "andere Denken" der Dissidenten ging bemerkenswert mühelos in das von Gorbatschow propagierte "neue Denken" ein. Andrej Sacharow, von Gorbatschow aus dem Exil zurück nach Moskau geholt, setzte sich umgehend für seine Reformen ein, auch wenn er in der Folgezeit ihr schleppendes Tempo kritisierte.

Zahlreiche Angehörige der Intelligenzija nahmen die von Gorbatschow verkündete Glasnost beim Wort. Die Publizistik wurde das neue Medium der Intelligenzija, die die Wende als intellektuelle und existentielle Freiheit erlebte. Innerhalb weniger Jahre findet eine Umwertung aller Werte statt. Die schöpferische Intelligenzija steht hierbei im Brennpunkt. Mit der Perestroika beginnt aber auch die "Professionalisierung" der liberalen und westlich orientierten Angehörigen der Intelligenzija zu Reformern und Politikern - Funktionen, die weder die russische noch die sowjetische Intelligenzija jemals zuvor ausgeübt hatten und die bisher im Widerspruch zu dem moralisch definierten traditionellen Wortgebrauch von Intelligenzija standen. Die Intelligenzija betrat erstmals das "Feld der Macht", um mit dem Soziologen Pierre Bourdieu zu sprechen. Bisher unbekannte Wortverbindungen wie "liberale Intelligenzija", "demokratische Intelligenzija" oder "radikal-demokratische Intelligenzija" fanden in die Publizistik und den öffentlichen Diskurs Eingang. Historiker, Philosophen, Literatur- und Naturwissenschaftler zogen 1989 als Abgeordnete in den ersten Kongreß der Volksdeputierten der UdSSR ein. Erstmals hatten für jedes Mandat mehrere Kandidaten zur Wahl gestanden. Die im Fernsehen bis tief in die Nächte übertragenen Debatten ließen nicht den geringsten Zweifel übrig: Die "radikaldemokratische Intelligenzija" verschaffte sich Gehör, und die demokratische Gesellschaft in der Sowjetunion schien keine Intelligenzija-Utopie mehr zu ein. Angehörige der Intelligenzija sind von jetzt an auch als Abgeordnete in allen gewählten Machtorganen des Landes vertreten. Aus Kreisen der Intelligenzija rekrutieren sich die Gründer der informellen Gruppen und der ersten neuen Parteien. Doch *intelligenty* werden nicht nur Berufspolitiker, sie werden ebenfalls Banker und *bisnesmeni* in den neuen marktwirtschaftlichen Strukturen - auch das ein in der Geschichte der Intelligenzija bisher unvorstellbares Phänomen. In den Republiken gründen Angehörige der Intelligenzija "Volksfronten", die die politische Unabhängigkeit ihrer Republiken fordern. In der radikal-demokratischen Oppositionsfraktion "Interregionale Gruppe", die im Sommer 1989 im Obersten Sowjet gegründet wird, ist die Intelligenzija durch den Historiker Jurij Afanasjew, den Öko-

nomen Gawriil Popow, Andrej Sacharow und viele andere vertreten.
Mit Jelzin kamen Angehörige der Intelligenzija unmittelbar an die Macht. Der Ministerpräsident Jegor Gajdar, vormals als Ökonom in einem der Institute der Sowjetischen Akademie der Wissenschaften tätig, ist nur der prominenteste unter ihnen. Jelzins Präsidentenrat zählt unter den zahlreichen Angehörigen der Intelligenzija auch vormalige Dissidenten zu seinen Mitgliedern, wie den Historiker Michail Gefter oder den Biologen Sergej Kowaljow. Der Berater des Präsidenten, Gennadij Burbulis, vormals Dozent für Marxismus-Leninismus in Swerdlowsk, forderte im Herbst 1993 im wichtigsten Organ der kulturschaffenden Intelligenzija, der *Literaturnaja Gazeta* (Nr. 29), mit Nachdruck: "Von der Intelligenzija wird jetzt kein Messianismus erwartet, sondern Professionalismus". Burbulis hatte hiermit ein Phänomen benannt, das sich bereits unter aller Augen vollzog. Die mit der Perestroika eingeleitete Zeit der Umbrüche und Transformationen hatte eindeutig auch den Funktionswandel der Intelligenzija mit sich gebracht.

Dabei fällt die sich ungewöhnlich schnell verändernde Einschätzung des Stellenwertes der Intelligenzija, um nicht zu sagen des Idealtyps der Intelligenzija selbst bei denjenigen auf, die ihre "Reinheit" nach wie vor als wichtigstes Charakteristikum hervorheben. Noch 1991 hatte einer der angesehendsten Soziologen des Landes, Jurij Lewada, in der auflagenstarken Literaturzeitschrift *Znamja* den Unterschied zwischen "westlichen Intellektuellen" und "russischer Intelligenzija" als denjenigen von zwei grundsätzlich verschiedenen sozialen Realitäten und politischen Kulturen bezeichnet (Lewada 1992: 201-211). Mit dieser Eindeutigkeit und Einmütigkeit der Unterscheidung zwischen West und Ost und der Zuordnung der Intellektuellen und der Intelligenzija zu verschiedenen geopolitischen Räumen ist es für Lewada bereits ab 1994 vorbei. Bestenfalls, so schreibt Lewada jetzt nicht ohne Bedauern, seien im gegenwärtigen Rußland noch einige *intelligenty* übriggeblieben, die Intelligenzija selbst hätte jedoch aufgehört zu existieren (Lewada 1995: 69-75).

Eine Soziologie der Intelligenz steht in Rußland dringend an, auch wenn die Arbeiten von Lew Gudkow und Boris Dubin (Dubin und Gudkow: 1993, 1994, 1995; Gudkow: 1992) verheißungsvolle Neuansätze sind. Allzu stark macht sich jedoch noch immer das Fehlen soziologischer Daten aus der sowjetischen Periode als notwendige Voraussetzung für die Analysen des gegenwärtigen Wandels der verschiedenen sozialen Gruppen der Intelligenzija spürbar. Und nach wie vor finden die meisten Debatten über den Funktionswandel der Intelligenzija in den großen Zeitungen und Zeitschriften statt, d.h. sie werden von der Publizistik ausgetragen und haben schon von daher einen besonderen Charakter und Stil. Bezeichnenderweise stehen in der Publizistik die Selbstaussagen der schöpferischen Intelligenzija, die sich nach wie vor aufgrund ihrer Geistigkeit und ihrer Moral definiert und von Kriterien des Professionalismus abhebt, im Vordergrund. Diese Kreise, die *intelligenty*, haben ganz zweifellos einen weitaus stärker ausgeprägten Sinn zur Selbstdarstellung und Selbstreflexion als die professionellen *intellektualy*, die als Ökonomen, Juristen, Verwaltungsspezialisten sowie auch als Politiker ihren spezialisierten Beschäftigungen nachgehen.

Der Funktionswandel der Intelligenzija, der sich seit den ersten Jahren der Perestroika abzeichnete, setzte sich nach dem August-Putsch 1991 und vor allem nach der Auflösung der Sowjetunion am Ende desselben Jahres in verstärkter Form fort. Er zeichnet sich insbesondere bei den Angehörigen der Intelligenzija ab, die im politischen und ökonomischen Bereich tätig sind und die in den neuen politischen und wirtschaftlichen Strukturen die Rolle von Experten ausüben. Doch auch die "schöpferische" oder "kulturschaffende" Intelligenzija ist einem Wandel ausgesetzt: Die Auflösung der ehemals festgefügten sowjetischen Strukturen in nahezu allen Bereichen von Kultur und Wissenschaft wie in den Forschungsinstituten der Akademie der Wissenschaften, im staatlichen Verlagswesen, in den Museen, Theatern, Orchestern und Opernhäusern haben in breiten Kreisen der Intelligenzija einen beträchtlichen Status- und Prestigeverlust zur Folge. Zahlreiche unter dem sowjetischen Regime anerkannte Intelligenzberufe sind nunmehr entwertet, nicht zuletzt auch deshalb, da sie das notwendige Existenzminimum der hier Beschäftigten nicht mehr garantieren können.

Vor allem in den Mittelschichten der schöpferischen und wissenschaftlichen Intelligenzija macht sich seit der Auflösung der Sowjetunion ein Gefühl der Desorientierung und des Identitätsverlusts deutlich bemerkbar. Hiermit verbunden ist eine gewisse Nostalgie. Diese gilt nicht dem sowjetischen System als solchem, sondern viel eher der vormals verhältnismäßig geschützten und abgesicherten Lebensweise der Intelligenzija mit ihren festgefügten Freundeskreisen und Diskussionsgemeinschaften, die heute aufgrund des Zeitdrucks und der Interessenzersplitterung in Auflösung begriffen sind. Man trauert den billigen Ferien in den Heimen der Berufsverbände, den kostenlosen Sanatorien, den bezahlten Auslandsreisen und den Publikationsmöglichkeiten in den staatlichen Verlagen nach. Geld hatte früher in diesem Milieu kaum eine Rolle gespielt - nicht, weil man zu viel davon besaß, sondern weil das, was man hatte, für die bescheidenen, bei jedem Angehörigen der Intelligenzija mehr oder weniger gleichen Lebensansprüche auslangte. Heute kann niemand mehr unter der akademisch tätigen Intelligenzija von seinem offiziellen Einkommen leben. Hochqualifizierte Wissenschaftler emigrieren oder verlassen zumindest vorübergehend das Land in Erwartung besserer Zeiten. Nicht zuletzt deshalb, weil die Ablehnung des Materiellen zum Selbstverständnis und Lebensstil der Intelligenzija gehörte, kommt es sie heute schwer an, daß ihre berufliche Qualifikation nicht mehr ausreicht, um ihre eher bescheidenen Bedürfnisse zu befriedigen. Die Frustrierung ist daher groß und überall spürbar. "Lumpen", "Pauperisierung", "Pathologie", "Agonie", "Krankheit" und "Apokalypse des Bewußtseins" lauten die bildstarken Ausdrücke, mit denen die Intelligenzija seit den letzten Jahren ihr Dasein umschreibt. "Wir sind aus der Geschichte herausgefallen", klagte die bekannte Literaturkritikerin Jelena Rschewskaja in der *Literaturnaja Gazeta* (8.3.1995).

Auf diesem Hintergrund ihres sozialen Prestigeverlustes und ihres Krisenbewußtseins wurden in der Intelligenzija Zweifel wach, ob sie im heutigen Rußland überhaupt noch eine Existenzberechtigung hätte. Zum erstenmal in ihrer Geschichte ist in ihren eigenen Kreisen vom "Ende der Intelligenzija" - in bewußter Analogie zu Fukoyamas "Ende der Geschichte" - die Rede. Was war in der relativ kurzen Zeit seit Beginn der Perestroika mit der Intelligenzija geschehen? Was hat die Intelligenzija, die in der Glasnost ihre stärksten Hoffnungen verkörpert sah, heute nahezu zum Verstummen gebracht?

Die Intelligenzija, so scheint es, war stark, solange es während der Perestroika um die Zerstörung des sowjetischen Systems ging. Die Perestroika erwies sich jedoch nur als Beginn einer unabsehbar langen Transformationsperiode. Je länger sich die Umbruchphase hinzog, desto deutlicher wurde für die Intelligenzija, daß ihr gegenwärtiges Statut die gesellschaftliche und kulturelle Modernisierung Rußlands kaum überdauerte, daß allein der Rückgriff auf die vom kommunistischen System geleugneten Werte der alten Intelligenzija hierfür nicht ausreiche. Der Wandel der russischen Gesellschaft hatte auf die Intelligenzija zweifellos eine demoralisierende Wirkung, und die Krise des Staates führte zur Krise ihres Bewußtseins. Einerseits machte es die sich zunehmend differenzierende Gesellschaft der Intelligenzija vollends bewußt, daß sie in der Wirklichkeit längst nicht so homogen war, wie es ihr Idealbild von einer sich durch die Gesinnungsethik definierenden Einheit der Intelligenzija vorgab. Andererseits war es ihr aber genau wegen dieser vermeintlichen Homogenität nicht möglich, sich an die sehr partielle Rolle von funktionalen Eliten in einer sich immer mehr differenzierenden Gesellschaft zu gewöhnen. Ihr Drang nach Einheit stand dem Pluralismus der Gesellschaft, den sie selbst befürwortet hatte, letzten Endes entgegen. In dieser Hinsicht wurde die Intelligenzija das Opfer ihres eigenen Sieges.

Die Glasnost hat letztlich zu einer immer größeren Zersplitterung der Intelligenzija als intellektuelle Gemeinschaft und schließlich zu ihrer Teilung geführt, wofür die semiotische Unterscheidung zwischen traditioneller "Intelligenzija" und neuen westlich orientierten "Intellektuellen" nur ein oberflächliches Indiz ist. Die Intelligenzija, die mit ihren Ideen und Überzeugungen zur Perestroika grundlegend beigetragen hatte, war ihrem praktischen Verlauf und ihren Folgen nicht gewachsen. Die Glasnost, die die Intelligenzija als Höhepunkt ihrer Befreiung erlebte, erwies sich letztlich als ihr Schwanengesang. Soziologen, wie Jurij Lewada und Lew Gudkow waren unter den ersten, die die stärkere Differenzierung der Intelligenzija als Rückwirkung einer gewissen Demokratisierung und Modernisierung Rußlands erklärten. Hieraus hat vor allem Gudkow den pragmatischen Schluß gezogen, daß die Verwendung des Begriffes "Intelligenzija" heute keinen Sinn mehr habe (Gudkow 1992).

Es liegt nahe, daß sich die Apologeten der neuen russischen Intellektuellen (*intellektualy*) aus der neuen politischen Intelligenzija-Elite und ihrem unmittelbaren Umkreis rekrutieren. Dagegen kommen die Verteidiger der traditionellen Vorstellung von der Intelligenzija als einer moralischen Elite häufig aus Kreisen der Künstler, Schriftsteller, Philosophen und auch Naturwissenschaftler. Sergej Awerincew, Boris Uspenskij, Dmitrij Lichatschow, Daniil Granin sind einige ihrer wichtigsten Repräsentanten. Die Debatten, die aus diesen Kreisen in die Öffentlichkeit dringen, überraschen durch die nahezu mechanische Übertragung eines Ideal- und Wunschbildes, ja eines Mythos der "historischen" Intelligenzija aus der Epoche vor 1917 auf das eigene Selbstverständnis. Die soziale und damit auch die ideologische Realität, die das damalige Verständnis dieses Begriffes implizierte, bleibt dabei, wie bereits erwähnt, unberücksichtigt. Die postulierte, jedoch nicht hinterfragte Kontinuität von der vorrevolutionären bis zur gegenwärtigen Intelligenzija macht die Anwendung dieses Begriffes daher oft zu einem Anachronismus. Je stärker die Bedeutung der Intelligenzija in der Realität abnimmt, so hat man den Eindruck, desto größer wird in ihren Kreisen der eigene Mythos.

Diejenigen, die an der Reinheit der Intelligenzija und ihrer politischen Enthaltsamkeit festhalten und sich nach wie vor als moralische Autorität und Elite definieren, haben gute Gründe, den sich seit 1993 immer schärfer abzeichnenden Bankrott der demokratischen Elite und des politischen Reformlagers zu kritisieren. Vom Professionalismus der neuen russischen "Intellektuellen", die in der Politik engagiert seien, könne keine Rede mehr sein, wird seitens der schöpferischen Intelligenzija argumentiert. Die Auflösung des Parlaments im September und der Beschuß des Weißen Hauses am 3. und 4. Oktober 1993, den fast alle Demokraten (doch auch zahlreiche Angehörige der schöpferischen Intelligenzija) rechtfertigten, gab den Moralisten unter der Intelligenzija eine weitere Waffe in die Hand. Die Wahlen im Dezember 1993 machten endgültig offenbar, daß die Demokraten oder politischen "Intellektuellen" ihre Kohärenz und ihre Kompetenz weitgehend eingebüßt hatten. Der Verlust einer globalen, universalen Leitidee wie der Demokratie, die einen bedeutenden Teil der Intelligenzija zur Zeit der Perestroika beflügelte, ist immer deutlicher spürbar. Die letzten Wahlen im Dezember 1995, die die völlige Machtlosigkeit der Demokraten bewiesen, ist von Seiten der sich als "Intelligenzija" definierenden geistigen Elite ebenfalls gegen diejenigen ausgespielt worden, die Rußlands

Probleme als intellektuelle "Professionelle" lösen zu können dachten. Wenn eine Demokratie keine kulturelle und moralische Elite hat, so argumentierte auch Jurij Lewada, dann wird sie zur Diktatur des Aventurismus, der die Massen für seine eigenen Zwecke benutzt und mobilisiert. Mehr denn je sind die Anhänger der traditionellen Intelligenzija-Ideologie der Überzeugung, daß allein die Rückkehr zu antimaterialistischen, asketischen und innerweltlichen Lebensformen eine neue Identität der Intelligenzija und damit auch die Identität Rußlands schaffen könne.

Eine kurze Zeit lang hatte es den Anschein, als ob der Krieg in Tschetschenien die Intelligenzija wieder einigen und ihr eine neue Identität verleihen könne. Zumindest die Angehörigen der Intelligenzija, die ihr Selbstverständnis auf der Grundlage einer moralischen Haltung definieren, hätten sich in der Person des ehemaligen Dissidenten Sergej Kowaljow und seinem öffentlichem Auftreten gegen den Krieg und für die Menschenrechte wiedererkennen können. Doch gerade die Kreise der Intelligenzija, die ihr Selbstverständnis als soziales Gewissen definieren, nahmen daran Anstoß, daß sich Kowaljow auf politisches Pflaster begab. Seine Anhänger findet der moralisch agierende Kowaljow dagegen unter den demokratischen "Intellektuellen" und neuen Professionellen. Verschiedene von ihnen, die als Experten im Präsidentenrat Jelzins fungierten, legten ihr Amt unmittelbar nach Ausbruch des Krieges nieder. Ihr moralischer Protest hatte allerdings keine Folgen. An die Stelle des aus demokratischen "Intellektuellen" zusammengesetzten Präsidentenrats trat ein "innerer Kreis" von Jelzins Vertrauten aus dem alten Apparat. Seither ist der Präsident von der Öffentlichkeit und den wenigen übriggebliebenen Demokraten vollständig abgeschirmt.

In allerletzter Zeit ist seitens der Intelligenzija nicht mehr viel über Tschetschenien zu hören, und auch um Kowaljow wurde es etwas stiller. Hingegen kam eine konkrete Protestform gegen den Krieg von Boris Nemzov, dem jungen Gouverneur von Nishnij

Nowgorod. Dieser hatte im Januar 1996 bei den Bürgern seiner Region mehr als eine Million Unterschriften für eine Petition an Jelzin gesammelt, den Krieg in Tschetschenien umgehend zu beenden. Das "Komitee der Mütter" ist heute die einzige moralische Instanz, die den Krieg permanent und aktiv verdammt. Mit dem Tod in der Seele stehen die Mütter von mehr als 10.000 Toten (eine Zahl, die offiziell bestritten wird) freilich jenseits von "Intelligenzija" und "Intellektuellen".

Niemand weiß vorauszusagen, wie es in Rußland weitergehen wird. Ob der sich als moralische Elite definierende Teil der Intelligencija über die professionellen Intellektuellen die Oberhand gewinnen wird, bleibe dahingestellt. Fest steht allein, daß der Krieg die Intelligenzija von der apokalyptischen Vision ihres eigenen "Endes" befreit zu haben scheint und daß die Tragödie in Tschetschenien mit dem Schicksal Rußlands zusammengesehen wird. Angesichts dieser Tragödie sollte sich der Streit um den Unterschied zwischen "Intelligenzija" und "Intellektuellen" tatsächlich als belanglos erweisen.

Die bevorstehenden Präsidentenwahlen haben jedoch das Thema "Intelligenzija vs. Intellektuelle" wieder akut gemacht. Eine vornehmlich unter der literarischen Intelligenzija geführte Debatte ist in dieser Hinsicht bezeichnend. Die Literaturwissenschaftlerin Marietta Tschudakowa, die seit Jahresende sowohl in der Pariser Wochenzeitung *Russkaja Mysl'* als auch in russischen Blättern wie *Ogonek* an die "Intelligenzija als Demokraten" appellierte und sie zum Kampf gegen die Kommunisten und Faschisten und zur Unterstützung Jelzins als Präsidentschaftskandidaten aufrief, hatte hierbei die "liberal orientierten *intellektualy*" mit den *intelligenty* gleichgesetzt. Hierauf erfolgte in der *Literaturnaja Gazeta* vom 21. Februar 1996 eine empörte Entgegnung des Lyrikers Bulat Okudzawa (Okudzawa 1996: 3). Diesem ging es jedoch nicht um die Wahlen und die Kandidatur Jelzins, sondern einzig um die Beweisführung, daß die *intelligenty*, die Angehörigen der Intelligenzija, und die Intellektuellen grundsätzlich voneinander verschieden seien. Ein *intelligent* zu sein, kam Okudzawa zufolge nicht mit der beruflichen Qualifikation gleich, sondern bedeutete "Eigenschaften der Seele": So etwas lernt sich nicht, sondern wir einem von der Natur mitgegeben, bekräftigte Okudzawa. Doch dann hieß es auch: Dem einen gelingt es, dem anderen nicht. Auf die Frage "warum?" antwortete er selbst: "Das ist ein großes Geheimnis.".

Bulat Okudzawa zählte ein wahres Tugendregister auf. Derjenige, der alle die in den sechs Punkten enthaltenen Kriterien erfülle, könne als ein "wahrer *intelligent*" gelten. Dagegen gilt für Okudzawa der Intellektuelle, selbst dann, wenn er eine "hochgebildete Persönlichkeit" ist, nur dann als *intelligent*, wenn er sein Sechs-Punkte-Programm erfüllt. Ist das nicht der Fall, dann ist er ein *obrazovanec*, woran auch die Tatsache, daß er ein Mitglied der Akademie der Wissenschaften ist, nichts ändert. Was die Wortverbindung von "Demokrat" und "Intelligenzija" angeht, so wehrte sich Okudzawa gegen ihre Vermischung oder Gleichsetzung. Selbstverständlich neige jeder wahre *intelligent* zur Demokratie, doch nicht jeder Demokrat könne allein, weil er Demokrat sei, für einen *intelligent* gehalten werden. Im übrigen, so resignierte Okudzawa, sei das Wort Demokrat auf Rußland bezogen höchst relativ. Woher Demokraten in einem Rußland nehmen, das nie eine Demokratie gekannt hat ?

Okudschawas wortstarkes und emotionelles Bekenntnis zu einer Intelligenzija-Konzeption, die ausschließlich geistige und moralische Werte impliziert, läßt sich nur auf dem Hintergrund der nivellisierenden und wertfreien Intelligenzija-Konzeption der sowjetischen Soziologie verstehen, die bis heute nachwirkt. Diese verwandte den Terminus "Intelligenzija", hierbei von Stalin persönlich beeinflußt, unterschiedslos für alle, die sich mit "Geistesarbeit" (umstvennyj trud) beschäftigten. Zur Intelligenzija wurden infolgedessen alle gezählt, die eine Universität oder Fachschule mit einem Diplom abgeschlossen hatten, wozu auch Krankenschwestern, Laborantinnen und Ingenieure sowie Staats- und Behördenangestellte gehörten. Diese Gruppen nahmen aufgrund des umfassenden sowjetischen Bildungssystems in quantitativer Hinsicht immer mehr zu und machten schließlich Millionen von Menschen aus. Die Intelligenzija wurde schon von der offiziellen stalinistischen sowjetischen Staatsauffassung als eine Zwischenschicht definiert, "die zusammen mit den Arbeitern und Bauern am Eigentum der Produktionsmittel teilhat". Diese Definition behielt bis in die Jahre der Perestroika ihre Geltung.

Die "wahre Intelligenzija kann keine 'Zwischenschicht' zwischen Volk und Macht sein", protestierte Okudzawa noch im Januar dieses Jahres genau so, als ob er es noch immer mit der gleichmacherischen sowjetischen Soziologie zu tun hätte. Die Intelligenzija sei kein Resultat von "gramotnost'" - der Beherrschung des Lesens und Schreibens -, sie sei auch kein Resultat der beruflichen Ausbildung und der professionellen Qualifikation. Okudzawas emotionaler Ausbruch dokumentiert auf geradezu erschütternde Weise und wie kaum ein anderes Selbstzeugnis aus der Feder der Intelligenzija, wie sich diese bis heute durch ihre vom Stalinismus dekretierte Angehörigkeit zu einer "Zwischenschicht" erniedrigt und ohnmächtig fühlt.

Wie die anfänglich zitierten längeren Ausführungen Granins stehen auch Okudzawas Aussagen nur stellvertretend für diejenigen vieler anderer. Wenn die geradezu mythische Selbsterhöhung der Intelligenzija im heutigen Rußland für uns westliche Beobachter bisweilen Züge annimmt, die uns ins Groteske zu gehen scheinen, so ist das zumindest teilweise durch die jahrzehntelange Erniedrigung zu einer Zwischenschicht und durch den hierauf erfolgten Verlust der Identität zu erklären. Das hieraus erfolgte überhöhte Selbstverständnis als "Opferelite", das Solschenizyn 1974 in Umlauf brachte, und die verzweifelte Suche nach einer Identität in einer immer stärker auseinanderfallenden Gesellschaft mag das Exzessive verständlich machen, mit dem hier in wahrhaft existentieller Not eine historische Kontinuität zu konstruieren versucht wird.

Die Krise des Selbstverständnisses der russischen Intelligenzija und das Suchen ihrer Identität wird von folgenden Faktoren verschärft:
- Ein Systemzusammenbruch führt stets zu Selbstreflexion und Neubesinnung.
- Die derzeitige geistige und materielle Unsicherheit drängt verstärkt nach einem ideellen oder auch ideologischen Gegengewicht oder auch nach einer Verklärung der eigenen Rolle in der Vergangenheit, in der russischen Geschichte selbst.
- Eine gewisse Kompensation der eigenen und nationalen Demütigung führt notwendigerweise auch zur Überhöhung der eigenen Rolle.

Noch stehen wir zu dicht an dem Transformationsprozeß der ehemaligen sowjetischen Gesellschaft, um über ihn definitive Erklärungen abgeben zu können. Wenn ich abschließend feststelle, daß es heute wohl endgültig keine funktionale und moralische Einheit der russischen Intelligenzija mehr gibt, so sehe ich hierin kein absolut negatives Merkmal. Ich halte es eher für ein natürliches Syptom der Erneuerung und Modernisierung der russischen Gesellschaft sowie des beginnenden Pluralismus und damit auch der endgültigen Differenzierung der Intelligenz des Landes.

Literaturverzeichnis

Awerincew, Sergej, 1990: Slovo ob intelligencii, in: Sovetskaja kultura, Nr. 1, 6.1.1990, S. 1.
Berelowitch, Alexis/Wieviorka, Michel, 1996: Les Russes d'en bas, Paris.
Cipko, Alexander, 1990: Neobchodimo potrjasenie mysl'ju, in Moskovskie novosti, Nr. 26, 1. Juli.
Dubin, Boris/Gudkow, Lew, 1995: Intelligencija, Moskau-Charkov.
Ferretti, Maria, 1995: De l'engouement pour la liberté à l'apologie de l'autoritarisme: La métamorphose de l'intelligentsia démocratique russe, in: De Russie et d'ailleurs. Festschrift für Marc Ferro, Paris, S. 151-165.
Granin, Daniil, 1995: Mastera kul'tury u poroga dumy, in: Iswestija, 29.9.1995.
Gudkow, Lew, 1992: Intelligenty i intellektualy, in: Znamja, Nr. 3-4, S. 203-220.
Gudkow, Lew/Dubin, Boris, 1993: Bez naprjazenija... Zametki o kulture prechodnogo perioda, in: Novyj Mir, Nr. 2, S. 242-253.
Gudkow, Lew/Dubin, Boris, 1994: Ideologija besstrukturnosti. Intelligencija i konec sovetskoj epochi, in: Znamja, Nr. 11, S. 166-179.
Intelligencija i vlast', 1992: Rundtischgespräch, in: Politiceskoe Issledovanija, Nr. 3, S. 72-85.
Iwanowa, Natalja, 1993: Prezentacija apokalipsa, ili Kto ne uspel, tot opozdal, in Literaturnaja Gazeta, Nr. 36, 8.9.1993, S. 3.
Iwanowa, Natalja, 1993: Dvojnoe samoubijstvo. Intelligenzija i ideologija, in Znamja, Nr. 11, S. 170-183.
Kirillov, Sergej, 1993: Intellektualy i intelligenty, in Moskva, Nr. 5, S. 126-130.
Kiva, Aleksej, 1993: Intelligentsia v cas ispytanij, in: Novyj Mir, Nr. 8, S. 160-177.
Kiva, Aleksej, 1994: Sny o chorosem prezidente, in: Literaturnaja Gazeta, Nr. 46, 16.11.1994, S. 11.
Krotov, Jakov, 1995: Gospodi, smerdim!, in: Moskovskie Novosti,Nr. 42, 18.-25.Juni 1995.
Lewada, Jurij, 1989: Intelligencija, in Jurij Afanasjew und Marc Ferro (Hrsg.), Opyt novogo myslenija, Moskau, S. 128- 131.
Lewada, Jurij, 1992: Uchodjascaja natura?, in Znamja, Nr. 6, S. 201-211.
Lewada, Jurij, 1995: Le problème de l'intelligentsia dans la Russie d'aujourd'hui, in: L'Autre Europe, Nr. 30-31, S. 69-75.
Lichatschow, Dmitrij, 1993: O russkoj intelligencii, in: Novyj Mir, Nr. 2, S. 3-9.
Okudzawa, Bulat, 1996: V nasem dome, in Literaturnaja Gazeta, Nr. 8, 21.2., S. 3.
Rasputin, Valentin, 1991: Intelligencija i patriotizm, in: Moskva, Nr. 2, S. 6 ff.

Scherrer, Jutta, 1993: L'intelligentsia russe et les victoires de la 'glasnost', in: Marc Ferro (Hrsg.), L'Etat des toutes les Russies, Paris 1993, S. 115-117.
Scherrer, Jutta, 1996: Das Ende der Intelligenzija?, in: Jutta Scherrer, Requiem für den Roten Oktober, Leipzig.
Solschenizyn, Alexander u. a., 1974: Iz-pod glyb, Paris. Deutsche Übersetzung: Stimmen aus dem Untergrund. Zur geistigen Situation in der UdSSR, Darmstadt und Neuwied.
Timofeev, Lew, 1994: "Tenevaja privatizacija", in: Iswestija, 14.5.1994, S. 5.

Der Zerfall der Sowjetunion und nationale Optionen

Hannelore Horn

Die viel diskutierte Frage, ob der Kommunismus reformierbar gewesen sei, soll an dieser Stelle nur im Hinblick auf Interdependenzen zwischen kommunistischem politischen System in der UdSSR und ihrer multinationalen/multiethnischen Sozialstruktur untersucht werden. Im Mittelpunkt dieses Beitrages steht somit die Frage, ob bzw. inwieweit nationale Optionen das Ende dieses kommunistischen politischen Systems beeinflußt haben oder aber ob es sich umgekehrt verhielt. Dabei kann nicht der Gesamtheit aller Ursachen, die zum Zerfalls der Sowjetunion führten bzw. ihr politisches System zerstörten, nachgespürt werden, obwohl zwischen allem selbstverständlich Zusammenhänge bestehen.

Es bleibt zunächst dahingestellt, ob sich die Systemveränderung möglicherweise völlig unabhängig von nationalen Problemen vollzog und damit selbst erst den Zerfall der Sowjetunion heraufbeschwor. Eine eindeutige Antwort ist schwierig, wenn nicht gar ausgeschlossen, weil wir es mit einem Prozeß wechselseitiger Beeinflussung zu tun haben, bei dem sich im historischen Ablauf Ursache, Wirkung und Gegenwirkung schwer voneinander trennen lassen. Der historische Nachweis für die eine oder andere Variante wird sich folglich nicht eindeutig belegen lassen. Dennoch bleibt unübersehbar, daß es das kommunistische System gewesen ist, welches den 1917 einsetzenden, historisch überfälligen Prozeß der Auflösung des zaristischen Reiches aufgehalten hat. Es hielt nicht zuletzt auch eine ideologische Legitimation für die damals von den Bolschewisten im allgemeinen gewaltsam herbeigeführte staatliche Bestandssicherung bereit. Daher liegt es nahe, wesentliche Veränderungen am politischen System für geeignet zu halten, als Auslöser eines erneuten Zerfalls zu fungieren; es sei denn, dem kommunistischen System wäre es in seiner etwa siebzigjährigen Geschichte gelungen, fundamentale Probleme des Zusammenlebens der vielen Ethnien so zu lösen, daß nationale Zentrifugaltendenzen keine Unterstützung mehr fänden. Die historische Entwicklung bestätigt letzteres nicht.

Das kommunistische politische System der UdSSR war in seiner faktischen Ausprägung selbstverständlich kein allein in der ideologischen Retorte konzipiertes Gebilde. Wie alle politischen Systeme wurde es auch durch Anpassung oder im Konflikt mit landesspezifischen gesellschaftlichen Gegebenheiten entwickelt und geformt. In Rußland/UdSSR stand es von vornherein vor einer doppelten Aufgabe: Auf der einen Seite war das im wesentlichen von Lenin formulierte Staatskonzept dauerhaft zu etablieren, welches u. a. Diktatur, Zentralismus und gesellschaftspolitischen Monismus a priori postulierte, um die kommunistische Macht zu sichern und die gesellschaftliche Transformation entsprechend kommunistischer Gesellschaftsvorstellungen zu ermöglichen. Eine Fülle "normaler" gesellschaftlichen Realitäten standen diesen Zielen fundamental entgegen, andere begünstigten sie. Zu diesen gesellschaftlichen Realitäten gehörte eine ungewöhnlich heterogene multiethnische Sozialstruktur. Mithin waren auf der anderen Seite die Bolschewisten mit der "zusätzlichen" Aufgabe konfrontiert, diesen multinationalen/multiethnischen Bedingungen in ihrer Politik Rechnung zu tragen.

Die die Gesamtregion prägende, ungewöhnlich inhomogene ethnisch-kulturelle Gesellschaft war folglich in den nun kommunistisch orientierten Staatsverband zu integrieren und auf der Basis des neuen Gesellschaftmodells zu assimilieren. Dabei behielt der russische Bevölkerungsteil, eigentlicher Träger der historischen Entstehungs- und Entwicklungsaktivitäten des zaristischen Staates, realiter diese Funktion weitgehend auch unter dem kommunistischen System. Wenngleich Russen zunächst nur knapp die

Nationale Optionen 135

Hälfte der Gesamtbevölkerung ausmachten und auch nach dem Zweiten Weltkrieg nur einen Bevölkerungsanteil von wenig mehr als 50 % erreichten, lag die strukturell gelungene Integration der nichtrussischen Ethnien im wesentlichen in russischer Hand. Da gewaltsam zusammengefügt und durch Erfahrungen mit russischer Dominanz enttäuscht, entstand bei den meisten Ethnien aber kaum Assimilationsbereitschaft, so daß Assimilation in die angestrebte russisch-sozialistisch geprägte Lebenswelt nur sehr begrenzt gelang, allenfalls bei wehrlosen kleinen Völkern. Damit bildete die Frage nach wirksamen Systemstrukturen als Garanten des Zusammenhaltes immer ein zentrales Problem dieses politischen Systems. Es werden daher einige wesentlich erscheinende Systemstrukturen aufzuzeigen sein, die für das politische System wie auch für den Zusammenhalt der Sowjetunion fundamental waren und die durch ihre Errosion nationale Optionen ermunterten. Aber auch umgekehrt werden einige nationale Faktoren zu benennen sein, die zur Systemerosion beitrugen.

1 Multinationalität als Stabilisierungsfaktor des politischen Systems

Das Hauptaugenmerk der Untersuchung richtet sich in diesem Rahmen nicht auf Destabilisierungen, die das politische System durch die Multinationalität der UdSSR erfuhr. Im Gegenteil, es gilt zu analysieren, welche Stabilisierung und machtpolitische Legitimierung das politische System der UdSSR durch die multinationale Struktur des Landes erfahren hat und zwar im Hinblick auf Diktatur, Zentralismus und politisch-ideologischen Monismus. In vollem Wissen um die Komplexität des Gesamtproblems wird eine Reduzierung auf diese, für die Beantwortung der Frage wesentlich erscheinenden Aspekte vorgenommen, da Interdependenzen zwischen kommunistischem System und seiner Stärkung bzw. machtpolitischen Legitimierung durch nationale Optionen im Bereich der Diktatur, des Zentralismus sowie des gesellschaftspolitischen Monismus besonders augenfällig in Erscheinung treten.

a) Interdependenz zwischen Multinationalität und Diktatur

Die bolschewistische Machteroberung bescherte Rußland und später der UdSSR ein durch Diktatur gekennzeichnetes politisches System, vorgegeben durch die marxistisch-leninistische Variante der Ideologie.

Das kommunistische Diktaturkonzept erfuhr in dieser Region eine "zusätzliche" machtpolitische Stärkung und Legitimation, weil sich die Unionsbildung am Anfang der zwanziger Jahre im wesentlichen auf Gewaltsamkeit unterschiedlicher Natur stützte. Umgekehrt, das Prinzip der Freiwilligkeit wurde seinerzeit schändlich vernachlässigt. Nur durch diktatorische Handhabung der eroberten Macht war die Regierungsgewalt der Kommunisten zu sichern und der Staatsverband vorerst zusammenzuhalten.

Der Machtpolitiker Lenin vertraute dabei allerdings nicht allein auf Diktatur oder auf die Wirkungskraft prognostizierter kommunistischer ethnischer Homogenisierungsideologie, sondern versuchte, mittels praktischer Politik Akzeptanz zu gewinnen. Es gehörte zu seiner Nationalitätenkonzeption, die fehlende Akzeptanz eines kommunistischen Systems und dieses Staates unter den Nationalitäten mittels der sogenannten Korenizacija-Politik zu gewinnen bzw. zu kompensieren. Diese Politik ermöglichte in den zwanziger Jahren eine umfassende Entfaltung nationaler Identität in kultureller sowie sprachlicher Hinsicht. Das Prinzip der Gleichheit aller Nationalitäten auf politischem und wirtschaftlichem Gebiet wurde teils praktiziert und eine der zaristischen Kolonialpolitik entgegengesetzte Wirtschaftspolitik angekündigt, die deutlich auf eine Niveauangleichung der Wirtschaftsentwicklung des großen Landes zielte (Horn 1978: 141-176). Diese hoffnungsvollen Ansätze zur Versöhnung der Nationalitäten mit ihrer verlorenen bzw. verhinderten politischen Selbständigkeit wurden unter dem wachsenden Einfluß Stalins zunichte gemacht. Wie Gerhard Simon in seiner großen Studie (Simon 1986: 34-196) zu dieser Problematik überzeugend nachweist, gewann großrussischer Chauvinismus, von Lenin immer wieder als Kernübel im Zusammenleben der Völker des zaristischen Rußland gegeißelt, dabei zunehmend wieder an Einfluß. Im wesentlichen setzte die nun folgende Nationalitätenpolitik bis hin zu den ersten Jahren unter Gorbatschow auf Assimilation in eine russisch-sozialistische Lebensprägung, nicht auf freiwillige Kooperation, so daß sich nationale Affekte gegen die Moskauer Politik notwendig neu beleben, entwickeln oder verfestigen mußten. Es gelang nicht, den nichtrussischen Nationalitäten den Eindruck zu vermitteln, in dieser Union realiter Gleichberechtigung zu genießen.

Dieses grundlegende demokratische Prinzip ist sicher schwierig in einem multinationalen Staat zu praktizieren. Der österreichische Historiker Bernatzik erklärt denn auch das Widerstreben gegen die Errichtung einer konstitutionellen Monarchie schon im zaristischen Rußland mit dieser Problematik. Sie sei in einer Despotie oder absoluten Monarchie am einfachsten zu lösen wegen der dort geltenden "Gleichheit der Knechtschaft" (Bernatzik 1912: 24 ff). Das demokratische Prinzip fordert Rechtsgleichheit und Gleichheit auch in der Politik. Es widerspricht prinzipiell jeglichem Dominanzanspruch einer Ethnie bzw. Nationalität.

In der Sowjetunion hingegen bestimmte schließlich zunehmend russische Dominanz auf politischem, wirtschaftlichem und auch kulturellem Gebiet einschließlich der Sprachenpolitik im allgemeinen das Alltagsleben der nichtrussischen Bürger des Landes (Lewytzkyj 1993; Azrael 1978; Carrere d´Encausse 1978). Immer wieder kam es nach Stalin zum Aufbegehren gegen diese Dominanzpolitik sowie gegen die in den sechziger und siebziger Jahren aktivierte Einschmelzungspolitik. Es sei erinnert an die 1961 erfolgte Demonstration von 100 000 Letten, an den jahrelangen Kampf der Krimtataren um die Wiedererlangung ihrer Heimat oder Massendemonstrationen (1979) der Georgier in Tiflis gegen die Moskauer Sprachenpolitik. Blutvergießen wurde in letzterem Falle verhindert, weil sich der damalige georgische Geheimdienstchef und spätere Außenminister Schewardnadse an die Spitze des Demonstrationszuges gestellt hatte.

Die kommunistische Ideologie mit ihren Prognosen bzw. Ambitionen, nationale Unterschiede à la longue zu harmonisieren und schließlich aufzuheben, mußte unter diesen Umständen versagen. Nationale Besonderheiten und Interessen wurden im Gegenteil unter diesen Umständen verfestigt oder gar neu geweckt. Das schon von Chruschtschow gezeichnete, nun offizielle Bild vom "Sowjetvolk" als einer neuen historischen Gemeinschaft, gekennzeichnet durch gemeinsame Charakterzüge verschiedener Nationalitäten (Chruschtschow 1962: 153), ging an der Realität vorbei. Breschnew führte diesen Gedanken fort, als er im "Sowjetvolk" harmonische Beziehungen der Klassen, sozialen Gruppen, Nationen und Völkerschaften diagnostizierte (Breschnew 1971: 76). Der damit sichtbar gewordene Widerspruch zwischen Theorie und Realität wurde noch verstärkt durch die sich parallel vollziehende Hervorhebung bzw. Glorifizierung des russischen Volkes (Allworth 1980).

Unbestritten handelt es sich um eine Binsenwahrheit, daß alle kommunistischen Diktaturen gegen den Willen der Mehrheit der Bevölkerung errichtet und aufrechterhalten wurden. Für Rußland/UdSSR war jedoch neben der Eliminierung und dauerhaften Unterdrückung "normaler" politisch-gesellschaftlicher Pluralität auch die nationale bzw. ethnische besonders ausgeprägte Pluralität auf Dauer zu homogenisieren.

Um den Zusammenhalt des Staatsverbandes zu gewährleisten, blieb angesichts ungelöster Nationalitätenfragen das politische System in hohem Maße auf Diktatur und Zwang angewiesen. Mehr noch, es flossen dem kommunistischen System aus der ungelösten Nationalitätensituation mächtige, zumindest zusätzliche Impulse zugunsten repressiver Machtstabilisierung in Permanenz zu. Systeminteressen und Staatsräson zur Sicherung des Zusammenhaltes des Staatsverbandes deckten sich und bewirkten eine ausgeprägte Interessenkumulation zugunsten diktatorischer Machtausübung.

Aus dieser Konstellation ergaben sich allerdings auch destabilisierende Tendenzen, da sie Mißtrauen gegenüber den Ethnien perpetuierte und stabilisierte. Vor allem aber erschwerte bzw. verhinderte sie Liberalisierungsversuche sowie die rechtzeitige Realisierung demokratischer Reformintentionen. Diese spezifische Interdependenz zwischen fehlender Freiwilligkeit, Multinationalität und politischem System wurde besonders sichtbar und wirksam, als unter Gorbatschow das Systemelement der Diktatur modifiziert bzw. ungelenkt erodierte.

b) Zentralismus und Multinationalität

Ein zweiter Faktor stabilisierender Interdependenz zwischen Systemstruktur und Multinationalität manifestiert sich in der dauerhaften Praktizierung zentralistischer Herrschaftsstrukturen. Innerparteiliche zentralistische Strukturen begriffen Lenin und seine Anhänger als unabdingbare Voraussetzung für eine erfolgreiche Machteroberung. Hingegen finden sich Voraussagen zu zentralistischen Strukturen eines von Kommunisten geführten Staates erst in Lenins "Staat und Revolution". De facto praktizierten die Bolschewisten nach der Machteroberung neben der Diktatur den Zentralismus als ein wesentliches Instrument zum Aufbau und dann zur Sicherung ihres Herrschaftssystems wie auch des multinationalen Zusammenhaltes. Überall in der Welt finden wir historische und aktuelle Beispiele in unterschiedlichen Systemen, die uns nachweisen, daß sich der Zentralismus als die probate Struktur erweist, um ethnisch inhomogene Gesellschaften zusammenzuhalten bzw. Assimilierungspolitik zu betreiben. Die Sowjetunion bildete insofern keine Ausnahme, obwohl der Zentralismus in der UdSSR unter formalen Verfassungsgesichtspunkten im Gewande des Föderalismus einherkam.

Der sowjetische Scheinföderalismus, der in seinem Kern als historisch beispielloser, ausgeprägter Hyperzentralismus in die Geschichte eingegangen ist, stärkte prinzipiell die zentralistische Systemambition. Das fundamentale Interesse des kommunistischen Systems an der Fähigkeit, bis in die kleinsten Winkel des Staates, zentral gesteuert, die kommunistische Macht zu sichern, die Transformationspolitik erfolgreich durchzuführen und die Gesamtgesellschaft zu kontrollieren, deckte sich mit dem Interesse am Zusammenhalt und der Kontrolle des multinationalen Staates mittels zentralistischer Steuerung. So erhielt das kommunistische politische System wichtige, wenn nicht entscheidende Impulse zugunsten der Aufrechterhaltung seiner zentralistischen Strukturen aus der Multinationalität. Sie verhinderten vehement, durch entsprechende Reformen ökonomische und soziale Dysfunktionalitäten abzubauen, um bessere Systemeffizienz zu erreichen. Es sei erinnert an die unter Chruschtschow vorgenommene ökonomische Dezentralisierungspolitik, deren Ende in Gestalt der Auflösung aller Volkswirtschaftsräte u. a. mit unerwünschten Tendenzen zu nationaler Autonomie begründet wurde.

c) Geistig-politischer Monismus und Antipluralismus

Als dritter Aspekt bleibt der das politische System kennzeichnende politisch-geistige Monismus bis hin zu dem ihm innewohnenden Antipluralismus mit seinen interdependenten Verbindungen zur Multinationalität zu benennen. Jede Gesellschaft ist de facto pluralistisch, auch die sozialistisch/kommunistische. Es kommt auf den Charakter politischer Systeme an, ob oder in welchem Ausmaß sie der Entfaltung pluraler gesellschaftlicher Gegebenheiten eine Chance bieten, inwieweit sie der öffentlichen Entfaltung und Artikulation unterschiedlichster Interessen, Meinungen, Wertvorstellungen usw. ihrer Bürger in Politik und Gesellschaft Raum geben. Demokratie hat sich im Hinblick auf die Entfaltung von Pluralismus historisch als am erfolgreichsten erwiesen. In einer monistischen kommunistischen Staats- und Gesellschaftkonzeption sowie der damit legitimierten Politik ist prinzipiell für Pluralismus kein Platz. Da die Ideologie als allein richtig, wissenschaftlich unzweifelhaft begründet begriffen wird, verschließt sie auch der damit legitimierten Politik Entscheidungsfindung unter Berücksichtigung offener Diskussionen um Alternativen.

Aber auch die unbefriedeten multinationalen Gegebenheiten des Landes bedingten und forderten Antipluralismus, solange die kommunistischen nationalen Einschmelzungsintentionen sich mit einer zwar massiven, aber wenig erfolgreichen Assimilationspolitik begnügen mußten. Die Diskrepanzen zwischen negativer Realität und positiver ideologischer Aussage zur nationalen Harmoniegesellschaft schrien förmlich nach einer permanent wirksamen Tabuisierungspolitik.

Das Mitte der siebziger Jahre erfolgte Diktum von der gelösten ethnischen Frage, von der Entstehung eines multinationalen Sowjetstaates, in dem das sozialistisch Gemeinsame das national Trennende überwunden habe, perpetuierte das offizielle Tabu, dem ethnische Interessen unterlagen. Die folgende Entwicklung spiegelt die Widersprüchlichkeit und das Dilemma wider, in die sich die praktische Politik damit begeben hatte. Als 1978 im Rahmen der Verfassungsdiskussionen der Vorschlag auftauchte, die Unionsrepubliken angesichts des verkündeten und vermeintlich erreichten Harmoniestadiums konsequenterweise abzuschaffen, wurde er verworfen mit der Begründung, die Zeit sei noch nicht reif dafür. So blieb es bei der absonderlichen Diskrepanz zwischen Verfassungstext und ideologischem Konstrukt und der Mißachtung Leninscher Vorstellungen von dem Übergangscharakter des Sowjetföderalismus.

Eine vertiefende öffentliche Diskussion der Gesamtproblematik unterblieb, weil jede freie Debatte die Offenlegung der widersprüchlichen Aussagen zur Harmonie unter Nationalitäten, zu ihren Interessen in der "entwickelten sozialistischen Gesellschaft" usw. oder um die Auflösung der Unionsrepubliken bedeutet hätte. Zentrale ethnische Probleme mußten tabuisiert werden, um die Behauptung von der vermeintlich gelösten nationalen Frage aufrechtzuerhalten.

Während sich in der UdSSR seit den siebziger Jahren eine begrenzte Enttabuisierung im Bereich gesellschaftlicher und wirtschaftlicher Fehlentwicklungen vollzog und Diskussionen ermöglichte, ohne allerdings das Gesamtunternehmen als erfolgreich zu bezweifeln, blieb die Tabuisierung nationaler Probleme weitgehend ungebrochen. Die massiven antipluralistischen Triebkräfte zugunsten einer reglementierten öffentlichen Sprachregelung und monopolistischer politischer Gestaltung deckten sich folglich mit dem permanenten Interesse der politischen Führungen, nicht nur politische Homogenität zwischen Führung und Volk, sondern auch nationale Harmonie zu demonstrieren. Pluralismus mit freier, multinationaler ethnischer Interessenartikulation steht diesem Bedürfnis fundamental entgegen. Die Gefährdungen für das

kommunistische System wurden damals offenbar von seiner Führung erkannt.
  Kommunistische Systeme sowjetischen Typs sind folglich nicht grundlegend, allenfalls sehr begrenzt reformierbar. Ein Reformkommunismus, der echte demokratische Prinzipien praktizieren will, besitzt ohne Pluralismus keine Entfaltungschance. Dem Pluralismus aber ist eine Dynamik zu demokratischer Entfaltung immanent. Er führt notwendig zur öffentlichen Diskussion auch fundamentaler Fehlentwicklungen des Systems, der Ineffizienz der Wirtschaft usw. Er führt notwendig auch zur öffentlichen Artikulation und Organisation verschiedener, auch gegensätzlicher gesellschaftlicher Interessen, die darauf drängen, den partei- und staatspolitischen Monismus aufzuheben. Ohne massive Repression lassen sich diese Tendenzen nicht kanalisieren bzw. unterdrücken. Diese Interdependenzen bewirken, daß wohl Reformen in kommunistischen Systemen möglich sind. Enthalten sie aber Demokratisierungselemente, verbindet sich damit notwendig die Freigabe pluralistischer Entfaltung, der nur durch Repressionen Grenzen zu setzen sind. Der seinerzeitige tschechoslowakische Versuch des "Reformsozialismus" war zu kurz, um diese Dynamik voll zum Tragen kommen zu lassen.
  Die Frage nach der Reformierbarkeit des kommunistischen Systems wird an dieser Stelle folglich eindeutig mit "nein" beantwortet. Dabei bleibt zu betonen, daß Reformversuche, selbst begrenzte Reformen, in der UdSSR außerordentlich erschwert wurden wegen der aus der Multinationalität resultierenden immanenten Antriebskräfte zugunsten des Erhaltes zentralistischer und diktatorischer Systemstrukturen. National-ethnische Bedingungen stärkten das Repressionsbedürfnis des diktatorischen Systems, seinen zentralistischen Regelungsanspruch sowie seinen ideologisch/gesellschaftlichen Monismus. Sie erschweren oder verhinderten gar rechtzeitige liberale und demokratische Reformen. Es bedurfte daher in der politischen Führung des Landes der Einsicht

in fundamentale und massive Fehlleistungen dieses politischen Systems, um den einschneidenden Reformversuch zu wagen, durch Glasnost mit ihrer weitgehenden Freigabe des Pluralismus neue Effizienz zu erschließen und damit die Überlebensfähigkeit des Systems zu retten.

2 Multinationalität und das Scheitern der Perestroika-Politik

Die Gorbatschow-Phase illustriert die aufgezeigten Interdependenzen wie ein Lehrbeispiel. Sie wurden besonders sichtbar und wirksam, als das Systemelement Diktatur Modifikationen erfuhr, Glasnost wachsende Pluralitätsentfaltung ermöglichte und das alte System de facto und weitgehend ungelenkt erodierte. Dabei zeitigte die alte Tabuisierungspolitik ihre politisch brisanten Folgen. Ohne die große historische Leistung der Perestroika-Politiker schmälern zu wollen, sei doch festgehalten, daß sich die politische Führung um Gorbatschow der vorgenannten Interdependenzen, und zwar innerhalb des politischen Systems sowie der zwischen politischem System und multinationalen Bedingungen mit ihren zentrifugalen Triebkräften ganz offenbar nicht bewußt gewesen ist. Als die Perestroijka-Politiker begannen, gegen unbotmäßige Nationalitäten gewaltsam vorzugehen, übersahen sie die politisch destruktiven Folgen jahrzehntelanger Mißachtung des Freiwilligkeitsprinzips und zentralistischer Dominanzpolitik gegenüber nichtrussischen Nationalitäten.

Die Vorstellung, bei Glasnost und strukturellen Demokratisierungsreformen verharren zu können, ignorierte unter den gegebenen Umständen fundamental die Dynamik eines freigegebenen Pluralismus. Unberücksichtigt blieb aber auch die Tatsache, daß es in der siebzigjährigen Systemgeschichte des Sowjetstaates nicht gelungen war, anstelle des nach wie vor auf Unfreiwilligkeit be-

Nationale Optionen 145

ruhenden Staatsverbandes eine auf breiter Akzeptanz beruhende Union zu errichten. In der westlichen, insbesondere der amerikanischen Wissenschaft und Forschung zur Nationalitätenproblematik in der UdSSR gab es keine Zweifel an der Existenz fundamentaler Friktionen und Aversionen zur russisch geprägten Dominanz des Moskauer Zentrums und der daraus resultierenden politischen Sprengkraft. Die Tabuisierungs- und Beschönigungspolitik des Systems hatte aber in der Sowjetunion ihre irreführenden Früchte bis in die höchsten Kader des Systems getragen.

Allerdings bestätigt der bekanntgewordene Entwicklungsverlauf, daß etwa in den Jahren 1986/89 die Chance bestand, die Union zu erhalten, wenn auch nur in Gestalt eines echten Föderalismus. Insbesondere unter den nichtrussischen Nationalitäten der UdSSR hatten die mit großem Aplomb in die Öffentlichkeit getragenen liberalen und demokratischen Werteprinzipien der Perestroijka-Politik und ihr Bekenntnis zu nunmehr friedlicher Konfliktschlichtung Hoffnungen auf Wandel geweckt und genährt. Sie ermutigten zur Praktizierung dieser Prinzipien bis hin zur Wahrnehmung eines echten Selbstbestimmungsrechtes. Zunächst richteten sich diese Ambitionen nur auf die Wahrnehmung dieses Selbstbestimmungsrechtes im Rahmen der Union, ohne allerdings in der politischen Moskauer Zentrale damit hinreichend Gehör zu finden. Sie wuchsen sich schließlich bis zum Loslösungsbegehren aus.

Separatistische Impulse flossen einmal aus der wahrnehmbaren diktatorischen Abschwächung und dem nachlassenden zentralistischen Regelungsanspruch gegenüber den Unionsrepubliken, und zwar in Verbindung mit der wachsenden öffentlichen Kritik an der Moskauer Nationalitätenpolitik. Sie förderten und ermutigten das Selbständigkeitsbegehren an der Peripherie. Vor allem aber verlor die bei den Nationalitäten begrüßte Perestroika-Politik ihre Glaubwürdigkeit, als sie zwar friedliche Problemlösungen, z. B.

bei Streiks, praktizierte, hingegen aber begann, allein gegen nichtrussisches nationales Aufbegehren gewaltsam einzuschreiten und damit ihre Ankündigung von nunmehr friedlicher Konfliktschlichtung desavouierte. Während die Vorgänge in Alma Ata 1986 noch den Nachwirkungen des alten Systems anzulasten waren, kam es vor allem im Jahre 1990 (Aserbaidschan, das schreckliche Gemetzel in Tiflis, in Parkent, Usbekistan, bei den Mescheten und Abchasen) und schließlich im Baltikum 1991 zur gewaltsamen Unterdrückung nationalen Aufbegehrens. Die sich entwickelnden Hoffnungen auf ein freies und gleichberechtigtes Miteinander aller Russen und Nichtrussen in einem gemeinsamen Staatsverband wurden zerstört.

Die Autorin dieses Beitrages hat vor fünf Jahren vor diesem Forum nicht nur über die Leistungsfähigkeit von Zentralismus für den Zusammenhalt des Staatsverbandes gesprochen, sondern auch über seine schwerwiegenden Dysfunktionalitäten. Gorbatschow selbst hatte diese Probleme damals bereits erkannt. Er geißelte den "Hyperzentralismus" und war bestrebt, diesen zu lockern. Aber die Vorstellung, wesentliche Kompetenzen der Moskauer Zentralgewalt an die Republiken abzutreten, war bei ihm (Gorbatschow 1989) und in den Eliten, insbesondere der führenden politischen Elite des Landes, lange, wenn überhaupt je vorhanden, nicht akzeptabel. Das gilt insbesondere für diejenigen, deren berufliches Schicksal sich mit der umfassenden Verfügung über die Ressourcen der gesamten Union verknüpfte.

Damals schloß die Autorin ihren Beitrag mit folgender Prognose:

"Abschied vom Hyperzentralismus beinhaltet fundamentalen Systemwandel. Massiven Macht- und Einflußverlusten der russisch geprägten Zentrale stünde aber die Chance gegenüber, einen tendenziell auf Freiwilligkeit gegründeten Staatsverband mit neuen Entwicklungsmöglichkeiten für demokratische und pluralistische Evolutionsprozesse zu schaffen. Unterbleibt dergleichen, wird ein fortgesetztes Repressionsbedürfnis den Charakter des politischen Systems beherrschen mit allen Konsequenzen zugunsten von Macht und Einfluß entsprechender gesellschaftlicher Kräfte und Apparate sowie auf Kosten demokratischer Alternativen" (Horn 1991: 188).

Wie sehr Befürchtungen vor anhaltenden russischen Dominanzansprüchen berechtigt gewesen sind, weisen die Verhandlungen und Vertragsentwürfe zum neuen Unions-Staatsvertrag aus. Der letzte Entwurf, dessen Unterzeichnung durch neun Republikspräsidenten für den 19. 8. 1991 vorgesehen war, kam wegen des Putsches nicht zustande. Zu den letzten, gravierendsten Konfliktpunkten gehörte vor allem das Problem der Finanzverteilung zwischen Unionszentrale und Republiken. Ein wirklich föderativer Staatsaufbau erwies sich damals in der politischen Elite der Unionszentrale als nicht akzeptabel und konsensfähig. Von einem echten Föderalismus kann aber erst dann gesprochen werden, wenn es eine klare und unangreifbar verläßliche Aufteilung der Staatseinnahmen zwischen Zentrum und Föderationseinheiten gibt. Erst sie ermöglicht den Föderationsgliedern fruchtbare Gestaltungsmöglichkeiten auch unabhängig von zentralen Instanzen. Eine Regelung, die das Zentrum zum "Kostgänger der Republiken" machte, war ganz offenbar nicht hinnehmbar für eine gesellschaftliche Elite, die es gewohnt war, über die Ressourcen des gesamten Landes zu verfügen. Als sich Gorbatschow schließlich doch bereit zeigte, in dieser Frage nachzugeben und die Finanzhoheit des neuen Staatsverbandes bei den Unionsrepubliken anzusiedeln, kam es zum Putsch und dem Ende der Union. Die "Notstandserklärung" des Komitees für den Ausnahmezustand (19.8.91) bezeugt die fundamentale Bedeutung der multinationalen Problematik für die Motivation der Putschisten.

Wie bereits zum Ausdruck gebracht, wären die Liberalisierungs- und Demokratisierungsgrenzen, die die Perestroika-Politik ihrem politischen System setzen wollte, wegen der angesprochenen inneren Dynamik insbesondere von Glasnost zu Pluralismus und Demokratie nicht auf Dauer haltbar gewesen. Die damaligen historischen Entwicklungsetappen in den nichtrussischen Territorien erlauben aber auch die Schlußfolgerung, daß die Lebensdauer eines reformierten Perestroika-Systems sicher länger ausgefallen wäre, wenn es frühzeitig zum umfassenden Verzicht auf zentralistische Steuerung zugunsten echter Föderationsstrukturen gekommen wäre. Die folgenden, aus dem Zerfall der Union resultierenden Schockwirkungen wären sicher durch längere Dauer der Perestroika abgeschwächt, wenn auch den Völkern nicht völlig erspart geblieben. Die Außerachtlassung der aufgezeigten Interdependenzen zwischen den aus der Multinationalität dem alten politischen System zufließenden Stabilisierungsfaktoren und den destabilisierenden Rückwirkungen als Folge ihrer Modifizierung durch die Perestroika-Politik beschleunigten aber ihr Ende.

So illustriert das Schicksal des kommunistischen Systems in der UdSSR einschließlich der Perestroika-Phase eindrücklich die aufgezeigten Wirkungszusammenhänge zwischen Multinationalität und politischem System. Der Preis für den gewaltsam gesicherten Zusammenhalt dieses multinationalen Staatsverbandes hat sich für die gesamte Union als teuer erkauft, ja als Unglück für seine Völker erwiesen. Er reduzierte nicht nur Reformbereitschaft bzw. Modifikationen am alten System erheblich, sondern trug letztlich auch entscheidend dazu bei, daß die Perestroika-Politik so schnell scheiterte. Letztlich ist allen Völkern dieser Region, auch dem russischen Volk, die auf Unfreiwilligkeit aufgebaute Union nicht gut bekommen, weil sie die Entstehung und Entfaltung einer freien pluralistischen Gesellschaft sowie einer demokratischen Kultur permanent und massiv behinderte.

3 Perspektiven

Auch im heutigen Rußland hat selbstverständlich die Wirkungsweise tradierter Gewohnheiten und Vorstellungen keineswegs mit dem Auseinanderbrechen der Union und der Auflösung des kommunistischen Systems ihr Ende gefunden. Während aber in der Vergangenheit dem kommunistischen politischen System mächtige stabilisierende Impulse aus dem Willen der führenden politischen Eliten zuwuchsen, die Ethnien des Landes in ein russisch dominierten Sozialismus einzuschmelzen und den Staatsverband um jeden Preis zu erhalten, liegen heute die Bedingungen umgekehrt. Rußland wird gegenwärtig in hohem Maße politisch destabilisiert, weil ein Großteil seiner einflußreichen politischen Elite seine Kräfte und sein Engagement auf die Wiederherstellung einer wie auch immer gearteten Union konzentriert und dem Aufbau Rußlands damit wertvolle Energien entzieht. Auch die Konsolidierung eines Parteiensystems unterliegt massiven Behinderungen durch konträre innerparteiliche Auffassungen über Mittel und Strategien einer als "Reintegration" begriffenen Wiedervereinigungspolitik, während das Ziel der Vereinigung weitgehendem Konsens unterliegt. Die politisch folgenschweren Interdependenzen zwischen politischem System und voluntaristischen Wiedervereinigungstendenzen werden nur von wenigen erkannt. Pressionen aller Art, auch mit dem Ziel einer veränderten Gestalt einer neuen Union, sind aber demokratisch nicht legitimierbar. Einer neuen Union mit den heutigen GUS-Staaten gehört sicher dann eine große Zukunft, wenn sie auf der Basis wirklicher Freiwilligkeit zustande käme, d. h. getragen von großen Mehrheiten der Bevölkerung betroffener Republiken. Wie die geschichtliche Erfahrung zeigt, ist für den Erfolg einer solchen Einigungspolitik die Wahrung des Prinzips der Freiwilligkeit unabdingbar. Jede neue Vereinigung, die sich durch offene oder verdeckte Gewaltanwendung vollzieht (z. B. durch militärische oder ökonomische

Erpressung, durch manipulative Eingriffe bis hin zu konspirativen Manipulationen zwischen KGB-Nachfolgern und ihren, aus der Vergangenheit verbundenen nichtrussischen Vertrauten in den ehemaligen Unionsrepubliken usw.), bedingt die dauernde Handhabe von Repression sowie diktatorische Züge des handelnden politischen Systems. Pluralismus und Demokratie können sich unter diesen Umständen auf keiner der beiden Seiten voll entfalten. Es ist nicht nur Lenin gewesen, der einst feststellte, daß kein Volk frei sein könne, welches andere Völker unterdrückt. Der Umgang mit Tschetschenien im heutigen Rußland bestätigt diese Tendenz.

Auch bei der politischen Neugestaltung des heutigen Rußland wirken tradierte Vorstellungen fort. Das vehemente Festhalten an zentralistischen Mustern steht als ein Beispiel. Hier wiederholt sich die Tendenz des alten Systems, unklare Kompetenzabgrenzungen zwischen Zentrum und Föderationseinheiten zu bewahren. Vor allem aber mangelt es an klaren fiskalischen Kompetenzzuweisungen zugunsten vorausschaubarer, selbständiger Verfügung regionaler Verwaltungen (Litwak 1994). Die Chancen für eine Erneuerung Rußlands "von unten" unterliegen somit massiven Behinderungen. Die Geschichte scheint sich zu wiederholen.

Literaturverzeichnis

Allworth, Edward (Ed.) 1980: Ethnic Russia in the USSR. The Dilemma of Dominance, New York/Oxford/Toronto/Sydney/Frankfurt/Paris.
Azrael, Jeremy R., 1978: Soviet Nationality Politics and Practices, New York London Sydney Toronto.
Bernatzik, Edm., 1912: Die Ausgestaltung des Nationalgefühls im 19. Jahrhundert. Rechtsstaat und Kulturstaat, in: Beiträge zur staats- und rechtswissenschaftlichen Fortbildung, Hft.6/ 1912, S. 24 f.
Breschnew, Leonid, 1971: Rechenschaftsbericht vor dem 24. Parteitag der KPdSU, in: Materialy XXIV sezda KPSS, Moskau, S. 76.
Carrere d'Encausse, Helene, 1979: Risse im roten Imperium, (Übers. a. d. Franz.), Wien München Zürich Innsbruck.
Chruschtschow, Nikita, 1962: Rechenschaftsbericht vor dem 22. Parteitag der KPdSU im Oktober 1961, in: XXII sezd Kommunisticeskoj partii Sovetskogo Sojuza, Stenograficeskij otcet , Cast'1, Moskau, S. 153.
Gorbatschow, Michail, 1989: Grundsatzrede vor dem Kongreß der Volksdeputierten, in: Prawda, 22.12.1989.
Horn, Hannelore, 1991: Nationale Tendenzen und das Problem des Zentralismus, in: Glaeßner, Gert-Joachim/Michal Reiman, Die politischen Systeme der sozialistischen Länder, Frankfurt a. M./Bern/New York/Paris, S. 178-190.
Horn, Hannelore, 1978: Wirtschaftliche Niveauangleichung der Nationalitäten zwischen Anspruch und Wirklichkeit, in: Horn, Hannelore/A. Schwan/Th. Weingartner (Hrsg.), Sozialismus in Theorie und Praxis, Berlin New York, S. 141-176.
Iswestija, 16. 8. 1991.
Lewytzkyj, Boris, 1983: "Sovetskij narod". "Das Sowjetvolk". Nationalitätenpolitik als Instrument des Sowjetimperialismus, Hamburg.
Litvak, J. I., 1994: Regional Demands and fiscal Federalism, in: C. I. Wallich (Ed.), Russia and the Challenge of Fiscal Federalism, Washington, D. C., S. 218-240.
Simon, Gerhard, 1986: Nationalismus und Nationalitätenpolitik in der Sowjetunion, Baden-Baden.

Sicherheitspolitische Konsequenzen des Endes der Sowjetunion im mitteleuropäischen Raum

August Pradetto

Der Zusammenbruch der Sowjetunion erfolgte in drei Dimensionen. Erstens brach die Sowjetunion als Hegemonialmacht zusammen, zweitens als völkerrechtliche Einheit und drittens als gesellschaftlich-politisches System. Auf die Akteure bezogen, handelte es sich dabei um eine *multiple Demontage*. Von außen wurde die Sowjetunion vor allem durch die Souveränitätsanstrengungen ihrer ostmitteleuropäischen Verbündeten und von innen durch die autochthonen systemreformerischen sowie nach Unabhängigkeit strebenden zentrifugalen Kräfte demontiert.

Aus allen drei genannten Dimensionen des Zusammenbruchs ergeben sich spezifische Konsequenzen für die sicherheitspolitische Entwicklung insbesondere in Mitteleuropa. Im ersten Kapitel werden wesentliche Faktoren und Folgen der Auflösung des sowjetischen Hegemonialsystems in Europa beleuchtet.

Im zweiten Abschnitt, der einige Konsequenzen des Zusammenbruchs der Sowjetunion als Staat untersucht, ist unter sicherheitspolitischen Aspekten das Paradox zu erklären, daß insbesondere ostmitteleuropäische Länder in dem Maße drängten, in die NATO aufgenommen zu werden, in dem sich Moskau aus seinem bisherigen Hegemonialbereich zurückzog und im Westen in dem Maße die Idee einer Osterweiterung Fuß faßte, da sich mit der Auflösung der UdSSR die militärische Bedrohung für Mittel- und Westeuropa verringerte.

Unter dem Gesichtspunkt der Verteilung von Macht auf dem Kontinent betrachtet, stehen im Ergebnis der europäischen Umwälzungen am Ausgang des 20. Jahrhunderts vor allem ein großer

Verlierer, die Sowjetunion bzw. Moskau, und ein großer Gewinner, Deutschland, fest. Das dritte Kapitel befaßt sich insoweit mit einigen Folgen, die dieser Wandel für Deutschland und die deutsche Politik hat, als Bonn/Berlin zunehmend zu einem zentralen Gestaltungsfaktor in Mittel- und Gesamteuropa auch in sicherheitspolitischer Hinsicht wird.

Im Zusammenhang mit anzustellenden Folgerungen für die politische und sicherheitspolitische Neuordnung Europas sind abschließend einige, diese Neuordnung determinierende Problemstellungen zumindest aufzuwerfen, wenn sie in diesem Rahmen auch nicht gebührend erörtert werden können: die Unsicherheit über die weitere Entwicklung Rußlands, das Problem der Multiethnizität und der ethnischen Begründung von Nationalstaatlichkeit in Mittel- und Osteuropa, der Widerspruch von Supranationalität und Demokratie in den internationalen Beziehungen sowie neue Konflikte um Macht und Einflußsphären nach dem Kollaps des sowjetischen Imperiums.

1 Die Demontage der Sowjetunion als Hegemonialmacht

Bereits bald nach seiner Machtübernahme im März 1985 machte KPdSU-Generalsekretär Michail Gorbatschow Andeutungen, die neue sowjetische Führung wollte auf die sogenannte Breschnew-Doktrin verzichten.[1] Die Doktrin der beschränkten Souveränität

---

1 Im Herbst 1995 kamen in einem Ferienort in Colorado/USA bei einem als privat deklarierten Treffen noch einmal jene vier Hauptakteure zusammen, die 1990 neben den Vertretern der beiden deutschen Staaten am Prozeß der Herstellung der deutschen Einheit beteiligt gewesen waren - George Bush, Michail Gorbatschow, Margaret Thatcher und François Mitterand. Gorbatschow führte aus, er hätte bereits anläßlich des Begräbnisses seines Vorgängers im Amt des KPdSU-Generalsekretärs, Tschernenko, die Partei- und Staatschefs der Verbündeten darauf hingewiesen, sie wären fürderhin

Sicherheitspolitische Konsequenzen

sozialistischer Staaten wurde, wie sich Außenminister Gromyko scherzhaft in die Rolle der kleineren Verbündeten versetzte, durch die „Sinatra-Doktrin" („I do it my way") ersetzt. Ohne den Rückhalt der Roten Armee war es indes unter den Bedingungen zwangsweiser, von weiten Teilen der Bevölkerung abgelehnter Integration und dem eklatanten Legitimitätsdefizit der kommunistischen Parteien im ostmitteleuropäischen Vorfeld der Sowjetunion nurmehr eine Frage der Zeit, wann der Block seinen ersten Einbruch erleiden würde. Schon im Sommer 1988 wurde die Herrschaft der Polnischen Vereinigten Arbeiterpartei (PVAP) (wieder) in Frage gestellt. Zugleich zeitigten die Reformbestrebungen und die Diskussion über das System in der Sowjetunion auf die Öffentlichkeit und die Politik in den anderen kommunistischen Staaten Europas ihre katalysatorische Wirkung. Im Jahre 1987 hatte im „Vaterland des Sozialismus" mit Perestroika und Glasnost ein Prozeß eingesetzt, der von Reformkräften und Oppositionellen in den verbündeten Staaten schnell aufgegriffen und zur Legitimation ihrer eigenen Anliegen verwendet wurde.[2]

Die polnische Arbeiterschaft setzte die Regierung mit massiven Streiks unter Druck, und zwar auch politisch: Sie verlangte die Wiederzulassung der oppositionellen „Solidarnosc". Im Dezember 1988 waren PVAP-Chef Wojciech Jaruzelski und seine Mitstreiter mürbe. Das Politbüro beschloß, an einem „runden Tisch" über eine Machtteilung mit der Gewerkschaftsbewegung zu verhandeln. Zwischen Februar und April 1989 wurden die diesbezüglichen Modalitäten vereinbart. Parallel dazu hatte die

---

selbst für die Entwicklung in ihren Ländern verantwortlich; d.h. er hätte bereits zu diesem Zeitpunkt die Breschnew-Doktrin fallen gelassen. Vgl. „Wozu haben wir den Kalten Krieg beendet?"; in: Die Zeit, Nr. 11, 3.3.1996, S. 9.

2 Z. Brzezinski beschrieb in seinem Buch über „das gescheiterte Experiment" schon 1989, welche Auswirkungen die sowjetische Perestroika sowie Glasnost auf das osteuropäische Vorfeld und die dort vor sich gehenden gesellschaftlichen Entwicklungen haben könnten; Brzezinski 1989: 148 ff.

Transformation der politischen Verhältnisse auch Ungarn erfaßt. Der Weg war allerdings ein anderer. In der Spitze der Ungarischen Sozialistischen Arbeiterpartei (USAP) setzte sich der Reformflügel durch und beschloß weitgehende politische Systemveränderungen, die auf ein pluralistisches Gesellschaftsmodell hinausliefen. (Einen Überblick über die Transition in einzelnen Ländern bieten u. a. Altmann/Hösch 1994; v. Beyme 1994; Glaeßner 1994; Hatschikjan/Weilemann 1994; Pradetto 1994)

Im August und September 1989 kam es schließlich zu einem fundamentalen politischen Umbruch in Ostmitteleuropa. In Ungarn wurde die Durchführung freier Wahlen beschlossen. In Polen kam erstmalig im Ostblock seit mehr als 40 Jahren ein nichtkommunistischer Politiker, Tadeusz Mazowiecki, an die Regierung. In der Folgezeit löste sich auch in allen anderen kommunistischen Ländern Mittel- und Ostmitteleuropas wie unter Einwirkung eines Domino-Effekts das herrschende System auf. Der Systemwechsel, die *Transition*, hatte mit der Machtteilung in Polen und dem Verzicht auf die Monopolstellung der USAP in Ungarn im Frühjahr 1989 begonnen. Ende Dezember desselben Jahres gab es keine kommunistischen Systeme mehr in Mittel-, Ostmittel- und Südosteuropa.

Daß sich die zuvor auch im Westen als politisch einigermaßen stabil perzipierten kommunistischen Systeme in so kurzer Zeit sang- und klanglos verabschiedeten, war, wie angedeutet, nicht zuletzt auf den Verlust des ideologischen, politischen und sicherheitspolitischen sowie militärischen Rückhalts durch die sowjetische Führung bedingt, nimmt man die äußeren Bedingungen dieses Entwicklungsprozesses in Augenschein. Eine schnelle und dramatische Konsequenz des von Gorbatschow und seinem Außenminister Eduard Schewardnadse propagierten „neuen Denkens" in der Außenpolitik bestand also in der Diffusion der Hegemonie der Sowjetunion in ihrem ostmitteleuropäischen und

Sicherheitspolitische Konsequenzen

südosteuropäischen Vorfeld und damit fast zeitgleich im schnellen Zerfall des Kommunismus in den betreffenden Ländern. Die Art und Weise des Zerfalls der Systeme in Ostmittel- und Südosteuropa verwies auf den schon angedeuteten brüchigen Charakter der politischen Herrschaft in diesen Ländern. Ohne die Drohung, die die Breschnew-Doktrin enthielt - sie war nach der Intervention gegen die mit dem „Prager Frühling" eingeleiteten Systemveränderungen in der Tschechoslowakei im Jahre 1968 als nachträgliche Legitimation aufgestellt worden und stellte jedem Land den Einmarsch der Streitkräfte der „Bruderstaaten" in Aussicht, wenn die Abweichungen vom vorgegebenen Modell zu groß erschienen -, konnte sich das kommunistische System nicht mehr halten. Der vielfach (bis auf Polen und Ungarn) fast übergangslose Machtverfall der kommunistischen Parteien verdeutlichte retrospektiv in krasser Weise, wie sehr sie der militärischen Stützung und Absicherung durch die Moskauer Führung sowie der ständigen Gewaltandrohung bedurft hatten.

Nach der inneren Emanzipation der sowjetischen Verbündeten bestand der nächste logische Schritt in der äußeren Souveränisierung. Dies bedeutete zuvorderst den Abzug der Roten Armee aus den betreffenden Ländern. In der Tat handelten bis Ende 1990 alle Warschauer-Pakt-Verbündeten mit Moskau die Modalitäten des Abzugs aus.

Aus dem Verschwinden des Kommunismus in Ostmitteleuropa resultierte sogar die Verflüchtigung eines ganzen Staates, nämlich der DDR, durch die Vereinigung mit der Bundesrepublik. Diese Fusion, bezüglich ihrer internationalen Aspekte und Implikationen bei den Zwei-plus-Vier-Gesprächen ausgehandelt, fand zu „westlichen" Bedingungen statt, d.h. u. a. unter Einbeziehung Ostdeutschlands in die Struktur der NATO.

Die auch formale Auflösung des Warschauer Pakts und des Rats für Gegenseitige Wirtschaftshilfe (RGW) im Juni und Juli 1991 war die schon nurmehr institutionelle Konsequenz der inneren und äußeren Resouveränisierung der mittel- und osteuropäischen Staaten und Verbündeten der Sowjetunion. Sicherheitspolitisch war damit ein weitreichender Wandel in Mitteleuropa verbunden. (Forndran/Pohlmann 1993; Gärtner 1992; Knapp/Krell 1996; Plate 1994) Die Sowjetunion hatte de facto auf ihr ostmitteleuropäisches Vorfeld verzichtet und mit ihrer Einwilligung, das Gebiet der früheren DDR in die NATO einzugliedern, sogar einen Teil ihres ehemaligen Einflußgebietes an den früheren Gegner abgetreten. Teils geschah dies, weil der reale Gang der Ereignisse in Ostmitteleuropa und in der DDR der sowjetischen Führung keine Wahl ließ, wollte man nicht zu militärischen Mitteln greifen, um den einmal in Gang gesetzten Prozeß zu stoppen. Teils waren die Konzessionen auf die veränderten Grundlagen sowjetischer Außenpolitik zurückzuführen, ein von Schewardnadse tituliertes „neues Denken", definiert als eine „ganzweltliche Sicht", eine Überwindung des Blockdenkens und eine gesamteuropäische Kooperation unter möglichst weitgehender Zurückdrängung militärischer Faktoren. Die Voraussetzungen für diesen Wandel waren bereits in den politischen Veränderungen nach dem Tode Leonid Breschnews zu erkennen gewesen, unter dem Eindruck des Niedergangs der Sowjetunion in ökonomischer Hinsicht und der Einsicht in die Unmöglichkeit, den Rüstungswettlauf gegen die USA gewinnen zu können. Wie Schewardnadse formulierte, sollte die Sowjetunion mit Hilfe der neuen Außenpolitik in die „Gemeinschaft der zivilisierten Völker" zurückgeführt werden. (Schewardnadse 1991; Diehl 1993) Gorbatschow und sein Außenminister konnten sich mit dieser Sicht der Dinge auf dem KPdSU-Parteitag im Juni 1990 nur mit Mühe und unter Hinweis auf westliche Konzessionen, die versprochene Änderung der Strategie der NATO sowie künftige Kooperationsbeziehungen mit dem Westen gegen diejenigen durchsetzen, die in der Politik des Generalsekretärs einen Verlust an Sicherheit und insbesondere in der Preisgabe der DDR an die BRD und ihre

Sicherheitspolitische Konsequenzen

Eingliederung in die westliche Allianz den Anfang vom Ende des Weltmachtstatus der Sowjetunion sahen. Westliche Staatsführer hatten selbst alle Überredungskünste ausgespielt, um die sowjetische Führung davon zu überzeugen, daß die Souveränisierung Ostmitteleuropas sowie die Vereinigung der DDR mit einer in der NATO integrierten Bundesrepublik keinen Verlust für Moskau darstellten.[3]

Die meisten ostmitteleuropäischen Staaten konnten damit überhaupt zum ersten Mal seit ihrer Gründung von real existierender nationaler Sicherheit sprechen. Erst Anfang der neunziger Jahre wurden freie Dezisionen über nationale Sicherheitsbelange möglich, wenn Sicherheit als innere und äußere Entscheidungsfreiheit definiert wird.

Im Sinne einer Diffusion militärischer Bedrohung erhöhte sich auch die Sicherheit der Sowjetunion. Die NATO betonte, man sähe in der Sowjetunion keine militärische Bedrohung und keinen Feind mehr. Der Westen, insbesondere die USA und die Bundesrepublik Deutschland, setzten sich ab Sommer 1990 verstärkt für eine Reintegration Rußlands in die westlichen ökonomischen und politischen Strukturen ein. Dies entsprach den Erwartungen, die Gorbatschow und Schewardnadse gegenüber dem Westen hegten. In diesem Zusammenhang erklärten sich westliche Staaten, und hier wieder vor allem die Bundesrepublik, zu erheblichen materiellen und finanziellen Hilfsleistungen bereit. (Heitland 1992: 387-394; Schröder 1991: 326-335)

---

3 Fünf Jahre später wähnt sich Gorbatschow dann auch angesichts der Debatte in der NATO über eine Erweiterung der Allianz auf ehemalige Verbündete der Sowjetunion betrogen und polemisiert bei allen Gelegenheiten dagegen. Tatsächlich ist kaum vorstellbar, daß es zu einer derart schnellen Zustimmung zur deutschen Einheit und zu solchen Konzessionen gegenüber dem Westen wie gegenüber den ostmitteleuropäischen Ländern gekommen wäre, hätte man von westlicher Seite derartiges proklamiert. In den Zwei-plus-Vier-Vereinbarungen wurde sogar ein militärischer Sonderstatus für das Gebiet der ex-DDR festgelegt.

Diese Entwicklung stellte einen Höhepunkt in der Demilitarisierung und der Debipolarisierung Europas dar. In bislang beispiellosen Vereinbarungen wurde die Reduzierung der atomaren Waffenarsenale um zwei Drittel und eine drastische Verringerung auch der konventionellen Streitkräfte in Europa beschlossen. Demilitarisiert wurde auch der Begriff und das Verständnis von Sicherheit selbst. Nicht mehr militärische Bedrohungen wurden nunmehr in erster Linie als Sicherheitsproblem gesehen, sondern wirtschaftliche, soziale, ökologische, politische usw. Faktoren der Destabilisierung der Übergangsgesellschaften. In den nationalen und internationalen Sicherheitspolitiken fand eine entsprechende Verlagerung der Prioritäten statt. In höherem Maße als bisher wurde Sicherheitspolitik internationalisiert und auf zivile Institutionen wie die Konferenz für Sicherheit und Zusammenarbeit in Europa (KSZE, seit 1995 Organisation für Sicherheit und Zusammenarbeit in Europa - OSZE), Europarat, Europäische Gemeinschaft und Vereinte Nationen verlagert.[4]

2 Der Zusammenbruch der Sowjetunion als Staat

Nach wie vor wird die Frage debattiert, ob die Auflösung der Sowjetunion sogar notwendig bzw. sinnvoll war bzw. ob sie aufzuhalten gewesen wäre. M.E. war nach dem Wegfall der einigenden ideologischen und politischen Klammer des Kommunismus und damit auch der kommunistischen Partei infolge Perestroika, Glasnost sowie ihren ideologischen und politischen Weiterungen der Zusammenbruch der Sowjetunion als Staat eine logische Folge insofern, als alternative Integrationspotentiale in ungenügendem Maße vorhanden waren. Weder gab es „negative" An-

---

4 Das empfahl u. a. die NATO selbst z. B. in: Erklärung der NATO-Gipfelkonferenz in London vom 6. Juli 1990; in: Bulletin vom 10.7.1990, Nr. 90, S. 777-779.

Sicherheitspolitische Konsequenzen 161

reize oder Strategien, etwa durch das Konzept einer fundamentalen äußeren Bedrohung; noch gab es „positive" Impulse, weil entsprechende ökonomische Mechanismen, materielle Leistungspotentiale und Verteilungsressourcen fehlten. Teilweise mit den vorgenannten Faktoren zusammenhängend, teilweise aber auch aus autochthonen Motiven, kam dazu der Wunsch nach Selbstbestimmung durch Eliten in diversen Republiken der Sowjetunion.

Angesichts der Eskalation in Jugoslawien konnte man hinsichtlich des Zusammenbruchs der Sowjetunion sogar von Glück sprechen. Die Entwicklung im Sommer 1991 hing nicht zuletzt von den persönlichen Rivalitäten in Moskau, von den Machtansprüchen und politischen Konzeptionen Gorbatschows und Jelzins ab. Der gescheiterte Putsch im August 1991 spielte in dieser Auseinandersetzung und in ihrem Ausgang eine wesentliche Rolle. Wären die Putschisten erfolgreich gewesen oder wäre es gelungen, eine wie auch immer „erneuerte" Union mit nur beschränkten Souveränitätsrechten der einzelnen Republiken zu etablieren, um zu versuchen, diese Union gegen die Souveränisierungsansprüche der Republikseliten zu verteidigen, hätte eine „Jugoslawisierung" der Sowjetunion wohl kaum verhindert werden können. Was mit den Interventionen in den baltischen Staaten Anfang 1991 und bereits zuvor mit militärischen Interventionen in Baku (Aserbaidschan) und Georgien begonnen hatte, hätte sich, wenn die zentralistischen Kräfte in Moskau durchgekommen wären, verstärkt fortgesetzt. Wegen der fehlenden Integrationspotentiale in der Union in ökonomischer und politischer Hinsicht wäre als Integrationsfaktor nur Militär und militärische Gewalt geblieben. (Die Differenzen und die Auseinandersetzung zwischen Gorbatschow und Jelzin können "im Original" nachgelesen werden bei: Gorbatschow 1992; Jelzin 1991; ferner bei: Leonhard 1994.)

Mit der Resouveränisierung bzw. Souveränisierung aller Sowjetrepubliken außerhalb Rußlands im Jahre 1991 wurde die zweite Dimension einer völlig veränderten sicherheitspolitischen Konstellation in Europa Wirklichkeit. Das von Moskau aus beherrschte Territorium schrumpfte um ein Drittel auf eine Größe, von der ausgehend vor 350 Jahren die Zaren zu ihrer Expansion angesetzt hatten. Die Bevölkerung des russischen Staates zählt mit etwa 150 Millionen Menschen nur etwas mehr als die Hälfte der früheren Sowjetunion. Rußland ist nach wie vor das größte Land der Welt. Stellt man sein ökonomisches Potential in Rechnung, wird gleichwohl deutlich, daß es sich nicht mehr um eine Supermacht handelt, sondern um einen der größeren europäischen Staaten. Rußland „gehört" nicht mehr halb Europa und steht dem Rest Europas auch nicht mehr als potentielle Vernichtungsmacht gegenüber. Der Aktionsradius der Moskauer Außen- und Sicherheitspolitik hat sich drastisch eingeschränkt und verändert. Mit den souveränen Sowjetrepubliken im Westen und im Süden sowie mit dem Wegfall seines ostmitteleuropäischen Vorfelds hat Moskau mit einem völlig veränderten Umfeld zu tun.

Auf den ersten Blick unlogisch erscheint, daß eine weitere Konsequenz des Zusammenbruchs der Sowjetunion als Staat in der anfangs noch zaghaft, dann immer nachdrücklicher erhobenen Forderung politischer Kräfte in ostmitteleuropäischen Staaten ab dem Jahre 1992 bestand, in die NATO integriert zu werden; unlogisch deswegen, weil sich die potentielle militärische Bedrohung durch Moskau weiter verringert hatte. Zwar wurde diese Forderung auch schon auf dem Visegrád-Treffen im Frühjahr 1991 erhoben, doch war damit eine wesentlich andere Konnotation verbunden. (In der nordungarischen Stadt Visegrád trafen sich im Februar 1991 Repräsentanten Polens, der Tschechoslowakei und Ungarns mit dem Ziel, auf Basis gemeinsamer Interessen, Strategien und Politik abzustimmen und kooperativ zu vertreten. Zu den Ergebnissen dieses Zusammentreffens siehe: Meier 1994: 254-262.).

Sicherheitspolitische Konsequenzen 163

Bis zur Auflösung der Sowjetunion war die Forderung nach Annäherung an die NATO auf eine gesamteuropäische, die Sowjetunion inkludierende Sicherheitsintegration gerichtet gewesen. Nach dem Zusammenbruch bekam die Forderung vor allem ostmitteleuropäischer, aber auch baltischer Staaten nach NATO-Aufnahme eine zunehmende Tendenz der Abgrenzung von Rußland bzw. von den Republiken der ehemaligen Sowjetunion. Allerdings stand auch im Jahre 1992 nicht etwa die Angst vor einer militärischen Reimperialisierung Rußlands als Motiv im Vordergrund. Vielmehr trugen Ängste vor den Folgen des Auseinanderbrechens des einheitlichen Staatsgebildes der UdSSR, Ängste vor einem ökonomischen Desaster, vor sozialen Katastrophen und vor Migrationsbewegungen aus dem Osten dazu bei, sich unter den Schutz der westlichen Verteidigungsallianz stellen zu wollen. (Kiss 1990: 401-404; "Prager Thesen" 1991: D. 253-254; Skubiszewski 1991: 351-357; Timmermann 1992; Wettig 1993)

Eine weitere sicherheitspolitisch bedeutsame Konsequenz des Zerfalls der UdSSR bestand in neuen Denkansätzen bezüglich europäischer Sicherheitsentwicklungen innerhalb der NATO. Auch die NATO war bis zum Zusammenbruch der Sowjetunion vom Konzept einer zukünftigen gesamteuropäisch-integrativen Sicherheitsentwicklung und Politik ausgegangen.[5] Die Auflösung der Sowjetunion und der damit erfolgte Zusammenbruch einer Weltmacht erlaubte neue Denkmodelle, die zuvor außerhalb des Vorstellungshorizonts westlicher Politiker und Militärs gelegen hatten. Die Idee einer Ausdehnung der NATO über die bisherigen Mitglieder im Westen Europas hinaus auf Länder, die früher dem Warschauer Pakt angehört hatten, wurde teilweise stimuliert durch die von Eliten dieser Länder erhobenen Forderungen nach einer Einbeziehung in das westliche Verteidigungsbündnis. Sie

---

5 Vgl. z. B. die Beiträge der Vertreter westlicher (u. a. der NATO) und östlicher Institutionen und Länder in: The Prague Conference on the Future of European Security, (25.-26.4.1991) Prag 1991.

wurde aber auch stimuliert und motiviert durch die Legitimitätskrise, in die die NATO mit dem Wegfall ihres Gegenübers, der Sowjetunion, geraten war. Diese Legitimitätskrise wurde in dem Augenblick virulent, da der Gegner, der einen konstitutiven Faktor für die Gründung und die Entwicklung der westlichen Allianz dargestellt hatte, nicht mehr vorhanden war. Solcherart wurde ein Kontext begründet zwischen der Diffusion sowjetischer Hegemonie und Bedrohung, Reduktion der perzipierten Sinnhaftigkeit des westlichen Militärbündnisses und daraus resultierender Suche nach neuer Legitimität. Vor allem in den Jahren 1991 und 1992 versuchte die NATO, ihre Weiterexistenz mit dem Hinweis auf ökonomische, ökologische, politische, fundamentalistische und andere Gefährdungen, wie Terrorismus und Proliferation, zu begründen sowie ihre militärische Schlagkraft der UNO und der KSZE für friedenserhaltende bzw. -schaffende Maßnahmen anzubieten. (Wellershoff 1993; Wörner 1991: 61-70) Allerdings vermittelten die Eskalation der Krise in ex-Jugoslawien, die jahrelange Unfähigkeit der NATO, eine gemeinsame Krisenstrategie zu entwickeln, dann auch noch operative Diskrepanzen zwischen NATO und UNO den Eindruck, daß die bisherigen Versuche einer Begründung für die Weiterexistenz der NATO nicht weit trugen. Vor diesem Hintergrund veröffentlichten Parlamentarier der Nordatlantischen Versammlung im September 1993 eine Studie, deren Fazit war, ohne eine grundlegende Änderung der Strategie der NATO wäre die Allianz überflüssig und zum Tode verurteilt. Die Allianz müßte unverzüglich auch außerhalb ihres Vertragsgebietes tätig werden und vor allem die Stabilität in Mittel- und Osteuropa sichern. (Dokumente 1994: D 99 ff.) Auf der 39. Sitzung der Nordatlantischen Versammlung in Kopenhagen vom 8.-11. Oktober 1993 sprachen sich Vertreter der Mitgliedsländer der Allianz in einer Entschließung dafür aus, die „Vision eines vergrößerten Bündnisses zu entwerfen", „Fristen und Bedingungen für den Beitritt" weiterer Staaten zum

Sicherheitspolitische Konsequenzen

Bündnis und „Verfahren" für einen solchen Beitritt festzulegen. (Entschließung Nr. 244 über den NATO-Gipfel und die NATO-Erweiterung 1994) Die Osterweiterung der NATO um drei oder vier ostmitteleuropäische Nachbarstaaten erschien mehr und mehr als Aufgabe, die sicherheitspolitisch anspruchsvoll, militärisch aufwendig und politisch diffizil genug war, um der NATO eine wirkliche Herausforderung zu bieten.

Einen nicht unwesentlichen Beitrag zu dieser Idee der Osterweiterung leistete ein Teil der politischen Elite der Bundesrepublik Deutschland. Der stärker in Kategorien der *nationalen* Sicherheit und der traditionellen Verteidigung gegen einen potentiellen Feind aus dem Osten denkende Flügel formulierte das Anliegen, die Bundesrepublik sollte nicht weiterhin die Ostgrenze der westlichen Verteidigungsallianz darstellen. Gleichzeitig verband sich dieser Ansatz mit dem Gedanken einer Ausdehnung der „Wertegemeinschaft des Westens" auf die „neuen Demokratien" im Osten. Die Gegner dieser Politik sprachen von einer Renationalisierung und erneuten Remilitarisierung des Sicherheitsdenkens in Europa sowie einer politisch und militärisch möglicherweise erneuten Zweiteilung des Kontinents. (Maier 1993)

Praktisch werden konnten solche Vorstellungen jedenfalls nur vor dem Hintergrund des Zusammenbruchs der Sowjetunion als Staat und der drastischen Einschränkung der Möglichkeiten Moskaus, wirksame Gegenmaßnahmen aufbieten zu können. Auch ist kaum vorstellbar, daß eine Mehrheit in der NATO die Aufnahme Polens in das Bündnis befürworten würde, wenn dies die Verlegung der Grenze des westlichen Verteidigungsbündnisses unmittelbar an die sowjetische Grenze bedeutete. Erst die Existenz des „Puffers" Weißrußlands und der Ukraine sowie der baltischen Staaten eröffnet diese Möglichkeit, wobei die an Polen grenzende russische Exklave Kaliningrad, wo russische Truppen konzentriert sind, noch genügend Probleme aufwirft. (Bingen 1993)

Ende 1989 und dann im Verlauf der Zwei-plus-Vier-Gespräche im Jahre 1990 hatten die amerikanische und die deutsche Staatsführung den sowjetischen Spitzenpolitikern versichert, man werde es auf keinen Fall militärisch ausnutzen, wenn Moskau sich aus Mitteleuropa zurückzöge. Die Bundesrepublik und der Westen hatten sogar auf eine zukünftige Stationierung ausländischer Truppen und Atomwaffen auf dem Gebiet der ehemaligen DDR verzichtet, das als Teil der Bundesrepublik in die NATO einbezogen werden sollte. In dem Maße aber wie die militärischen Potenzen Moskaus schwanden, wurde offenbar doch die Versuchung im Westen größer, die eigenen Positionen auch militärisch-territorial abzusichern und auszuweiten.

Mit dem Zusammenbruch der Sowjetunion war faktisch auch das Verteidigungssystem Moskaus zusammengebrochen. Insbesondere die strategischen Einrichtungen waren in dem Republikengürtel rund um Rußland stationiert. Diese Systeme waren mit der Souveränisierung der 14 nichtrussischen Republiken nurmehr sehr eingeschränkt nutzbar und mußten völlig neu organisiert bzw. nach Rußland zurückverlegt werden. Da die Rote Armee in ihre Republiksbestandteile aufgegliedert wurde, sah man sich veranlaßt, überall erst wieder integrierte Armeekörper zu schaffen.(Schlichting/Wallner 1992) Nachdem es sich als unmöglich herausgestellt hatte, eine gemeinsame konventionelle Verteidigung für das Gebiet der ehemaligen Sowjetunion zu etablieren, wurde im April 1992 in Moskau der Beschluß gefaßt, eine eigenständige russische Armee aufzubauen. Desgleichen machten sich die politischen Führungen der nun selbständigen Republiken daran, neue Armeen, vorrangig aus den Restbeständen der Republikteile der Roten Armee, um die in der Folgezeit auch noch gestritten wurde, zu etablieren. Daraus resultierten politische Spannungen unterschiedlichster Art. Sie wurden noch verschärft durch den Streit um die Rückführung nuklearer Waffen, die nunmehr auf vier ehemalige Sowjetrepubliken aufgeteilt waren, nach

Sicherheitspolitische Konsequenzen 167

Rußland. Hinzu kamen Friktionen, die aus der Auflösung des integrierten ökonomischen Gebietes der Sowjetunion resultierten. Darüber hinaus gab die nunmehrige Existenz von etwa 25 Millionen Russen in nichtrussischen Republiken, wo sie nun als Minderheiten z. T. um einen akzeptablen Status kämpfen mußten, Anlaß zu Befürchtungen.

Vor diesem Hintergrund wurde vor allem in Ostmitteleuropa zur Begründung der Forderung nach Aufnahme in die westliche Allianz darauf verwiesen, daß auf dem Gebiet der ehemaligen Sowjetunion die ökonomischen, politischen und militärischen Spannungen wüchsen.

Befürchtungen resultierten indes sukzessive auch aus Ambivalenzen der 1992 und 1993 neu entwickelten russischen Außen-, Sicherheits- und Verteidigungspolitik. Die Besonderheit der Beziehungen Rußlands zu den ehemaligen Sowjetrepubliken, die spezifischen Probleme, die aus der Auflösung der Sowjetunion in ökonomischer, politischer wie sicherheitspolitischer Hinsicht erwuchsen, sowie die teilweise hohen Anteile russischer Bevölkerungsgruppen in den anderen Republiken veranlaßten die Moskauer Führung, die vordem sowjetischen Gebiete außerhalb Rußlands zum Gebiet besonderen Interesses zu erklären. Dies schlug sich in der außen- und sicherheitspolitischen Debatte in der Konstruktion eines „nahen" und „fernen Auslands" nieder. Diese Konstruktion bildete auch einen fundamentalen Bestandteil der im Jahre 1993 veröffentlichten Militärdoktrin. (Grundbestimmungen 1994: D 31 ff.)

Die Konstruktion eines „nahen Auslands" hatte von Beginn an einen ambivalenten Charakter. Einerseits beinhaltete sie den beschriebenen rationalen Kern der besonderen Problematik und des besonderen Verhältnisses Rußlands in Beziehung zu den früheren Sowjetrepubliken. Sie beinhaltete darüber hinaus das durchaus rationale und begründete Anliegen, die Republiken der früheren Sowjetunion aufgrund des über Jahrhunderte gewachsenen Verhältnisses auf einer neuen Basis zu integrieren. Auf der anderen Seite wurde auf den potentiell imperialen Anspruch verwiesen, den dieses Konzept implizierte. Insbesondere die von der Moskauer Führung betonte Möglichkeit, sich im „nahen Ausland" Interventionen zugunsten der russischen Bevölkerungsgruppen vorzubehalten, wenn dies notwendig würde, wurde nicht zuletzt in den baltischen Staaten als Drohung aufgefaßt. (Meissner/ Loeber/Hasselblatt 1994)

Die Dynamik der sicherheitspolitischen Diskussion in einigen ex-Sowjetrepubliken und fast allen ostmitteleuropäischen Ländern wurde durch diese Entwicklung in Rußland beschleunigt. So bewirkte auch die Auflösung der Sowjetunion unter unterschiedlichen Aspekten und mit divergierenden Motiven die Debatte über die Erweiterung der NATO.

Eines der noch nicht erwähnten (und empirisch schwerer faßbaren) Motive in den ostmitteleuropäischen Ländern bestand indes auch darin, die Aufnahme in die NATO als innenpolitisches Mittel der Legitimitätsgewinnung zu nutzen. Diesbezüglich kamen unterschiedliche Varianten ins Spiel, in Polen z. B. die im Wahlkampf gegen den politischen Gegner gerichtete Strategie, ihm mangelnde Zuverlässigkeit zu unterstellen, das Land in den Westen integrieren zu wollen (das Agieren von Präsident Lech Walesa gegen die postkommunistischen Sozialdemokraten, denen ab Frühjahr 1993 gute Chancen auf einen Sieg bei den im Herbst anstehenden Parlamentswahlen prognostiziert wurden). Eine generellere Spielart stellt der Versuch dar, von den zunehmenden ökonomischen und sozialen Problemen sowie der damit verbundenen Delegitimation herrschender Eliten durch außenpolitische Großtaten und Strategien abzulenken (das „Jahrhundertprojekt", Polen zu einem wichtigen europäischen Bestandteil der größten und mächtigsten Militärorganisation der Welt zu machen). Dies geht zusammen mit dem Anliegen, über die Zugehörigkeit zu einem machtvollen Militärblock der eigenen Position zusätzliche

Potenz zu verleihen. Die frühere polnische Ministerpräsidentin Suchocka formulierte unmißverständlich, der Beitritt ihres Landes zur NATO diene dem Ziel, Polen den ihm zustehenden Platz in Europa zu verschaffen.[6] Darüber hinaus spielt ganz generell der Wunsch eine Rolle, eine neue und eindeutige „westliche" Identität zu finden. László J. Kiss z. B. spricht von einer jahrhundertelangen "doppelten Peripherisierung" Ungarns (Peripherie des Westens wie des Ostens), die nun endgültig zugunsten einer vollständigen Westintegration zu beenden sei. (Kiss 1993: 563-579) Bis 1992 war die Europäische Gemeinschaft Projektionsobjekt dieser Identitätssuche, der man durch institutionelle Einbindung gerecht werden wollte. (Kiss 1990) Die Erfüllung solcher Hoffnungen hatte die EG bzw. hatten Politiker von EG-Mitgliedsstaaten selbst in Aussicht gestellt. Jacques Delors, zu dieser Zeit Kommissions-Präsident, hatte vor dem Europäischen Parlament bereits im November 1989 davon gesprochen, die Gemeinschaft würde eines nicht fernen Tages 20 oder 22 Mitglieder haben. Als der polnische Staatspräsident Lech Walesa im April 1991 Frankreich besuchte, versprach François Mitterand eine baldige, nach Inkraftsetzung des EG-Binnenmarkts zu erreichende Mitgliedschaft Polens in der Gemeinschaft. Der ungarische Ministerpräsident József Antall hielt die Aufnahme seines Landes als Vollmitglied im Jahre 1995 für realistisch. Diese Euphorie verflog allerdings rasch, und im Jahre 1993 machten das Europäische Parlament wie die EG-Kommission in unmißverständlichen Formulierungen deutlich, eine baldige Aufnahme ostmittel- und osteuropäischer Länder in die Gemeinschaft käme nicht in Frage. Daraufhin wurde die NATO von westlicher Seite als „Ersatz" für die versprochene EG-Integration ins Spiel gebracht, während auf östlicher Seite die Aufnahme in

---

6 Dies wurde von der ehemaligen Ministerpräsidenten mehrfach wiederholt, u. a. anläßlich eines Vortrags auf der Jahrestagung der Deutschen Gesellschaft für Osteuropakunde in Passau am 6. Oktober 1994.

die NATO zum primären Faktor der Identitätsgewinnung qua institutioneller Westbindung avancierte. Auf westlicher Seite kam außerdem ein Motiv ins Spiel, das empirisch ebenso bestenfalls indirekt nachweisbar ist. Nach der Auflösung des Warschauer Pakts und der Sowjetunion stellte sich die Frage, wer die Reorganisation der Armeen der ehemaligen Sowjet-Verbündeten mit übernehmen sollte. Unterstrichen wurde die zukünftige Bedeutung dieser Frage ganz praktisch bereits im Oktober 1991, als die Budapester Führung, nachdem zwei Bomben aus jugoslawischen Flugzeugen auf ein ungarisches Grenzdorf gefallen waren, in Moskau zwei Dutzend MIG-29-Flugzeuge bestellte. Die Herstellung militärischer Kompatibilität, die längerfristig im Zuge einer NATO-Osterweiterung für nötig erachtet wird, impliziert einen anhaltenden Auftragsschub für die seit Mitte der achtziger Jahre erhebliche Einschränkungen beklagende westliche Rüstungsindustrie und damit zugleich steigende Chancen auf eine fortdauernde technologische Spitzenstellung westlicher Konzerne in diesem Bereich.

3 Der Aufstieg Deutschlands

Generell ist das Gewicht europäischer Staaten und Institutionen in Europa nach dem Ende der Bipolarität gestiegen. Gleichzeitig ist die Bedeutung ökonomischer, sozialer und politischer Faktoren gegenüber militärischen gewachsen. Die weitere Entwicklung des Verhältnisses von zivilen zu militärischen Faktoren hängt freilich von der Politik und der Entwicklung der bestimmenden europäischen und außereuropäischen Mächte ab. Je nachdem, ob sich Rußland demokratisch oder diktatorisch, autarkistisch oder nach außen offen, expansiv oder integrativ entwickelt, wird sich auch das Verhältnis zwischen „zivilen" und militärischen Komponenten in der Sicherheitspolitik und -entwicklung Europas darstellen.

Sicherheitspolitische Konsequenzen

Umgekehrt werden der „russische Faktor" und die gesamteuropäische Entwicklung beeinflußt davon, ob und wie sich die Politik der NATO und westlicher Mächte integrativ oder exklusivistisch, assoziativ oder dissoziativ verhält. Von diesen Konstellationen und Entwicklungen hängt mit anderen Worten ab, wie europäisch Europa wird. Es handelt sich um einen Prozeß, in dem Außenpolitiken aufeinander einwirken, wobei, wie bereits ausgeführt, die auf die Außenwelt gerichteten Perzeptionen, die Strategieformulierung und die Umsetzung in die Praxis wesentlich auch von endogenen Faktoren determiniert werden.

Zieht man Mitteleuropa in Betracht, dann ist festzuhalten, daß der Zusammenbruch der Sowjetunion Deutschland erheblich aufgewertet hat. Deutschland ist nicht nur durch die Vereinigung territorial größer und - ausgenommen Rußland - zum bevölkerungsreichsten Land in Europa geworden. Es ist zu dem geworden, was sich bereits in den siebziger und achtziger Jahren angekündigt hatte, aber aufgrund der bipolaren Determination Europas nur beschränkt zur Wirkung gelangte: zum ökonomischen, politischen und kulturellen Magneten und Kristallisationspunkt in Mitteleuropa. Zugleich verändert dieser Tatbestand, zusammen mit den Umwälzungen im Ostteil Europas, in erheblichem Maße die gesamteuropäische Machtkonstellation. Schon die Titel von nach der Vereinigung von BRD und DDR dazu veröffentlichen Büchern widerspiegeln die damit verbundenen Erwartungen und Ängste. (Bahr 1991; Bischoff/Menard 1992; Hacke 1993; Rühe 1994; Schwarz 1994)

Seit Jahrhunderten hat es eine eigenartige, einmal kooperative, einmal gegensätzliche Symbiose zwischen Deutschland bzw. seinen Vorläufern und Rußland bzw. der Sowjetunion gegeben. (Herm 1990) Diese Dynamik beinhaltete eine bis in die neueste Zeit nur vergleichsweise kurzfristig unterbrochene Rivalität und ein Hegemoniestreben, was auch lange Phasen der Kooperation - die polnischen Teilungen ab 1772, gegen Frankreich gerichtete

Zusammenarbeit, Zusammenwirken von Reichswehr und Roter Armee in der Weimarer Republik u. a. - nicht ausschloß. Das vorrangige Objekt gemeinsamer Begierde war logischerweise der Raum zwischen ihnen, also Ostmittel- und Südosteuropa. Der Zusammenbruch des Deutschen und des Russischen Reichs im Ersten Weltkrieg sowie die nationale Idee und der Kampf dafür ließen den Raum zwischen Deutschland und Rußland nach 1918 in völlig neuer Form wiedererstehen, und es dauerte nicht lange, bis die beiden Mächte ihn wieder aufteilten. Die Niederlage Deutschlands im Zweiten Weltkrieg bot - unfreiwillig - dem machtpolitischen Erzrivalen Sowjetunion überhaupt erst die Möglichkeit, sich Ostmitteleuropas inklusive eines Teils Deutschlands zu bemächtigen. Unter rein machtpolitischen Aspekten betrachtet, ist es nun umgekehrt. Die Niederlage der Sowjetunion im Kalten Krieg gibt Deutschland die Möglichkeit, zum ökonomischen, politischen und möglicherweise auch sicherheitspolitischen Hauptfaktor in Ostmitteleuropa zu werden.

Nach dem Zweiten Weltkrieg wurde die Sowjetunion in nur fünf Jahren zur ökonomisch, politisch, militärisch und kulturell dominanten Macht in diesem Raum. Innerhalb von fünf Jahren nach dem Zusammenbruch der Sowjetunion ist es genau umgekehrt. Zumindest tendenziell kann man von einer ökonomischen und kulturellen Hegemonie Deutschlands sprechen. Deutschland ist der bei weitem größte Investor im Raum zwischen sich und Rußland. Mehr als die Hälfte des gesamten Handels der Europäischen Union mit Osteuropa wird von Deutschland realisiert. Bei der Neugestaltung der Rechtsverhältnisse in den ehemals kommunistischen Ländern steht die Rezeption des deutschen Rechts an erster Stelle. Bulgarien z. B. hat das deutsche Handelsgesetzbuch ins Bulgarische übersetzt und im wesentlichen unverändert übernommen. Die deutsche Beratungshilfe auf den unterschiedlichsten Gebieten (von der Privatisierungsberatung durch ehemalige Treuhand-Mitarbeiter bis zur Beratung bei der Wahlgesetzge-

Sicherheitspolitische Konsequenzen 173

bung und der Wahlkampfführung durch deutschen Parteien nahestehende Stiftungen) übertrifft alles, was andere Staaten zusammengenommen organisieren. Über Sprachkurse, Kooperation zwischen wissenschaftlichen Institutionen bis hin zu Kursen, die deutsche Ministerien für ihre osteuropäischen Kollegen veranstalten, schafft sich die Bundesrepublik in Ostmitteleuropa ein Umfeld, auf dem es für deutsche Unternehmer, Institutionen, Diplomaten etc. durch von zuhause bekannte Rechtsgrundlagen sowie exzellente personelle Verbindungen die entsprechenden Voraussetzungen für ein Engagement etabliert. (Vgl.: Die Beratung Mittel- und Osteuropas beim Aufbau von Demokratie und sozialer Marktwirtschaft - Konzept und Beratungsprogramm der Bundesregierung - Fortschreibung 1995. Veröffentlichung des Bundesministeriums für Wirtschaft, Nr. 371, Bonn 1995. - Darüber hinaus: Wirtschaftsbeziehungen mit Mittel- und Osteuropa. Veröffentlichung des Bundesministeriums für Wirtschaft, Nr. 373, Bonn 1995.) Intensiv „beraten" werden nicht nur ostmitteleuropäische Länder, sondern auch Rußland, das als „Beratungsbeispiel" besonders signifikant ist: Vergleicht man die deutschen Direktinvestitionen mit der staatlichen „Beratungshilfe" für Rußland, stellt man mit Erstaunen fest, daß die Aufwendungen für letztere z. B. im Jahre 1994 erheblich höher waren als die Investitionen der vorangegangenen Jahre zusammengenommen. (Höhmann/Meier 1994: 10-13) Deutsche Direktinvestitionen in Rußland betrugen 1992: 14 Mio. DM, 1993: 31 Mio. DM, deutsche Beratungshilfe für Rußland 1994: 75 Mio. DM. - Allerdings stiegen die Investitionen im Jahre 1994 wieder auf mehr als 100 Mio. DM. Dies ist keineswegs allein auf eine von staatlicher Seite zu leistende „deutsche Bringschuld" aus deutsch-russischen Vereinbarungen im Zuge der Herstellung der deutschen Einheit im Jahre 1990 zurückzuführen. Mit den gewählten Prioritäten der Beratungsmaßnahmen werden einerseits von Rußland dringend benötigte Hilfen für die Transformation in Ökonomie und Administration geleistet und andererseits langfristig günstige Bedingungen für ein verstärktes deutsches Engagement und für den Ausbau deutsch-russischer Kooperationsbeziehungen geschaffen. Bei den Schwerpunkten handelt es sich um: - wirtschaftspolitische Beratung zur Schaffung von Rahmenbedingungen und zum Aufbau mittelständischer Strukturen und Unternehmen; - Hilfe zur betrieblichen Umstrukturierung, Privatisierung und Entflechtung; - Aufbau eines Steuer-, Zoll-, Versicherungs- und Bankensystems; - Beratung im Landwirtschaftsbereich; - Aus- und Weiterbildung im Bereich des Wirtschaftsrechts; - Hilfe beim Aufbau von Verwaltungsstrukturen; - flankierende Beratung in den Bereichen Arbeitsmarkt- und Sozialpolitik sowie Umweltschutz.

Zur Unterstützung der Koordinierung und Umsetzung der Beratungsmaßnahmen der Bundesregierung hat das BMWi die *Kreditanstalt für Wiederaufbau (KfW)* im September 1992 als Mandatar eingesetzt. Die wichtigsten Leistungen der Kreditanstalt für Wiederaufbau für Rußland Anfang des Jahres 1994 sind: - Beratung des russischen Wirtschaftsministeriums bei Gesetzentwürfen über Konzessionsrecht, Auslandsinvestitionen und Wirtschaftssonderzonen; - Beratung des russischen Finanzministeriums im Hinblick auf die Gestaltung des Wechselrechts; - Beratung der russischen Agentur für Kooperation und Entwicklung (RACID) in Sachen Rechts- und Verwaltungsvorschriften für humanitäre Hilfe; - Beratung der russischen Agentur für Konkurse bei der Verwaltung von Insolvenzangelegenheiten sowie bei der Ausbildung von Konkursverwaltern; - Mitwirkung bei der Entwicklung eines tragfähigen Konzepts für den zivilen Luftverkehr in Rußland; - Mitwirkung beim Aufbau eines leistungsfähigen Systems marktwirtschaftlicher Statistik; - Vorbereitung der Privatisierung der russischen Post. (Höhmann/Meier 1994: 13, 15)

Dies ist freilich keineswegs nur für Deutschland von Vorteil. Viele Ostmitteleuropäer sind nicht zuletzt deswegen auf Deutschland fixiert, weil sie von dieser Seite die besten Möglichkeiten

Sicherheitspolitische Konsequenzen

und Hilfen für die gewünschte Umstrukturierung und Neuausrichtung von Wirtschaft, Politik und Gesellschaft erwarten. Daß der Weg nach Europa über Deutschland führe, ist mittlerweile zum geflügelten Wort in der Region geworden. Gegenwärtig schallen dem deutschen Besucher in praktisch jeder osteuropäischen Hauptstadt, aus den Zeitungen wie aus den Gängen von Parlaments- und Regierungsgebäuden, Losungen entgegen, die, wie es ein Politikwissenschaftler in Budapest ironisch formulierte, in abgewandelter Form an die Zeiten nach 1948 erinnern: Von Deutschland lernen, heißt in Marktwirtschaft und Demokratie siegen lernen! Deutschland ist überall in den ehemals kommunistischen Staaten unübersehbar präsent, sei es in Tallinn beim Wiederaufbau von Kirchen, sei es in Skopje beim Aufstellen von Containern für abgelehnte und zurückgeführte Asylbewerber in Zigeunersiedlungen, sei es in Zagreb im „Café Bonn". Einige deutsche Politiker hätten, wie in Warschau ein Sozialwissenschaftler meinte, mittlerweile einen Kultstatus erreicht. In Polen sei man sich von den Konservativen um Walesa über die Intellektuell-Progressiven um Geremek bis zu den Postkommunisten um Kwasniewski einig, Helmut Kohl sei der beste und begnadetste Politiker, um Europa in eine lichte Zukunft zu führen.

Deutschland wird auch zunehmend sicherheitspolitisch zum Koordinator in Mitteleuropa. Bonn stellte in den vergangenen fünf Jahren wesentlich die Weichen für die europäische NATO-Politik und vor allem die Politik der NATO gegenüber Ostmitteleuropa. Ohne den Einsatz deutscher Politiker wäre es in der kurzen Frist seit Auflösung der Sowjetunion nicht so schnell, wenn überhaupt, zu einem Erweiterungsbeschluß der NATO in Richtung Osten gekommen. Dafür eingesetzt hat sich bereits seit dem Frühjahr 1993 der deutsche Verteidigungsminister Volker Rühe. (Rühe 1993; 1993 a)

Für Deutschland ist diese neue Rolle zweifellos ambivalent. Einerseits handelt es sich um eine notwendige und außerordentlich verdienstvolle Aufgabe, den Transformationsprozeß zu beschleunigen und Mittel- und Osteuropa in die bestehenden westeuropäischen und internationalen Strukturen zu integrieren. Andererseits nimmt Deutschland in zunehmendem Maße in dieser Region eine Führungsrolle ein, die gerade aufgrund seiner dominanten wirtschaftlichen Position, historischer Belastungen und bestehender Nationalismen prekär ist. Diese Rolle wird noch verstärkt durch Renationalisierungsprozesse und die Wiederkehr früherer Konfliktkonstellationen, die durch das Ende der nach dem Zweiten Weltkrieg bestimmenden Bipolarität auftreten und die z. B. Frankreich und Spanien zu größerem Engagement im Mittelmeerraum veranlassen. (Pradetto 1992; Pradetto/Sigmund 1993)

Darüber hinaus haben die Ökonomisierung der internationalen Strukturen, der zusätzlich bedingte Konkurrenzdruck und die dadurch bewirkten Anpassungsstrategien und -prozesse auch eine staatlich-machtpolitische Dimension. Die seit einigen Jahren einsetzende Debatte über „nationale Interessen" - keineswegs nur in Deutschland - ist Ausdruck nicht nur einer *De-Internationalisierung* der internationalen und europäischen Politik, sondern auch der Versuch, partikular-nationale Antworten auf eine intensivierte globale Wirtschaftskonkurrenz zu geben. Die Konsequenzen reichen bis zur verstärkten Orientierung staatlicher Nachrichtendienste auf Wirtschaftsspionage.

Gleichzeitig gilt es gerade unter diesen Gegebenheiten, als erster in jenem Raum präsent zu sein, der sich der Politik und der Wirtschaft nach dem Rückzug der Sowjetunion und dem Zusammenbruch des kommunistischen Systems als zu füllendes Vakuum darstellt, und u. a. künftige Märkte abzusichern. Untersuchungen über diesbezügliche Absichten und staatliche gelenkte bzw. initiierte Aktivitäten gibt es u. a. für das Land Sachsen-Anhalt und für Bremen. (Höpfner 1992: 490-496; Linke 1992: 504-512) Seine geographische Position, sein wirtschaftliches Potential, sein vergleichsweise großes Engagement sowie sein Prestige sehen

Sicherheitspolitische Konsequenzen

diesbezüglich Deutschland in einer vorteilhaften und prädestinierten Position.

Die Kompetenzzuweisung in Richtung Osten erfährt Deutschland nicht nur durch die eigenen Politiker und Unternehmer („unsere Erfahrungen mit der Transformation der ex-DDR an die neuen Demokratien weiterleiten", „neue Märkte erschließen") sowie von osteuropäischer Seite. Die politische Führung der Vereinigten Staaten von Amerika hat unmißverständlich klargemacht, daß sie allein Deutschland zutraut, die notwendigen europäischen Integrationsschritte zu setzen und Osteuropa an Westeuropa anzubinden. (Smyser 1992)

Indes haben die letzten Jahre auch bewiesen, daß Deutschland keineswegs fähig ist, eine internationale politische Führungsrolle zu übernehmen. Nicht nur die Irak-Krise, Somalia, das Verhältnis zwischen Israel und den Palästinensern usw., sondern auch europäische Probleme wie der Krieg in ex-Jugoslawien kommen offenkundig ohne die Vermittlerrolle der USA und ohne ihre militärische Führung für UNO- bzw. NATO-Einsätze nicht aus. In dieser Hinsicht ist Deutschland nach wie vor ein Junior-*Partner in Leadership* geblieben. Aber in allen anderen Bereichen ist Deutschland zu einer führenden Macht zumal in Mittel- und Osteuropa avanciert.

Die sich bereits im Jahre 1989/90 abzeichnende Dominanzposition Deutschlands in Mitteleuropa wurde seit diesem Zeitpunkt in unterschiedlicher Weise und Intensität von Eliten anderer europäischer Staaten als Bedrohung artikuliert. (Hubel 1993) Während die „englische Strategie" im Versuch besteht, an der bisherigen „balance of power" festzuhalten, richtet sich die „französische Strategie" auf verstärkte Bemühungen, Deutschland in gesamteuropäische Strukturen zu integrieren und an Frankreich zu binden. Auf deutscher Seite wird der Ausweg aus dem „deutschen Dilemma" ebenfalls in einem neuen Schub europäischer Integration gesehen. Ob und wie und mit welchen Folgen dies zu bewerkstelligen ist, ist nicht Gegenstand dieser Ausführungen. Eine gefährliche Illusion wäre es, diesen gewünschten integrierten Zustand als eine europäische Idylle zu denken, in der das „deutsche Problem" verschwunden ist. In der Europäischen Union zeigt sich bereits heute, daß schon die rudimentären Ansätze von Supranationalität demokratiepolitische Defizite und neue zwischennationale Auseinandersetzungen hervorrufen, und sei es nur aufgrund innenpolitischer Legitimitätsdefizite, die für eine Schuldzuweisung für Mißstände von seiten der Peripherie an die Zentrale (in Brüssel), der *underdogs* an die Privilegierten, der Machtlosen an die Mächtigen - und als Mächtigster wird Deutschland perzipiert - sorgen.

4 Neue Konfliktkonstellationen

Abschließend sind einige Aspekte der Entwicklungen bzw. Strategien zu beleuchten, die nach dem Zusammenbruch von Kommunismus und sowjetischem Imperium in einem sicherheitspolitisch weiter gefaßten Sinn von besonderer Bedeutung zu sein scheinen. Es geht um vier, für die postkommunistische Entwicklung Europas zentrale Probleme. Das erste besteht in der Zukunft Rußlands, das so oder so wenigstens in Europa und in Asien eine Macht bleibt, von deren Entwicklung die Sicherheitssituation im weiteren Umfeld abhängig sein wird. Das zweite Problemfeld bezieht sich auf jenen Prozeß, der (nach der ersten im Jahre 1918 ff.) als zweite *nation-building*-Welle nach dem Kollaps von Kommunismus und Sowjetblock in Mittel- und Osteuropa Ende der achtziger Jahre eingesetzt hat und ein zentrales Element der Neuordnung des Kontinents darstellt. Der dritte Aspekt handelt von den neuen und intensivierten Integrationsbemühungen, die in Europa nach dem Zerfall des bipolaren Blocksystems auch aufgrund der damit verbundenen Fragmentierung eingesetzt haben.

Sicherheitspolitische Konsequenzen 179

Schließlich ist die weit über Europa hinausreichende Auseinandersetzung und Rivalität um Ressourcen und Macht anzusprechen, die wegen des entstandenen „Vakuums" infolge des Zusammenbruchs des Sowjetsystems in neuen Dimensionen und in unterschiedlichen Bereichen begonnen haben. Wie bereits in der Einleitung angeführt, können diese Problemstellungen hier nur angedeutet, jedoch keinesfalls befriedigend diskutiert werden.

4.1 Alternativen für Rußland

Absolut betrachtet, erwirtschaftet Rußland gegenwärtig ein Sozialprodukt, das nicht viel größer ist als das der Niederlande. Deutschlands Bruttosozialprodukt ist vier- bis fünfmal so groß wie das Rußlands. Das niederländische Parlament hat kurz nach der Auflösung des Warschauer Pakts und der Sowjetunion beschlossen, die etwa 90.000 Mann starke Armee erheblich zu reduzieren und die Wehrpflicht abzuschaffen. Sie taten dies einerseits in der Einsicht radikal verminderter äußerer Bedrohung, andererseits infolge der Suche nach Einsparungsmöglichkeiten aufgrund aktueller ökonomischer und sozialer Herausforderungen. Analoge, wenn auch nicht so weitgehende Entwicklungen, finden sich in fast allen reichen westlichen Staaten.

Zwar sind aufgrund der unterschiedlichen Lebensbedingungen in Rußland die Möglichkeiten, umfangreichere Streitkräfte aufrechtzuerhalten, nicht einfach mit den Gegebenheiten in Westeuropa vergleichbar. Doch daß in Rußland nicht nur von nationalistischer und extremistischer Seite, sondern innerhalb der Regierung über eine Aufstockung der 1,5 Millionen Mann starken Armee und über eine Ausdehnung des Wehrdienstes nachgedacht wird, ist weniger für Westeuropa, mehr für das „nahe Ausland", am allermeisten jedoch für Rußland selbst beunruhigend. Will sich Rußland nach Jahrzehnten der Überrüstung und des Expansionismus, die ja wesentlich zum Zusammenbruch des ökonomischen und politischen Systems sowie der Sowjetunion als Staat beigetragen haben, regenerieren, dann sollte es sich schnellstmöglich mit seiner Rolle als (global betrachtet) Mittelmacht abfinden und seine vorhandenen Potenzen in eine prosperierende ökonomische und soziale Entwicklung setzen. Je schneller sich das Land vom Weltmachtdünkel verabschiedet, desto besser für es.

Rußland verfügt über riesige Ressourcen. Das Land hat in diesem Jahrhundert mehrfach bewiesen, zu welch unglaublichen Leistungen es fähig ist. Hypothetisch verfügt Rußland zum ersten Mal in seiner Existenz über die Möglichkeiten, an den Westen anzuschließen und aufzuholen. Dies erscheint heute als Utopie. Doch haben mittlerweile eine ganze Anzahl von Gesellschaften in Europa wie in Asien gezeigt, in welch kurzer Zeit unterentwickelte Länder aufzuholen vermögen. Mit seinem natürlichen Reichtum verfügt Rußland über günstige Voraussetzungen. Deren Realisierung setzt voraus, sich von Weltmachtträumen zu verabschieden und alle Potenzen auf Ausbildung, Innovation und Investition zu setzen. Frankreich und England haben vorgemacht, wie nützlich und notwendig dies für die Modernisierung ist. Deutschland und Japan haben gezeigt, wozu vordem totalitäre, militarisierte und zerstörte Gesellschaften in kurzer Zeit fähig sind, wenn sie sich auf die interne Entwicklung konzentrieren.

Die Alternative, eine militaristische und expansionistische Politik, ist gleichbedeutend mit einer „Kolumbianisierung" des politischen und gesellschaftlichen Systems Rußlands. Eine expansive Politik läßt sich, zumal unter den gegenwärtigen ökonomischen, sozialen und politischen Bedingungen, nur durch Diktatur, Kriminalität, Waffen- und Drogenhandel mit den entsprechenden gesellschaftlichen und kulturellen Folgen realisieren.

4.2 Multiethnizität und Nationalstaat

Europäische Politiker und Wissenschaftler zerbrechen sich seit langem den Kopf, wie in der ethnisch gemischten und vergleichsweise kleinräumigen Region Europa ein funktionierendes Modell friedlichen und produktiven Zusammenlebens der Völker realisiert werden könne. Zwar wird die Schweiz von den Deutschen in Umfragen regelmäßig an die erste Stelle gesetzt, wenn die Frage beantwortet wird, welches Land am ehesten den Idealvorstellungen entspreche. Doch größere Teile der bundesdeutschen politischen Eliten perzipieren die Schweiz vor allem wegen angeblich fehlender außenpolitischer, auf gesamteuropäische Interessen und globale Zusammenhänge rekurrierender Zielsetzungen negativ. Die Kluft zwischen den Idealen und den Realitäten demokratischen multiethnischen Zusammenlebens in der Schweiz wie auch des Konzepts der Neutralität ist gerade in letzter Zeit kritisch beleuchtet worden. (Frei 1967; Linder 1992: 20-31; Wuffli 1990: 139-148) Offenkundig ist dennoch, daß die Schweiz ethnisch gesehen ein Mikrokosmos Europas ist, der sich durch ein hohes Maß an Stabilität und Kontinuität sowie Identifikation seiner Bürger mit den staatlichen Institutionen auszeichnet. Betrachtet man die Dynamik des Nationalismus in der europäischen Geschichte vor allem des 19. und 20. Jahrhunderts, dann erscheint die Schweiz als *die* europäische Ausnahme. Aufgrund seiner ethnischen Gemengelage und vor dem Hintergrund seiner Erfahrungen in diesem Jahrhundert - neuestes Beispiel: Bosnien-Herzegowina - ist es gerade für Mittel- und Osteuropa gewiß nicht nachteilig zu überlegen, warum die multiethnische Gesellschaft der Schweiz, ungleich divergenter als Slowaken und Tschechen oder Kroaten und Serben, bereits so lange funktioniert und trotz der ethnischen Zugehörigkeit seiner Bürger zu den umliegenden Nachbarnationen weder von innen noch von außen in Frage gestellt wird.

Weitgehend einig ist sich die Forschung darin, daß es dem Schweizer politischen System gelungen ist, mit seinen Föderal- und Demokratieprinzipien die Defizite des Nationalstaatsprinzips in multiethnischen Regionen zumindest soweit zu kompensieren, daß der innere Frieden und die staatliche Einheit gewahrt werden. Der hohe Lebensstandard wird dafür ebenfalls als Voraussetzung erachtet; gleichzeitig stellt die dezentral-föderalistische und demokratisch-minderheitenbezogene Struktur offenbar eine wesentliche Determinante für eine prosperierende ökonomische Entwicklung dar, wiederum mit entsprechend positiven Rückwirkungen auf das politische System und die politische Kultur.

Damit ist die Frage nach der *nation building*-Politik seit Beginn der *zweiten Welle* aufgeworfen, nämlich ob in multiethnischen Regionen die ethnische Abgrenzung und die mono-ethnische Determination von Nationalstaatsgründungen sowie eine Politik, die dies unterstützt, nicht allen Erfahrungen dieses Jahrhunderts auf diesem Gebiet widerspricht. Die Widersprüchlichkeit offenbart sich nicht zuletzt auf dem Balkan, wo nach der ethnisch-staatlichen „Entflechtung" und der Aufteilung Jugoslawiens (inklusive Krieg und ethnischer „Säuberung") in Bosnien-Herzegowina (mit Hilfe umfangreicher ausländischer Truppenkontingente) doch wieder versucht wird, ein multiethnisches Mini-Jugoslawien zu etablieren und aufrecht zu erhalten.

4.3 Supranationalität und Demokratie

Was die gesamteuropäische Entwicklung anbetrifft, so soll vor allem in deutscher Perspektive durch eine intensivierte ökonomische, soziale, ökologische, politische, sicherheitspolitische und militärische Integration ein Rückfall in den Nationalismus und die alte europäische Krankheit des Gegeneinander und der Allianzbildung verhindert werden. Als Integrationsmotiv angeführt wird

Sicherheitspolitische Konsequenzen 183

auch die transnationale Vernetzung und die Unfähigkeit von Nationalstaaten, daraus resultierende Probleme auf sich gestellt zu bewältigen. Nirgendwo auf dem Kontinent wird so intensiv über eine Einigung des Kontinents debattiert wie in Deutschland, von keinem anderen europäischen Land gehen so starke Impulse für eine wirtschaftliche, politische und militärische Union aus. Wird einmal das nicht zuletzt sicherheitspolitisch brisante Problem außer acht gelassen, wie weit Europa in den Ostteil des Kontinents hineinreichen soll, dann ist indes generell zu fragen, wie weitgehend in ökonomischer, politischer, sozialer und sicherheitspolitischer Hinsicht europäische Neuordnungskonzepte sein sollen.

Vor allem von britischer und schweizer Seite wird darauf hingewiesen, es bestehe ein Widerspruch zwischen Supranationalität und nationaler Souveränität, also zum Demokratieprinzip in den internationalen Beziehungen. Außerdem hätten nicht die nationale Souveränität per se zu den Konflikten und Kriegen des 19. und 20. Jahrhunderts geführt, sondern vielmehr die Versuche, im Namen höherer Prinzipien und Werte supranationale Ordnungen einzuführen, deren Wertebasis und Strukturprinzipien jedoch immer von den Interessen der dominierenden, auf eine supranationale Ordnung drängenden Kräfte und Mächte determiniert gewesen seien. Darüber hinaus sei mit der Integration keineswegs das Machtproblem gelöst, also die Frage, wer den Gang der Integration bestimmt. Integrationsprozesse könnten aufgrund ungleich verteilter Integrationsgewinne die Unterschiede zwischen den Potentialen und die politischen Diskrepanzen zwischen den an der Integration Beteiligten vor allem unter „supranationalisierten" Bedingungen noch verschärfen. Dies sei unter den „renationalisierten" Verhältnissen der Post-Kalten-Kriegs-Ära, in der der „bipolarisierte" Integrationsimpetus und der Unifizierungsdruck abgeschwächt sei, der aus der Blockteilung resultierte, von um so größerer Bedeutung.

Zweitens werden die demokratiepolitischen Implikationen supranationaler Ordnungen in jenen Ländern am nachdrücklichsten debattiert, die die längsten und tiefsten demokratischen Wurzeln in der europäischen Geschichte aufweisen: England, die Schweiz, Frankreich. Norman Lamont, von 1990 bis 1993 britischer Schatzkanzler, formulierte die demokratiepolitischen Vorbehalte gegen die von deutscher Seite in die Diskussion gebrachte (und eigentlich nur die Beschlüsse von Maastricht gedanklich zu Ende führende) „Kerneuropa"-Idee und die damit implizierte weitere Supranationalisierung europäischer Politik am schärfsten. Er sei gegen die Währungsunion und Kerneuropa, weil sie die Verantwortlichkeit der britischen Regierung gegenüber ihren eigenen Bürgern schwäche. In Großbritannien sei durch Jahrhunderte politischer Geschichte das entscheidende Thema immer die Frage nach der Verantwortlichkeit der staatlichen Machthaber gewesen - von der Magna Charta im Jahre 1215 über den englischen Bürgerkrieg im 17. Jahrhundert bis zu den Reformen des 19. Jahrhunderts. In Großbritannien sei die Regierung dem Unterhaus verantwortlich und das Unterhaus seinerseits den Wählern. Mit einer Verantwortlichkeit Großbritanniens gegenüber einer europäischen Regierung lasse sich das nicht vereinbaren. Die Behauptung, zu Beginn des 21. Jahrhunderts seien diese Argumente überholt, sei Unsinn. Die Debatten des perikleischen Athen über Demokratie und Regierung seien heute noch ebenso relevant wie damals. (Lamont 1995: 14)[7]

---

[7] Margaret Thatcher, prominenteste Vertreterin dieser vor allem in Deutschland als „antieuropäisch" qualifizierten Position, sagte bei anderer Gelegenheit im Herbst 1995: „Der Staat von heute ist der Nationalstaat - modern ist die Loyalität zum Nationalstaat in Kooperation mit anderen auf einem gemeinsamen Markt. Ich habe nicht für einen gemeinsamen Markt gestimmt, damit uns unsere parlamentarische Souveränität genommen wird, damit uns Gesetze aufgezwungen werden, die unser Parlament nicht mehr umstoßen kann. Das Zeitalter der Imperien ist vorüber." („Wozu haben wir den Kalten Krieg beendet?"; in: Die Zeit, Nr. 11, 8.3.1996, S. 10).

Sicherheitspolitische Konsequenzen

Auch wenn man der national überspitzten und von der offenkundigen Angst vor deutscher Dominanz gespeisten Pointierung durch Lamont nicht zustimmt, verbleibt jene Problematik, die nicht von ungefähr im wissenschaftlichen Diskurs eine neue Konjunktur erlebt: das Problem der Internationalisierung der Politik und der Zukunft der Demokratie. Die Internationalisierung der Politik bedingt, wie es im "Call for Papers" für den Kongreß der DVPW 1997 in Bamberg heißt, in der Tat eine „teilweise Entgrenzung des Politischen [...], von der die gegenwärtige Lage und zukünftige Entwicklung der Demokratie als politisch-kulturelles Entscheidungs- und Wertsystem massiv betroffen werden".

Schon jetzt haben grenzüberschreitende Verflechtungen zu einer Vielzahl von Entscheidungsstrukturen jenseits des Nationalstaats geführt, die die Frage nach den Bedingungen und Möglichkeiten der Verwirklichung von Demokratie wie die Frage nach ihrer Legitimität aufwerfen.

Nach dem Wegfall bisheriger Bipolarität und Supermachtdominanz haben zwei gegenläufige Prozesse eingesetzt, die das genannte demokratiepolitische Problem nicht mindern, sondern verschärfen, nämlich sowohl eine Partikularisierung europäischer Politik als auch - teilweise in Reaktion hierauf - neue Supranationalisierungsanstrengungen. Lamonts Argument, das europäische Projekt sei von Unehrlichkeit geprägt, weil sich für die Kernländer das Vorhaben auf Furcht vor Deutschland und für die anderen auf Gier nach umfangreichen „Bindungsgeldern" gründe, was keine gesunde Basis für ein so ehrgeiziges Unternehmen darstelle (Lamont 1995), mag moralisierend erscheinen. Indes ist evident, daß unter den Bedingungen verschärfter internationaler Konkurrenz nach der Souveränisierung Europas und damit der Intensivierung partikularer und nationaler Interessen, Furcht, Gier und der Verweis auf eine „europäische Idee" nicht ausreichen werden, um aus supranationalisierten Strukturen erwachsende demokratische Defizite zu kompensieren.

4.4 Ist der Kalte Krieg vorbei?

Sicherheitspolitisch existiert keine Situation akuter Bedrohung. Damit stellt sich die Frage nach den Stabilisierungsprioritäten in den postkommunistischen Ländern. Bei der Verteilung der dafür notwendigen Aufwendungen handelt es sich um ein Null-Summen-Spiel, auch wenn militärisch-patriotische Mobilisierung mit eventuell einhergehender Feindbildproduktion Defizite in ökonomischer, sozialer, legitimatorischer u. a. Hinsicht partiell zu kompensieren vermag: Die Mittel, die für die Herstellung militärischer „Kompatibilität" (und für den dadurch möglicherweise initiierten Rüstungswettlauf) ausgegeben werden, fehlen für ökonomische, soziale und politische Stabilisierungsprogramme und -maßnahmen.

Eine NATO-Ausweitung ist gut, wenn sie mehr Stabilität und Sicherheit in Europa zur Folge hat. Eine akzeptable Entscheidungsgrundlage für die Gewinnung von Beurteilungskriterien sind weder deutsche oder polnische Perzeptionen je nationaler Sicherheit und Interessen in bezug auf die Politik der NATO, noch etwa rüstungspolitische oder -technologische Überlegungen. Eine Bewertung kann nur auf Basis der Einbeziehung möglichst vieler für den sicherheitspolitischen Gesamtkontext relevanter Faktoren erfolgen. Wenn eine Entscheidung bedeutet, negative Konsequenzen in Kauf zu nehmen, muß ihre Rationalität im Nachweis größerer Sicherheitsgewinne überprüfbar sein, z. B. mit Blick auf folgendes Szenario: Die Einbeziehung weiterer GUS-Staaten in das russische Verteidigungssystem ist mit der NATO-Osterweiterung nach Polen vorprogrammiert. Da sich - in Umkehrung der Gegebenheiten in den vorangegangenen vier Jahrzehnten - die russische Armee einer erweiterten NATO konventionell unterlegen betrachtet, wird laut Moskauer Strategiepapieren vom Herbst 1995 insbesondere auf die nukleare Aufrüstung gesetzt. (Daschitschew 1995: 11) Die atomare Gefahr für den Westen

Sicherheitspolitische Konsequenzen

steigert sich danach wieder. Die Aufstellung von NATO-Verteidigungssystemen in Polen zur Herstellung militärischer Kompatibilität wird - dies ist angekündigt - von einer entsprechenden Aufrüstung im Gebiet Kaliningrad beantwortet. Die ehemals an der innerdeutschen Grenze bestehende militärische Konfrontationskonstellation wird an die polnische Ostgrenze verschoben. Die baltischen Staaten und die Ukraine werden in einen besonders destabilisierten sicherheitspolitischen Spannungszustand versetzt. Die Sicherheit für Ostmitteleuropa wie für die NATO verringert sich. Vor diesem Hintergrund werden Sicherheitspolitiker und -experten auf beiden Seiten ihre unabweisbaren Argumente haben, warum zur Schaffung von mehr Sicherheit neue Verteidigungsanstrengungen unternommen werden müssen.

Es kann hier weder um die vordergründige Diskussion über ein „russisches Veto" gegen die NATO-Erweiterung, noch um subjektive Sicherheitsbefindlichkeiten gehen. Freilich ist nicht zu übersehen, daß die Auseinandersetzung um die geplante Ausweitung der NATO nur einen von mehreren zentralen Streitpunkten in den sich wieder intensivierenden Ost-West-Konfliktbeziehungen darstellt.

Der Zusammenbruch der Sowjetunion und des Warschauer Pakts hat nicht nur in Europa neue Rivalitäten kreiert. Nach dem Zerfall des Sowjetimperiums ist eine Zone „verdünnten" ökonomischen, politischen und sicherheitspolitischen Einflusses entstanden, die nun Objekt der Suche nach neuen Absatzmärkten, billigen Rohstofflieferanten, günstigen Produktionsbedingungen und nach für die Wahrung damit verbundener Interessen „sicheren" Gebieten geworden ist. Diese Zone zieht sich vom Baltikum über Ostmittel- und Südosteuropa, den Kaukasus bis nach Asien. Ein vielleicht noch wichtigeres Konfliktpotential (als die NATO-Osterweiterung) zwischen „dem Westen", vor allem den USA, und Rußland resultiert aus der „Offensive der amerikanischen Energiepolitiker und Ölkonzerne" im transkaukasischen und mittelasiatischen Raum. (Schmidt-Häuer 1996: 3) Diesen Raum, bis 1991 Teil der Sowjetunion, möchte Moskau nun ebenfalls für seine ökonomischen Interessen und als Basis für den russischen Energiebedarf sichern. Tatsächlich hat ein ökonomisches und politisches Tauziehen um Öl und Gas, vor allem im Kaukasus, in Aserbaidschan, Turkmenistan und Kasachstan eingesetzt. Mehr noch als in Europa geht es rund ums Kaspische Meer um eine Neuverteilung der Einflußsphären.

Vor diesem Hintergrund hat man in Moskau den Ende der achtziger und Anfang der neunziger Jahre gehegten Glauben verloren, gemeinsam mit den USA weltpolitisch agieren zu können. Gegen die neue Einflußsphärenpolitik „westlicher" Mächte und Konzerne, um zunehmenden Einkreisungsängsten gerecht zu werden sowie aufgrund eigener, sich immer lautstarker artikulierender Politik egoistischer Interessenwahrnehmung, beginnt man in Moskau, eine Gegenstrategie zu entwickeln, deren personeller Ausdruck u. a. der Wechsel im Außenministerium von Kosyrew zu Primakow ist. Der bisherigen Rolle als Juniorpartner der USA, der von diesen nicht ernst genommen, sondern "über den Tisch gezogen" wird, und dessen Interessen nur verbal, nicht aber realiter berücksichtigt werden, wird in immer schärferer Form in Politik und Medien Rußlands eine Absage erteilt.

Nicht alleine wegen der NATO-Ausdehnungspläne findet also eine zunehmende Abkehr der politischen Eliten Moskaus - und zwar auch der Demokraten - von der NATO und von der westlichen internationalen Politik statt. In Moskau hat sich die Überzeugung durchgesetzt, die vom Westen propagierte „Partnerschaft" und „Integration" mit Rußland wurde nur betrieben, um das Risiko und den Widerstand gegen die westlichen Expansionspläne möglichst gering zu halten und eine zusätzliche Legitimation für die von NATO-Strategen beabsichtigte Rolle eines internationalen Gendarmen zu erhalten.

Sicherheitspolitische Konsequenzen

Ein weiteres Auseinandersetzungsfeld mit sowohl ökonomischen als auch politischen Implikationen, das ein zusätzliches Movens für die Reorientierung russischer Außenpolitik und die Intensivierung des Konkurrenzverhältnisses vor allem zu den USA darstellt, sind die internationalen Waffenmärkte. Infolge des von Gorbatschow und Schewardnadse in der zweiten Hälfte der achtziger und Anfang der neunziger Jahre propagierten „neuen Denkens" in der Außenpolitik und des damit verbundenen politischen und militärischen Rückzugs der UdSSR sank der sowjetische Anteil am internationalen Waffentransfer kontinuierlich, was auch erhebliche Einschränkungen in der sowjetischen Rüstungsindustrie zur Folge hatte; diese Reduktionen waren freilich auch durch die Verminderung der Aufwendungen für die Rote Armee bedingt. Hieraus entstand ein (relatives) „Vakuum", das zu füllen sich umgehend westliche Rüstungskonzerne bemühten, die ebenfalls massive Einschränkungen infolge Demilitarisierung in der zweiten Hälfte der achtziger Jahre hinnehmen mußten. Die Änderung russischer Politik in dieser Frage - die Gewichtsverschiebung von „Ost" nach „West" im internationalen Waffengeschäft ist einer der Faktoren, die den Vorwurf des „Illusionismus" an die Adresse Gorbatschows und Schewardnadses, teilweise auch Kosyrews begründen - ist ein Bestandteil der außenpolitischen Neuorientierung, deren Kern eine Verlagerung hin zu traditioneller Interessenpolitik und damit eine Renationalisierung von Außen- und Sicherheitspolitik darstellt. Bezeichnenderweise wurde die internationalistische, auf Menschheitsprobleme, Kooperation und globalen Ausgleich rekurrierende Politik Gorbatschows und Schewardnadses, anfangs auch Jelzins und Kosyrews, nicht nur von den sowjetischen/russischen *hardliners*, sondern auch von manchen westlichen Beobachtern und Politikern als „romantische" Attitüde und als illusionäres Harmoniestreben bewertet; eine Phase, die logischer- und notwendigerweise durch eine „realistische Interessenpolitik" abgelöst werden müßte.

Als ein Fazit vorangegangener Ausführungen, ist es ein spezifisches Paradoxon, wert, festgehalten zu werden. In den Zeiten des Kalten Kriegs, also der gegenseitigen atomaren Vernichtungsdrohung, des gegeneinander gerichteten Rüstungswettlaufs und einer sicherheitspolitischen Gefährdungslage, in der jeder kleine regionale Konflikt irgendwo auf der Welt sich zu einer manifesten Krise des sicherheitspolitischen bipolaren Weltsystems ausweiten konnte, wurden von der „Realpolitik" Überlegungen und Strategien intensiviert, um Konsensmechanismen, gesamteuropäisch geltende Rechtsnormen, Konfliktschlichtungsinstanzen, Foren für Rüstungskontrolle und Abrüstung u. a. zu etablieren. Unter dem Eindruck der Gefahr der totalen Vernichtung wurde nach gemeinsamen Interessen, nach der Verankerung allseits akzeptierter Spielregeln und nach „allgemeinen Menschheitsanliegen" gefragt. Unter anderem die Etablierung der KSZE in den siebziger Jahren war institutioneller Ausdruck dieses Bestrebens, so wie die Einrichtung der UNO am Ende des Zweiten Weltkriegs. Dagegen treten nunmehr nach der Beendigung des Kalten Kriegs, in einer Situation radikal verminderter Bedrohung wieder Gesichtspunkte und Strategien in den Vordergrund, die das „nationale Interesse", die Neubildung bzw. Erweiterung von Allianzen, die kulturellen Unterschiede, mit einem Wort: die Divergenzen stärker betonen. Die Möglichkeit, politisch und sicherheitspolitisch über den bislang gesetzten Rahmen hinaus aktiv werden zu können bzw. zu wollen, setzt offenkundig auch am Ende des 20. Jahrhunderts politische Reflexe frei, die ihre Wurzeln in der Konkurrenz um Ressourcen und in der traditionellen Machtpolitik der Vergangenheit haben.

Literaturverzeichnis

Altmann, Franz-Lothar/Hösch, Edgar (Hrsg.), 1994: Reformen und Reformer in Osteuropa, Verlag Friedrich Pustet, Regensburg.

Bahr, Egon, 1991: Sicherheit für und vor Deutschland, Hanser, München/Wien.

Beyme, Klaus von, 1994: Systemwechsel in Osteuropa, Suhrkamp, Frankfurt/Main.

Bingen, Dieter, 1993: Das Gebiet Kaliningrad (Königsberg): Bestandsaufnahme und Perspektiven. Deutsche Ansichten (I), in: Berichte des Bundesinstituts für ostwissenschaftliche und internationale Studien, Nr. 21/1993 und (II), in: Berichte des Bundesinstituts für ostwissenschaftliche und internationale Studien, Nr. 25/1993.

Bischoff, Jochaim/Menard, Michael, 1992: Weltmacht Deutschland? VSA-Verlag, Hamburg.

Brzezinski, Zbigniew, 1989: Das gescheiterte Experiment. Der Untergang des kommunistischen Systems, Verlag Carl Ueberreuter, Wien.

Daschitschew, Wjatscheslaw, 1995: Eine Denkpause könnte helfen. Starre Fronten behindern die Debatte um die NATO-Osterweiterung, in: Die Zeit, Nr. 51, 15.12.1995, S. 11.

Die Beratung Mittel- und Osteuropas beim Aufbau von Demokratie und sozialer Marktwirtschaft - Konzept und Beratungsprogramme der Bundesregierung - Fortschreibung 1995. Veröffentlichung des Bundesministeriums für Wirtschaft, Nr. 371, Bonn 1995.

Diehl, Ole, 1993: Die Strategiediskussion in der Sowjetunion. Zum Wandel der sowjetischen Kriegsführungskonzeption in den achtziger Jahren, Deutscher Universitäts-Verlag, Wiesbaden.

Dokumente zur Sicherheitspolitik des Westens. Die Tagungen der Bündnisgremien im Herbst und Winter 1993/94, in: Europa-Archiv, Nr. 3/1994.

Entschließung Nr. 244 über den NATO-Gipfel und die NATO-Erweiterung, in: North Atlantic Assembly, Policy Recommendations, Thirty-ninth Annual Session, Kopenhagen, 8.-11.10.1993; Übersetzung in: Europa-Archiv, Nr. 3/1994, S. D 105 f.

Erklärung der NATO-Gipfelkonferenz in London vom 6. Juli 1990, in: Bulletin vom 10.07.1990, Nr. 90, S. 777-779.

Erklärung des tschechoslowakischen Außenministers Dienstbier auf der KSZE-Tagung in Berlin am 19./20.6.1991, in: Europa-Archiv, Nr. 14/1991, S. D 350-352.

Forndran, E./Pohlmann, H. (Hrsg.), 1993: Europäische Sicherheit nach dem Ende des Warschauer Paktes, Nomos, Baden-Baden.
Frei, Daniel, 1967: Neutralität - Ideal oder Kalkül? Zweihundert Jahre außenpolitisches Denken in der Schweiz, Verlag Huber, Frauenfeld/Stuttgart 1967.
Gärtner, H., 1992: Wird Europa sicherer? Zwischen kollektiver und nationaler Sicherheit, Braumüller, Wien.
Glaeßner, Gert-Joachim, 1994: Demokratie nach dem Ende des Kommunismus, Westdeutscher Verlag, Opladen.
Gorbatschow, Michail, 1992: Der Zerfall der Sowjetunion, Bertelsmann, München.
Grundbestimmungen der Militärdoktrin der Rußländischen Föderation, am 18. November 1993 veröffentlicht (Zusammenfassung), aus: Rossiskije Westi, 18.11.1993; übersetzt in: Europa-Archiv, Nr. 1/1994, S. D 31 ff.
Hacke, Christian, 1993: Weltmacht wider Willen. Die Außenpolitik der Bundesrepublik Deutschland, Ullstein, Frankfurt a. M./Berlin.
Hatschikjan, Magarditsch A./Weilemann, Peter R. (Hrsg.), 1994: Parteienlandschaften in Osteuropa. Politik, Parteien und Transformation in Ungarn, Polen, der Tschecho-Slowakei und Bulgarien 1989-1992. Studien zur Politik, Band 25, Schöningh, Paderborn/München u. a.
Heitland, Wolfgang, 1992: Die Unterstützung der Reformprozesse in Mittel- und Osteuropa durch die Regierung der Bundesrepublik Deutschland, in: Fischer, Jürgen/Messner, Frank/Wohlmuth, Karl (Hrsg.), 1992: Die Transformation der osteuropäischen Länder in die Marktwirtschaft. (= Osteuropa. Geschichte, Wirtschaft, Politik. Band 3), Lit-Verlag, Münster/Hamburg, S. 387-394.
Herm, Gerhard, 1990: Deutschland - Rußland. Tausend Jahre einer seltsamen Freundschaft, Rasch und Röhring Verlag, Hamburg.
Höhmann, Hans-Hermann/Meier, Christian, 1994: Deutsch-russische Wirtschaftsbeziehungen: Stand, Probleme, Perspektiven. Teil II: Bereiche, Tendenzen, Szenarien; in: Bericht des Bundesinstitus für ostwissenschaftliche und internationale Studien, Nr. 56/1994.
Höpfner, Uwe, 1992: Aktivitäten des Wirtschaftsministeriums von Sachsen-Anhalt zur Sicherung der Märkte in Mittel- und Osteuropa, in: Fischer, Jürgen/Messner, Frank/Wohlmuth, Karl (Hrsg.): Die Transformation der osteuropäischen Länder in die Marktwirtschaft (=Osteuropa. Geschichte, Wirtschaft, Politik. Band 3), Lit-Verlag, Münster/Hamburg 1992, S. 490-496.
Hubel, H., 1993: Das vereinte Deutschland aus internationaler Sicht. Eine Zwischenbilanz, in: Arbeitspapiere zur Internationalen Politik, Nr. 73, Europa Union Verlag, Bonn.
Jelzin, Boris, 1991: Die Alternative. Demokratie statt Diktatur, Horizonte Verlag, Ulm.
Kiss, László J., 1990: The Erosion of the Post-War European Order and Hungary's Foreign and Security Policy Perceptions; in: Clesse, Armand/Rühl,

Sicherheitspolitische Konsequenzen 193

Lothar: Searching for a New Security Structure in Europe, Nomos, Baden-Baden.
Kiss, László J., 1993: Historischer Rahmen und Gegenwart ungarischer Außenpolitik, in: Osteuropa, Nr. 6/1993, S. 563-579.
Knapp, Manfred/Krell, Gert (Hrsg.), 1993: Einführung in die internationale Politik, 3. überarbeitete und erweiterte Auflage, Oldenburg, München, Wien 1996.
Lamont, Norman, 1995: Gegen ein Europa aus Furcht und Gier; in: Die Zeit, Nr. 49, 1.12.1995, S. 14.
Leonhard, Wolfgang, 1994: Die Reform entläßt ihre Väter. Der steinige Weg zum modernen Rußland, Deutsche Verlags-Anstalt, Stuttgart.
Linder, Wolf, 1992: Die Schweiz zwischen Isolation und Integration, in: Aus Politik und Zeitgeschichte, B 47-48/1992, S. 20-31.
Linke, Bernd, 1992: Die Wirtschaftsförderungsgesellschaft der Freien Hansestadt Bremen mbH und ihre Aktivitäten in Mittel- und Osteuropa, in: Fischer, Jürgen; Messner, Frank/Wohlmuth, Karl (Hrsg.): Die Transformation der osteuropäischen Länder in die Marktwirtschaft, (=Osteuropa. Geschichte, Wirtschaft, Politik. Band 3), Lit-Verlag, Münster/Hamburg 1992, S. 504-512.
Maier, G. 1993: Sicherheitspolitik. Bundeszentrale für politische Bildung, kontrovers, Bonn.
Meier, Christian, 1994: Ansätze zu einer Zusammenarbeit in der ostmitteleuropäischen Region, in: Außenpolitik, Nr. 11/1994.
Meissner, Boris/Loeber, Dietrich A./Hasselblatt, Cornelius (Hrsg.), 1994: Die Außenpolitik der baltischen Staaten und die internationalen Beziehungen im Ostseeraum, Bibliotheca Baltica, Hamburg.
Plate, Bernard von (Hrsg.), 1994: Europa auf dem Weg zur kollektiven Sicherheit? Konzeptionelle und organisatorische Entwicklungen der sicherheitspolitischen Institutionen Europas. Internationale Politik und Sicherheit. Bd. 38, Nomos Verlagsgesellschaft, Baden-Baden.
Polens Interesse an Königsberg, in: Osteuropa-Archiv, Nr. 7/1993, A 363-380.
Pradetto, August (Hrsg.), 1994: Die Rekonstruktion Mitteleuropas. Politik, Wirtschaft und Gesellschaft im Umbruch, Westdeutscher Verlag, Opladen.
Pradetto, August, 1992: Transformation in Eastern Europe, International Cooperation and The German Position, in: Studies in Comparative Communism, Nr. 1/1992.
Pradetto, August/Sigmund, Petra, 1993: Deutschland und Osteuropa in der Ära des Postkommunismus; in: Deutschland Archiv, Nr. 8/1993.
"Prager Thesen", Europa-Archiv/Dokumente, Nr. 10/1991, D. 253-254.
Presseerklärung von Bundeskanzler Dr. Kohl nach Abschluß seines Besuches in der Sowjetunion (14.-16. Juli 1990) vom 17. Juli 1990, in: Bulletin vom 18.7.1990, Nr. 93, S. 801-803.

Rede des deutschen Verteidigungsministers, Volker Rühe, am 8. Oktober 1993 an der Karls-Universität in Prag (Auszug), Material für die Presse, Der Bundesminister der Verteidigung, Pressestab, Bonn, Nr. XXX 116, 8.10.1993.

Rühe, Volker, 1993 a: Wir müssen den berechtigten Erwartungen unserer östlichen Nachbarn gerecht werden, in: Die Welt, 12.12.1993.

Rühe, Volker, 1994: Deutschlands Verantwortung. Perspektiven für ein neues Europa, Ullstein, Frankfurt a. M./Berlin.

Schewardnadse, Eduard, 1991: Die Zukunft gehört der Freiheit, Rowohlt, Reinbek.

Schlichting, U./Wallner, J. 1992: Die Gemeinschaft unabhängiger Staaten und die ehemals sowjetischen Streitkräfte: Ein schwieriges Erbe, in: Hamburger Beiträge zur Friedensforschung und Sicherheitspolitik, Bd. 66, o. V., Hamburg.

Schmidt-Häuer, Christian, 1996: Der Kalte Krieg ist noch lange nicht vorbei, in: Die Zeit, Nr. 10, 1.3.1996, S. 3.

Schröder, Klaus, 1991: Westliche Finanzhilfen für Reformen in Osteuropa - Bedingungen und Risiken, in: Außenpolitik, Nr. 4/1991.

Schwarz, Hans-Peter, 1994: Die Zentralmacht Europas - Deutschlands Rückkehr auf die Weltbühne, Siedler Verlag, Berlin.

Simon, Gerhard/Simon, Nadja, 1993: Verfall und Untergang des sowjetischen Imperiums, Deutscher Taschenbuch Verlag, München.

Skubiszewski, Krzysztof, 1993: Internationale Beziehungen. Polens Stellung in einem künftigen Europa; in: Oberländer, Erwin (Hrsg.): Polen nach dem Kommunismus, Franz Steiner Verlag, Stuttgart.

Skubiszewski, Krzysztof 1991: Neue Probleme der Sicherheit in Mittel- und Osteuropa, in: Europa-Archiv, Nr. 12/1991.

Smyser, William R., 1992: Drei große Aufgaben sind zu bewältigen, Frankfurter Allgemeine Zeitung, 16.9.1992.

Timmermann, Heinz, 1992: GUS und Ostmitteleuropa: Strategien der neuen Eliten zur außenpolitischen An- und Einbindung, in: Berichte des Bundesinstituts für ostwissenschaftliche und internationale Studien, Nr. 40/1992.

Wellershoff, Dieter (Hrsg.), 1993: Herausforderungen und Risiken. Deutschlands veränderte Sicherheit in der veränderten Welt, in: Bundesakademie für Sicherheitspolitik, Schriftenreihe zur neuen Sicherheitspolitik, Nr. 3, Mittler, Berlin/Bonn/Herford.

Wettig, Gerhard, 1993: Sicherheits- und Bedrohungsperzeptionen in Ost- und Mitteleuropa, in: Berichte des Bundesinstituts für ostwissenschaftliche und internationale Studien, Nr. 43/1993.

Wirtschaftsbeziehungen mit Mittel- und Osteuropa. Veröffentlichung des Bundesministeriums für Wirtschaft, Nr. 373, Bonn 1995.

Wörner, Manfred, 1991: Die Atlantische Allianz in den neunziger Jahren, in: Europa-Archiv, Nr. 3/1991.

Sicherheitspolitische Konsequenzen

"Wozu haben wir den Kalten Krieg beendet?", in: Die Zeit, Nr. 11, 3.3.1996, S. 9.

Wuffli, Heinz R. 1990: Der lange Weg von der Schweiz nach Europa, in: Monatshefte für Politik, Wirtschaft, Kultur, Nr. 2/1990, S. 139-148.

Zündstoff, Zweites Deutsches Fernsehen, 11.1.1996, 22.15 Uhr.

20. Wissenschaftlicher Kongreß der DVPW 13.-17. Oktober 1997 in Bamberg. Demokratie - eine Kultur des Westens? Call for Papers. DVPW, Darmstadt, 1996, S. 2.

Diktatur und Demokratie in Osteuropa

Dieter Segert

1 Problemsituation in der Gegenwart

Mit dem Ende des Staatssozialismus 1989 schienen sich in Osteuropa demokratische Perspektiven zu eröffnen. Da keiner so recht mit dem schnellen Zusammenbruch der ParteiStaaten[1] gerechnet hatte, war die Überraschung, die Euphorie anfangs groß. Wenn heute aus Westeuropa nach Osten geblickt wird, so haben sich neue Sorgen über den möglichen Entwicklungsweg Osteuropas eingestellt. Neben einem heute möglichen größeren Realismus in der Analyse lassen sich aber auch deutliche Fehlperzeptionen feststellen, die sich in der These zusammenfassen lassen: Demokratie sei nur möglich, wenn Osteuropa alles das nachhole, was sich im Westen des Kontinents schon lange bewährt habe. Eine andere Variante des neuen Realismus, der bei genauerem Hinsehen Osteuropa bereits wieder abgeschrieben hat, beruft sich auf die Geschichte, um die gegenwärtigen Schwierigkeiten zu erklären. Die Sowjetunion habe in ihrem Einflußbereich nicht zufällig das Gebiet gehabt, die schon seit der Abspaltung Ostroms im 4. Jahrhundert ihren vom west- und nordwesteuropäischen Kernbereich getrennten Weg gegangen sei. Wenn aber etwas so lange so anders war als der Westen, warum sollte heute eine Wende möglich sein?

---

1 "ParteiStaat" soll ausdrücken, daß es sich hier um eine besonders enge Verflechtung einer politischen Partei mit dem Staatsapparat handelt. Obwohl zu jedem wichtigen Gegenstand politischer Regelung mindestens zwei bis drei parallele Apparate bestanden, war doch durch die "führende Rolle der Partei" die einheitliche Wirkung dieser Apparate gesichert. Staat und Partei erschienen als eine Institution, eben als "ParteiStaat" oder aber als "StaatsPartei".

Dem Autor des Beitrags scheinen sowohl die genannte Euphorie wie die bezeichnete Skepsis zuwenig der tatsächlichen Situation Osteuropas zu entsprechen. Die Argumente sollen im weiteren Verlauf noch im einzelnen formuliert werden. Die beunruhigenden Tatsachen, wie der Krieg in Jugoslawien oder der nachlässige Umgang mit den Rechten der Minderheiten in vielen Staaten dieser Region, lassen sich allerdings nicht übersehen, ebensowenig wie die Rückbesinnung auf autoritäre Traditionen der Geschichte vor Beginn des Staatssozialismus. Josef Piłsudski wird von verschiedenen politischen Kräften in Polen für sich reklamiert und auch Miklos Horthy ist nach 1992 wieder ins Blickfeld nicht nur des rechten Parteienrands in Ungarn gerückt. Noch schwerwiegender ist wohl das sichtbar werdende Bestreben wichtiger Teile der russischen politischen Klasse, ihren Staat wieder um den Gedanken einer regionalen Hegemonialmacht zu konsolidieren.

Der nachfolgende Text versucht, auf die Frage zu antworten, worin die Wurzeln für den Hang zur Diktatur und zur außenpolitischen Gewaltpolitik in dieser Region bestehen. Dabei geht es um drei Fragenkomplexe: erstens soll propädeutisch der Begriff der Diktatur selbst behandelt werden; zweitens werden die Bedingungen für die relative Stabilität diktatorischer Herrschaft während des Staatssozialismus untersucht werden; schließlich wird , drittens, nach dem Schicksal der Demokratie im Osteuropa der Zwischenkriegszeit gefragt. Am Ende steht ein kurzes Resümee, in dem die Perspektiven und Gefährdungen der Demokratie in Osteuropa gestreift werden sollen.

2 Wesen und Wurzeln moderner Diktaturen

Wenn man solche Begriffe wie "Diktatur" und "Demokratie" für heutige Analysen verwenden will, tut man gut daran, sich der Ge-

Diktatur und Demokratie

schichte der Diskussion um sie zu erinnern. Insbesondere gilt das für den Begriff der "totalitären Diktatur". Er ist in hohem Maße durch die Atmosphäre der Jahrzehnte seiner Entstehungszeit geprägt. Anfangs war er Instrument der engagierten Auseinandersetzung mit beiden Formen gewaltsamer Herschaft, die in den 20er und 30er Jahren den Siegeszug der liberalen Demokratie stoppten, der faschistischen bzw. nationalsozialistischen Diktaturen und der Stalinschen Sowjetunion. In den 50er und frühen 60er Jahren wurde die Totalitarismustheorie dann zur dominierenden Deutungsvariante des sowjetischen Sozialismus, wobei die Parallelen zum deutschen Nationalsozialismus bewußt hervorgehoben wurden, um negative Emotionen zu mobilisieren. Das war sowohl durch objektive Gegebenheiten bedingt - die großen faschistischen Diktaturen waren 1945 zusammengebrochen, die sowjetische war bestehen geblieben - als auch durch den Geist des Kalten Krieges geprägt, der Feindbilder hier wie dort benötigte. Spätestens aber im Umfeld der '68er-Bewegung verlor diese theoretische Deutung des Sozialismus sowjetischen Typs dann ihre Plausibilität. Der nach 1989 von bestimmter Seite massiv beklagte Siegeszug der Modernisierungstheorie in der DDR- und Kommunismusforschung begann (Glaeßner 1995).

Ganz anders stellte sich die Situation in den osteuropäischen Ländern dar: dort verlor eine *immanente* Kritik des realisierten Sozialismusmodells spätestens mit den Panzern in Prag im August 1968 ihre Anhänger und die dortige Opposition zu den herrschenden StaatsParteien entdeckte die härteste Variante einer direkten Kritik der herrschenden Macht, die Totalitarismustheorie, für sich. Der Begriff "totalitäres Regime" wurde in Osteuropa zum hauptsächlichen Kampfbegriff für Demokratie und Menschenrechte gerade zu dem Zeitpunkt, zu dem er im Westen an öffentlichem Einfluß verlor. Der dem Konzept immanente Vergleich zum Nationalsozialismus und Faschismus wurde bewußt genutzt, um die eigene Distanz zum "M-L" zu vergrößern oder demonstrativ zu betonen. Ähnliches geschah in der Geschichtsdiskussion in der Spätphase der sowjetischen Perestroika in der UdSSR nach 1988. Solche Kampfbegriffe haben ihre Zeit in Situationen scharfer Bedrohung des Gemeinwesens. Unter den heutigen Bedingungen des Endes der Systemauseinandersetzung erscheint dem Autor eine Renaissance der Totalitarismustheorie, zumindest wenn damit das Denken in der absoluten Entgegensetzung von einerseits Diktatur, andererseits Demokratie wiederbelebt werden soll, dagegen keine zeitgemäße Antwort zu sein. Notwendig ist eher eine stärkere Differenzierung verschiedener Arten von Diktatur und Demokratie und ihrer funktionalen Abhängigkeiten von je konkreten Prozessen sozialen Wandels zu sein. Nur dann auch können die konkreten Gefährdungen der osteuropäischen Demokratien und das spezifische Ausmaß der antidemokratischen Gefahr bestimmt werden.

Es soll mit einem solchen Herangehen ganz gewiß nicht geleugnet werden, daß persönliche Betroffenheit ein wichtiger Antrieb auch der wissenschaftlichen Analyse sein kann. Ein existentielles Interesse an Klarheit über den Gegenstand der Analyse hat gerade diejenigen, die sich seit den 30er Jahren mit den spezifischen Gefahren moderner Diktaturen beschäftigt haben, umgetrieben. So schrieb etwa Herbert Marcuse im Vorwort zu "Demokratischer und autoritärer Staat", einem postum herausgegebenen Band von Texten des nach 1933 in die USA emigrierten deutschen Juristen Franz Neumann, daß sein Kollege in seinen letzten Lebensjahren versucht habe, "Antwort auf die schreckliche Frage zu finden, warum menschliche Freiheit und menschliches Glück auf derjenigen Stufe reifer Zivilisationen dahinschwanden, auf der die objektiven Bedingungen, sie zu verwirklichen, größer waren als je zuvor."(Marcuse 1986: 7) Übrigens war auch im östlichen Lager, unter der humanistisch orientierten Intelligenz, ein solches Entsetzen über die *beiden* schrecklichen

Diktatur und Demokratie

Wunden am Körper der europäischen Zivilisation, den Faschismus und die Stalinsche Schreckensherrschaft, verbreitet. Als Beleg dafür soll hier nur der sowjetrussische Schriftsteller Ilja Ehrenburg aus seinen Memoiren angeführt werden: "... mich erschütterte weniger der Eintritt Hitlers in die Arena der Geschichte als die Schnelligkeit, mit der sich die Metamorphose der deutschen Gesellschaft vollzog. ... Die Bremsen der Zivilisation waren zu labil gewesen und hatten bei der ersten Belastung versagt. Aber was rede ich von den Faschisten. Ich habe erlebt, daß Menschen einer fortgeschrittenen Gesellschaft, die den edelsten Ideen zu leben schienen, Gemeinheiten begingen ... Kameraden und Freunde verrieten, daß die Frau sich vom Manne lossagte und der eilfertige Sohn den bedrängten Vater anschwärzte". (Ehrenburg 1978: 54) Moralisches Entsetzen und moralische Abscheu können durchaus starke Motive des wissenschaftlich Suchenden sein, nur müssen diese Gefühle unter rationaler Kontrolle bleiben.

Eine Differenzierung der Begriffe Diktatur und Demokratie ist auch notwendig, wenn der deutsche Nationalsozialismus mit dem deutschen Sozialismus verglichen werden soll. Die Aufgabe besteht offensichtlich darin, einen solchen Begriff von Diktatur zu bilden, der sowohl die gemeinsamen Züge der politischen Formen beider Gesellschaften, als auch die wichtigen faktischen und funktionalen Unterschiede abbildet.

Diktatur als Knebelung der Gesellschaft durch die politischen Machthaber nutzt die normalen staatlichen Institutionen in besonderer Weise. In diesem Verständnis muß eine Analyse der Diktatur mit der des Staates beginnen.

Staaten sind komplexe Institutionen, die folgende Momente in sich einbinden: eine (unterschiedlich mächtige) Zwangsorganisation, eine weitverzweigte und umfangreiche Bürokratie, die vermittels der Erhebung von Steuern und Zöllen sowie durch Subventionen auf die Wirtschaft Einfluß nimmt, schließlich als besondere Branchen des Staatsapparates Justiz, Polizei, das Diplomatenkorps, die Armee.(Neumann 1986: 255) Aus einer Arbeit des schon erwähnten Franz Neumann stammt die folgende Bestimmung allgemeiner Methoden, bzw. allgemeiner Verfahren der staatlichen Machtausübung: Er kennt erstens Überzeugung zweitens Gewährung oder Entzug von materiellen Vorteilen und drittens Brechung des Willens anderer (deren Grenzfälle einerseits die Erziehung, andererseits das Töten der Unterworfenen sind).[2] Alle Staatsformen kennen diese Verfahren. Jeweils andere Kombinationen davon charakterisieren Demokratien oder die unterschiedlichen Formen von Diktaturen. Vor allem aber unterscheidet sie der unterschiedlich organisierte Zugang zum staatlichen Zentrum der politischen Macht. In Diktaturen ist die politische Macht immer das verteidigte Monopol einer kleinen Gruppe. (Neumann 1986: 224) Andere potentielle Anwärter auf die Macht werden mit allen Mitteln ferngehalten. Dieses Fernhalten ist der rationelle Kern aller politischen Brutalität gegen Individuen in Diktaturen jeder Art, und es ist gleichzeitig eine Quelle sozialer Ungleichheit. Nicht zufällig wird dieses Detail der großen Maschinerie der Macht zum Gegenstand der wohl am meisten verbreiteten politikwissenschaftlichen Definition von Demokratie, der "realistischen Theorie der Demokratie" Schumpeters: "Die demokratische Methode ist diejenige Ordnung der Institutionen zur Erreichung politischer Entscheidungen, bei welcher einzelne die Entscheidungsbefugnis vermittels eines Konkurrenzkampfes um die Stimmen des Volkes erwerben." (Schumpeter 1976: 428)

Nach diesem allgemeinen Anlauf soll nun auf die schon genannten unterschiedlichen Diktaturen eingegangen werden. Seit Anfang 1933 übte die NSDAP-Führung mit Unterstützung von Teilen der deutschen Eliten diktatorische Macht aus, wobei sie diese im Verlaufe des besagten Jahres schrittweise ausweitete und festigte: nach Reichskanzlerschaft die Ausschaltung politischer

---

2 Siehe F. Neumann: "Ansätze zur Untersuchung politischer Macht", in: Neumann 1986: 87. Er stützt sich bei diesen Ausführungen auf Weber (1921).

Diktatur und Demokratie

Konkurrenten durch das Ermächtigungsgesetz, sodann polizeiliche Gewalt und brutaler Bandenterror, Säuberungen der Verwaltungen und Einsetzung eigener Gewährsleute, Vernichtung der Gewerkschaften, Beseitigung des Föderalismus. Nicht unwesentlich war auch die Installierung eines wirksamen Feindbildes: die beginnende Judenverfolgung mit dem Boykott jüdischer Geschäfte am 1. April sowie dem Gesetz über die Ausstoßung der Deutschen jüdischer Abstammung aus dem Berufsbeamtentum.[3] Soweit das Jahr 1933. Vorhin wurde allgemein von "Brutalität" gesprochen, bei einzelnen Diktaturen läßt sich die Bilanz der Opfer immer genauer angeben. Es wird geschätzt, daß bis Ende 1933 fünf- bis sechshundert Tote zu beklagen waren und wahrscheinlich mehr als 50 tausend Menschen in die schnell geschaffenen Konzentrationslager eingewiesen wurden. (Fest 1991: 552)

Bis zu diesem Punkt ist die Bilanz zwar grausam, aber im Vergleich mit anderen "modernen Diktaturen" (ein Begriff, der den Unterschied zu den Diktaturen in traditionalen Gesellschaften kenntlich machen soll) war sie nicht außergewöhnlich. Erst danach bildeten sich die Züge heraus, die die historische Einmaligkeit des nationalsozialistischen Staates ausmachen. Es sind nach allgemeiner Überzeugung die beiden folgenden: der von ihm verschuldete Weltkrieg und die Vernichtung ganzer Menschengruppen wegen angeblicher Minderwertigkeit. Es gibt allerdings bei einzelnen Autoren die Auffassung, daß der Krieg ebenfalls zu den normalen Kosten staatlicher Herrschaft zählt. (Haffner 1990: 121,

---

3 Gerade das letzte Gesetz läßt etwas deutlich werden, was einem vereinfachten Verständnis von Diktatur entgehen könnte: diktatorische Maßregeln müssen nicht nur innerhalb der herrschenden Schicht Nutznießer haben. Siehe dazu Golo Mann: Deutsche Geschichte des 19. und 20. Jahrhunderts. Frankfurt a. M. 1992, S. 776: "Deutschland war ein armer und übervölkerter Staat, der Lebenskampf des einzelnen sehr hart, für jeden Platz gab es Anwärter die Fülle; mancher, dem bisher im Leben kein Erfolg beschieden war, konnte nun einrücken und aufrücken."

129 f.)[4] Eine solche Einschätzung halte ich nicht allein wegen der hohen Zahl seiner Opfer für falsch, sondern auch deshalb, weil er der zentrale Punkt ist, auf den diese Diktatur zustrebte. Der Krieg um die Erweiterung des "Lebensraums der Herrenrasse" stand von Anfang an auf dem diktatorischen Programm, war dessen höchste Konsequenz, möglich nur durch die seit 1933 erfolgte Mobilisierung der Deutschen für die nationalsozialistischen Ziele im Innern.

Bevor ich nun die nationalsozialistische Diktatur mit der diktatorischen Substanz der DDR vergleiche, muß ich ein Drittes dazwischen schieben. In den dreißiger Jahren existierte mit der Stalinschen Sowjetunion ein Regime, das sich im Maß der Brutalität staatlicher Gewalt gegen seine Bürger nicht vom Nationalsozialismus unterschied. Auch dieses Regime hatte alle Instrumente der Macht in seinen Händen konzentriert, die Organisation autonomer politischer Kräfte - ob innerhalb von Parteien oder auf der örtlichen Ebene des Staates - schrittweise zerschlagen und seitdem fortlaufend verhindert. Es arbeitete ebenfalls mit deutlichen Feindbildern sowohl nach außen als auch nach innen, die ahumanen Tendenzen der Herrschaftsideologie wurden u.a. in der Bezeichnung politischer Gegner als "Ungeziefer" und "Schädlinge" deutlich. Trotz dieser Parallelen, die sich mühelos weiterführen ließen, sind die Differenzen beider Diktaturen deutlich: innerhalb

---

4 Sebastian Haffner hat den Krieg in seinen "Anmerkungen zu Hitler" nicht als Verbrechen eingestuft, weil es so viele Vorläufer der deutschen Eroberungspolitik gegeben habe. Haffner behauptet, daß Massaker an Kriegsgefangenen in der Hitze der Schlacht, Bombardierung von Wohngebieten im Luftkrieg, Versenkung von Passagierdampfern im U-Boot-Krieg normale Kriegsverbrechen sind, weshalb auch nicht sie den Kern des Verbrechens Hitlers ausmachen, sondern die planmäßige Ausrottung ganzer Bevölkerungsgruppen zur eigenen Befriedigung des Diktators. Er zählt mit Reinhard Henkys (dessen Schrift "Die nationalsozialistischen Gewaltverbrechen" er hier zitiert) dazu die Vernichtung von Geisteskranken, von Zigeunern, der polnischen Intelligenz und den Mord an den Juden.

der UdSSR gab es kein Programm einer ideologisch begründeten, systematischen Vernichtung einer ganzen ethnischen Gruppe, in der Stalinschen Außenpolitik haben die Historiker keine Anzeichen für die Existenz den Hitlerschen Ambitionen ähnlicher aggressiver Weltherrschaftspläne ausmachen können, auch wenn die Bereitschaft zur Nutzung günstiger Gelegenheiten zur Wiedererlangung alter russischer Territorien (Teile Finnlands, Polens, Rumäniens) vorhanden war.

Ist diese Differenz zufällig? Wie wäre sie zu erklären? Innerhalb des Herrschaftsapparates der stalinistischen Sowjetunion gab es ebenfalls keine institutionellen Gegengewichte gegen die diktatorische Macht der Gruppe um Stalin. Vielleicht war die Macht sogar noch weitgehender zentralisiert als im nationalsozialistischen Deutschland. Anders war jedoch die legitimierende Ideologie beider Systeme. Es gab auch im dogmatisierten Marxismus Ansätze der humanistischen Absichten des ursprünglichen Programms. Das für die eigene Gesellschaft angestrebte soziale Ziel - die Verwirklichung des Kommunismus - sollte auch nicht durch Vernichtung anderer Völker verwirklicht werden. Eine Reihe konkreter ideologischer Ziele strebte zudem etwas an, was innerhalb des nationalsozialistischen Deutschland überhaupt nicht nötig war, eine nachholende Modernisierung der Gesellschaft. Die Stalinsche Diktatur war nicht nur objektiv, sondern auch teilweise auf Grundlage ihres Programms bewußt angezielt, eine Modernisierungsdiktatur. Nach außen war sie eher defensiv, auf die Absicherung der einmal eroberten Positionen gerichtet, aber auf mehr nicht. Schließlich liegt in diesem Bereich der andersartigen Ziele auch die prinzipielle Quelle für die post-stalinistische Dynamik begründet: der Widerspruch zwischen dem angezielten idealen Zustand und der tatsächlichen Politik war der Ausgangspunkt für Reformen nach Stalins Tode.

Nach dem Krieg drang im Ergebnis der militärischen Niederlage Deutschlands und seiner konservativen Verbündeten in Zwischeneuropa die Stalinsche Herrschaftsform nach Westen vor. Hier wurde sie aber - im Verhältnis zu ihren Formen in der Sowjetunion Ende der 30er Jahre - wichtigen Modifikationen unterzogen. Zwar waren bestimmte grundsätzliche Herrschaftstrukturen in allen staatssozialistischen Diktaturen gleich - etwa der omnipotente Einfluß der obersten Schicht des Parteiapparates, das erhebliche Gewicht der Staatssicherheit innerhalb des Staates, der Terror als "ultima ratio" der Herrschaft - aber in den osteuropäischen Staaten erreichte das Ausmaß der Brutalität nie dasjenige des klassischen Vorbildes. Dazu kam, daß die Anpassung an das sowjetische Modell nicht sofort nach 1945 vollzogen wurde, sondern erst 1947 massiv einsetzte. Die Chruschtschowschen Reformen, vor allem aber der XX. Parteitag der KPdSU 1956, öffneten dann den Weg zu einer teilweisen Liberalisierung des Systems und zu größerer Eigenständigkeit. Schließlich war das Bild der einzelnen Staaten noch durch besondere Bedingungen geprägt, etwa die DDR bis 1961 durch ihre durchlässige Grenze zur BRD als einem Hemmnis für eine grenzenlose Anwendung diktatorischer Macht, aber auch eine stärker auf die Unterstützung in verschiedenen sozialen Schichten ausgerichtete Politik der SED-Führung, ein Moment, das selbst nach 1961 nicht verschwand. Zweifellos besaß die Politik der SED eine gewisse Unterstützung bei der Aufbaugeneration, deren Spuren nicht nur in der faktischen langjährigen Stabilität der DDR nachweisbar sind, sondern die auch mittels der Oral-History-Forschungen Lutz Niethammers aufgefunden werden konnten. (Niethammer 1991) Ab den siebziger Jahren stellt sich dann das Bild noch anders dar. Hier kommt es trotz Beibehaltung aller wesentlichen Machtstrukturen zu einem weiteren Abstumpfen der Machtmittel, zu ihrer liberalisierten Anwendung durch den Versuch, die eigenen ideologischen Zielvorstellungen den Lebensorientierungen einer Mehrheit stärker anzunähern.

Diktatur und Demokratie

Um noch einmal meine These von der notwendigen Differenzierung des Begriffs der Diktatur in Erinnerung zu rufen, möchte ich das bisher Gesagte auf folgende Weise resümieren: Weder war die Diktatur der SED-Führung in der DDR außenpolitisch so verbrecherisch, noch innenpolitisch so menschenverachtend wie der "FührerStaat"[5]. Wenn man die im Vollzug der Konzeption von der Abschaffung des Privateigentums begangenen Ungerechtigkeiten abzieht, bleiben immer noch mehrere Dutzend politisch motivierte Todesurteile, vor allem aus den fünfziger Jahren - unter Honecker kaum noch -, es bleiben die Opfer an der Mauer, es bleiben natürlich tausendfach verbaute Lebenschancen, verspielter Nationalreichtum, versperrte politische Partizipation. Aber klar wird auch, daß die Verbrechen des Nationalsozialismus und die der Stalinschen Diktatur in der Sowjetunion der dreißiger Jahre qualitativ andersartige Erscheinungen sind.

Um unterschiedliche diktatorische Staatsformen voneinander unterscheiden zu können, genügt es nicht, nur einzelne Erfahrungen gegeneinander abzuheben, sondern es bedarf auch weiterer begrifflicher Unterscheidung. Dafür scheint mir eine Differenzierung der Begriffe Diktatur und Demokratie hilfreich zu sein, die sich bei Franz Neumann in seinen Versuchen einer "Theorie der Diktatur" findet.[6]

Neumann unterscheidet verschiedene Formen der Diktatur, nämlich traditionelle, caesaristische und totalitäre, von denen einzig und allein die letzte eine der modernen Gesellschaft eigene Form ist. Er analysiert eine Reihe historischer Beispiele für Form zwei und drei und kommt zu einem - zunächst überraschend

---

5 Dieser Begriff ist analog zum dem des "ParteiStaates" gebildet, auch hier soll durch ungewöhnliche Schreibweise begrifflich auf ein spezifisches Moment des Staates in den nationalsozialistischen oder faschistischen Diktaturen aufmerksam gemacht werden.
6 Gemeint sind einige Aufsätze aus Franz Neumann: Demokratischer und autoritärer Staat (1986), vor allem "Notizen zur Frage der Diktatur", "Angst und Politik", "Ökonomie und Politik im 20. Jahrhundert".

scheinenden - Ergebnis: *Zumindest die modernen Formen von Diktaturen sind nicht allein Ergebnis individueller Willkür, sondern wurzeln alle in einem gesellschaftlichen Bedürfnis.* Diese Aussage will ich noch einmal unterstreichen, sie ist zudem dem grundlegenden Argument von Barrington Moore verwandt. (Moore 1969) Wenn man aber emotional akzeptiert, daß Diktaturen einem gesellschaftlichem Bedürfnis entsprechen können, dann kann man auch Neumann in seiner Auffassung folgen, daß "die übliche Konfrontation von liberaler Demokratie und Diktatur als Antithese von Gut und Böse" nicht aufrecht erhalten werden kann. (Neumann 1986: 238)

Diktaturen - schreibt er - könnten die Demokratie in Notsituationen retten oder aber sie vorbereiten. Nur als total repressive Regime totalitären Typs seien Diktaturen die völlige Negation der Demokratie. Aber selbst hier lohne es sich, nach den gesellschaftlichen Tendenzen zu fragen, die sie bedingen. Meist seien totalitäre Diktaturen aus (schwachen) Demokratien hervorgegangen oder aber sie seien zumindest durch die Idee der Demokratie in ihrer Gestalt modifiziert. Sie sind dann gezwungen, das *Ritual* der Demokratie zu praktizieren, obwohl deren Wesen völlig negiert wird.

Soweit einige Überlegungen zur Differenzierung und zum Zusammenhang von Demokratie und Diktatur. Auch für Osteuropa läßt sich in erster Analyse bestätigen, daß den Diktaturen bisher häufig Versuche der Konstituierung von Demokratien vorausgegangen sind. Selbst in Rußland entstand vor dem Oktoberumsturz der Bolschewiki eine demokratische Republik, gingen die Wahlen zur Konstituierenden Versammlung der Installierung der Einparteienherrschaft voraus, ja es gab selbst nach dem Oktoberumsturz noch bis zum Frühjahr nächsten Jahres eine Koalitionsregierung (wenn auch nur aus zwei Parteien bestehend). Zur Entwicklung Polens, Jugoslawiens, Bulgariens nach 1918 ließe sich Ähnliches sagen.

Diktatur und Demokratie

Wenn das so ist, dann stellt sich die Frage, worin die Wurzeln dieses Umschlagens von Demokratie in Diktatur in Osteuropa im 20. Jahrhundert lagen.

3 Erfahrungen der Zwischenkriegszeit: Schwierigkeiten und Schicksale der Demokratie in Osteuropa

Die Zwischenkriegszeit ist zu einem geläufigen Gegenstand von historischen und sozialwissenschaftlichen Analysen der osteuropäischen Entwicklung geworden. So fragt der ungarische Politikwissenschaftler Körösenyi, ob es nach dem Ende des Staatssozialismus zu einem "Revival of the past" in Gestalt zweier sich aneinander profilierender, sich bekämpfender Fraktionen der ungarischen Elite, der urbanen, liberalen beziehungsweise der national-populistischen Gruppierung kommt, denen nach Regionen unterschiedene, stabile Wählerneigungen entsprechen. (Körösényi 1991: 171) So wird von vielen Autoren mahnend auf die damals vorherrschende und heute drohende Tendenz zu autoritären Herrschaftsformen hingewiesen. Diese thematische Hinwendung zur Zwischenkriegszeit bekommt auch durch die praktische Politik der letzten Jahre einige Nahrung. Umbettungen bereits vor langer Zeit gestorbener Politiker der Jahre vor 1945 (in Ungarn von Horthy, in Polen von Sikorski und Moscicki[7]) sind sichtbarer Ausdruck davon. Man mag dies für nicht so wichtig halten, aber dann unterschätzte man die osteuropäische Vorliebe für Symbole, für großartige Rituale.[8] Die Geschichte Osteuropas in der Zwi-

---

7 Die feierlichen Beerdigungszeremonien fanden alle im September 1993 statt, die Umbettungen polnischer Politiker dabei wohl nicht zufällig ein paar Tage vor den vorzeitig angesetzten Wahlen zum Sejm.
8 Es sind nicht zufällig zwei Beerdigungen im Ungarn des Sommers 1989 gewesen, die den Wechsel der Zeiten zum Ausdruck brachten: zum einen die Umbettung Imre Nagys, des Ministerpräsidenten der Zeit des Oktoberaufstandes von 1956, zum anderen die Beerdigung Janos Kadars, seines Genos-

schenkriegszeit ist also in der heutigen politischen Realität dieser Staaten in vielfältiger Weise präsent. Insofern scheint es für das Verständnis heutiger politischer Alternativen in diesem Raum nicht überflüssig zu sein, sich mit einigen historischen Tatsachen zu beschäftigen.

Wenn wir bis zum Beginn der Zwischenkriegszeit zurückblicken, dann drängt sich zunächst der Eindruck einer tiefen politischen Zerrissenheit auf. - Einerseits herrschte wie überall in Europa ein allgemeines Entsetzen über das sinnlose Hinschlachten einer ganzen Generation junger Männer im Feuer des jüngsten Krieges, andererseits waren gerade die damaligen osteuropäischen Politiker häufig Kriegshelden und von militärischem Geist durchdrungen.

– Einerseits jubelten die selbstbewußten tschechischen und polnischen nationalen Eliten, deren Traum von der Konstituierung unabhängiger Nationalstaaten 1918 in Erfüllung ging, andererseits stöhnten die Bevölkerungen der Mittelmächte, zu denen Ungarn gehörte, unter dem Druck ihnen von den Siegern auferlegter Lasten.

– Einerseits wurde lange unterdrückten Völkern die Freiheit im Rahmen neuer Nationalstaaten gegeben, andererseits kamen mit diesen Staatsgründungen andere Ethnien als Minderheiten unter die Herrschaft der dominierenden Staatsvölker, wodurch sich bald wieder Nationalitätenkonflikte einstellten.

– Einerseits erschien die Erlangung des allgemeinen Wahlrechts, damit eine ungeheure Ausweitung der politischen Partizipation der Unterklassen, sowie der Siegeszug der republikanischen Staatsform als Zeichen eines unwiderruflichen Sieges der Demokratie, andererseits waren diese Jahre auch die Geburtszeit der romantisch-autoritären Bewegungen in vielen europäischen

---

sen und Gegenspielers aus der gleichen Zeit, der an der Spitze des ParteiStaates stehend die Jahrzehnte danach geprägt hat. Zu beiden Veranstaltungen kamen Hunderttausende.

Diktatur und Demokratie

Staaten, die jeweils unter nationalen Farben geboren wurden und die sich später, in den dreißiger Jahren, an das italienische oder deutsche Erfolgsmodell rechtsextremer Diktaturen anlehnten.

Die Zwischenkriegszeit erscheint so in Osteuropa als eine Zeit der Diktaturen, der Unterdrückung nationaler Minderheiten und der notfalls auch mit Waffengewalt gegeneinander ausgetragenen territorialen Forderungen.

Warum kam es in dieser Zeit, die zunächst wie der Sieg der demokratischen Idee im Innern und in der internationalen Arena aussah, bald schon zum Überwiegen autoritärer Regime? Vielleicht läßt sich die Antwort leichter finden, wenn der Vergleich gesucht wird zwischen der allgemeinen Tendenz und dem Sonderfall, der - wie der ungarische Geisteswissenschaftler Bibó sie genannt hat - "politischen Oase" jener Jahre, der Tschechoslowakei (Bibó 1992: 34).[9]

Als Repräsentant der allgemeinen Tendenz zur Errichtung autoritärer Regime in Osteuropa und Vergleichsfall zur tschechoslowakischen Entwicklung soll zunächst der ungarische Staat unter dem Reichsverweser Miklos Horthy dienen. Danach will ich das Blickfeld um weitere osteuropäische Gesellschaften erweitern. Dazu werden im folgenden vier Thesen aufgestellt und erläutert.

Erste These: Für die unterschiedliche Entwicklung in diesen beiden Gesellschaften ist grundlegend die Situation verantwortlich, in die diese durch Sieg oder Niederlage im Weltkrieg gerieten.

Die Tschechoslowakei konnte nicht zuletzt deshalb nach dem Krieg als eigenständiger Staat gegründet werden, weil sie auf Seiten der Entente stand. Auch ein aus Freiwilligen gebildetes tschechisches Heer kämpfte auf deren Seite. Masaryk, der dem 1916 gegründeten tschechischen Nationalrat vorstand, hatte sich an

---

9 Die ungarische Erstausgabe dieser Schrift erschien 1946.

Frankreich angelehnt. Ungarn hingegen war seit 1867 Juniorpartner des österreichischen Kaiserhauses.

Die unterschiedlichen Bündnisse führten zu gegensätzlichen Resultaten: Die einen bekamen ihren langersehnten eigenen Staat, die anderen verloren zwei Drittel ihres Staatsgebietes und ca. 60 % der Bevölkerung.

Triumph und Niederlage im Krieg als Grundlage für unterschiedliche politische Strategien nach dem Krieg? Da scheint etwas dran zu sein.

Unter diesen Bedingungen ist es verständlich, wenn die Demokratie der tschechischen Bevölkerung als natürlicher Ausdruck ihres Bündnisses mit der Entente erschien (Funda 1978: 210)[10]. Der ungarischen Oberklasse dagegen mag der Parlamentarismus nur als die verhaßte politische Herrschaftsform des Siegers im Kriege erschienen sein, während die Monarchie in ihren Augen als natürliche, weil einer glücklicheren Periode der nationalen Entwicklung verbundene politische Form dastand. Ungarn brachte es nur zu Extremen, der linken Räterepublik von 1919 einerseits, dem weißen Terror und der autoritären Regierungsform in den Jahren danach andererseits. Die demokratische Mitte blieb dagegen unausgefüllt.

Allerdings ist diese Erklärung nicht hinreichend, wenn man den Vergleich auf weitere osteuropäische Länder der Zeit zwischen den Weltkriegen erweitert. Diktaturen gab es in großer Zahl, eine stabile Demokratie blieb dagegen die Ausnahme. Auch Polen, das auf Seiten der Sieger stand und nach 1918 mit Hilfe der Entente

---

10 Der Weltkrieg selbst war durch Thomáš G. Masaryk als Kampf zwischen den Idealen des Fortschritts, der Humanität und der Demokratie (auf Seiten der Entente) sowie dem Militarismus und dem theokratischen Absolutismus (auf Seiten der Mittelmächte) gedeutet worden. Masaryks Orientierung auf die Entente war gekoppelt mit der entschiedenen Ablehnung einer Orientierung auf Rußland, die von slawophilen Kräften, etwa in der tschechischen Nationaldemokratie, vertreten worden war.

als Staat wiedergeboren wurde, verwandelte sich aus einer labilen Demokratie sehr schnell in eine Staatsform, die der ungarischen ähnlich war. Und ein weiterer Sieger der Umverteilung nach dem Kriege, Rumänien - es verdoppelte Staatsgebiet und Bevölkerung vor allem auf Kosten Ungarns - konnte die aus Frankreich importierten, die kopierten demokratischen Institutionen nicht recht mit Leben erfüllen, die Demokratie blieb eingeschränkt, um dann schließlich seit 1930 vom König immer mehr in eine offene Diktatur umgewandelt zu werden.

Eine zweite These soll deshalb formuliert werden: Die Stabilität einer Demokratie im Zwischenkriegseuropa war in hohem Maße davon abhängig, ob sie in einer Gesellschaft wie die der Tschechoslowakei entstanden war, die nach 1918 eine entwickelte Industriestruktur ausgebildet hatte und modernisiert war[11]. Die Industrialisierung wird in dieser These als eine wesentliche Grundlage der stabilen Existenz demokratischer Institutionen angesehen.

Deutlich ist, daß in der Tschechoslowakei, zumindest im tschechischen Teil, eine größere Zahl von auf sozialökonomischen Klassen gegründeten Parteien existierte, daß in dieser Gesellschaft die modernere Form der politischen Parteien, die Klassenpartei, deren ältere Form, die Klientelpartei, abgelöst hatte. Hier hatten sich Arbeiterparteien herausgebildet, die stärker waren als anderswo. Hier zeichnete sich eine stabile Konfliktlinie Arbeiter versus Unternehmer ab, währenddessen in Ungarn und Polen für diese Zeit zwar auf die Bauernschaft gestützte Parteien nachzuweisen sind, aber die proletarischen Linksparteien ebenso schwach waren wie Parteien der Unternehmer. In der Tschechoslowakei bildeten sich während aller Jahre immer stabile, wech-

---

11 Vgl. zu den Unterschieden in der wirtschaftlichen Entwicklung der Staaten Osteuropas in der Zwischenkriegszeit: Handbuch 1985. In den tschechischen Ländern allein waren 70 % der Industrieproduktion Österreich-Ungarns konzentriert.

selnde Mehrheiten im Parlament heraus, in Ungarn existierte dagegen ein starkes Übergewicht einer um wenige Personen herum zentrierten Kräftegruppierung, die für ihre öffentliche Organisation verschiedene Parteinamen fand. Die ungarische politische Elite blieb in ihrem Umfang begrenzt (nur zwischen ihren Flügeln fanden im Zeitverlauf gewisse Verschiebungen statt). In Polen existierten zwar relativ stabile Parteien, doch seit einem Staatsstreich 1926 regierte - welche Parteienkoalitionen auch immer im Parlament stark waren, die rechten Nationaldemokraten oder eine Mitte-Links-Koalition von PPS und PSL - eine Gruppe von Offizieren der berühmten 1. Legion, die sich bis zu seinem Tod 1935 um den ehemaligen Führer dieser Truppe, Josef Piłsudski, gruppierte. (Mackiewicz 1956; Piłsudski 1935)[12]

Wenn sich in den drei genannten Ländern auch offensichtlich unterschiedliche Grade der sozialen Modernisierung in unterschiedliche politische Entwicklungen umsetzen, ist diese Tatsache jedoch nicht identisch mit einer direkten Abhängigkeit des politischen Fortschritts vom wirtschaftlichen Erfolg. Alle Länder Ostmitteleuropas gleichermaßen, auch und gerade die industriell entwickeltere Tschechoslowakei, benötigten relativ lange, um sich aus dem Schock der plötzlichen Abtrennung vom früheren einheitlichen österreichisch-ungarischen Wirtschaftsraum zu erholen. Ende der 20er Jahre traf sie die Weltwirtschaftskrise mit besonderer Wucht. Die Erholung daraus leitete in die Zeit des zweiten Weltkriegs über. Die wirtschaftliche Entwicklung der Tschechoslowakei war nur anfangs, in den zwanziger Jahren, erfolgreicher. Die Weltwirtschaftskrise dagegen traf diesen Staat stärker als die agrarischen Länder, da insbesondere die böhmische

---

12 Besonders ab der Ministerpräsidentschaft Slaweks, ab 29.3.1930, übten die Offiziere seiner Legion unmittelbar die politische Macht aus. Siehe zum Einfluß der 1. Legion Mackiewicz 1956 sowie Piłsudski 1935. In der Einleitung des zweiten Buches heißt es auf S. 5: "Die Erste Brigade wird die Grundlage des neuen Staates.".

Diktatur und Demokratie

Leichtindustrie, das Rückgrat der tschechischen Industrie, im Strudel der Krise versank. Erst 1937 wurde wieder das Niveau der Industrieproduktion von 1929 erreicht. (Mathias/Pollard 1989: 887 ff.) Wirtschaftliche Prosperität ist nicht automatisch mit Demokratie, wirtschaftlicher Niedergang nicht alternativlos mit Diktatur verkoppelt.

Meine dritte These lautet ausgehend davon: Es existiert ein wesentlicher Zusammenhang zwischen dem Ausmaß der sozialen Spannungen in einer Gesellschaft und ihrer Neigung, diktatorische Regime zu akzeptieren.

Die Zwischenkriegszeit ist auch ein Lehrbeispiel dafür, daß dann, wenn sich Rückstände in der wirtschaftlichen und sozialen Modernisierung mit nationalen Spannungen verkoppeln und diese Mischung noch im Umfeld einer autoritären politischen Kultur stattfindet, eine stabile demokratische Entwicklung höchst unwahrscheinlich ist.

Diese These läßt sich auch umkehren: eine demokratische Entwicklung ist nur möglich, wenn ein gewisses Maß an Spannungen zwischen Macht und Gesellschaft nicht überschritten wird. Nur wenn es gelingt, potentielle soziale Konflikte politisch zu differenzieren und ihre Kumulation zu verhindern, lassen sich divergierende Leistungsansprüche an die Politik auf demokratische Weise integrieren.

In der Tschechoslowakei war ein solches Gleichgewicht selbst in den schwierigen dreißiger Jahren gegeben. Allerdings kam es sogar hier zu einer, obgleich auch untergeordneten Tendenz zu autoritärem politischen Handeln - Historiker wie Slapnicka haben das Regierungssystem dieser Periode als "autoritäre Demokratie" bezeichnet. (Slapnicka 1969: 103)[13] In den anderen Gesellschaften

---

13 Helmut Slapnicka formulierte, daß das "Bestreben, die demokratischen Einrichtungen mit allen Mitteln zu schützen, die in der Verfassungsurkunde nicht vorgesehen waren oder mit ihr in Widerspruch standen", zu dieser Periode

dieser Zeit konnte das Gleichgewicht zwischen Macht und Gesellschaft offensichtlich nur vermittels eines besonders gepanzerten politischen Zentrums und einer radikalen Einschränkung des Handlungsraums davon unabhängiger Akteure aufrechterhalten werden. Mit dieser These ist eine mögliche Präzisierung der oben erwähnten These Neumanns erreicht, der vom möglichen Bedürfnis der Gesellschaft nach Diktatur sprach.

Schließlich eine vierte These: Die Entscheidung zwischen Diktatur und Demokratie hing in Osteuropa zwischen den Weltkriegen zu einem gewissen Grade davon ab, welchen individuellen Wertorientierungen die politischen Führer der damaligen Zeit folgten.

Es läßt sich zunächst feststellen, daß in Osteuropa nach 1918 häufig einzelne Politiker über eine hohe persönliche Autorität verfügten und unangefochten an der Spitze des Staates standen. Dabei machte es keinen Unterschied, ob diese Personen die Rolle eines Diktators oder die eines demokratisch gewählten Präsidenten ausübten. Für die jungen Staaten Polen und die Tschechoslowakei waren Josef Piłsudski und Thomáš Masaryk die Personen, die sich bei der Wiedergründung des Staates besondere Verdienste erworben hatten. Die Tatsache der nationalen Wiedergeburt hatte tiefe, politisch wirksame Spuren hinterlassen. Der Glanz dieser Gründungszeit fiel besonders auf die Politiker, deren Namen mit diesem Prozeß verbunden waren. Im gewissen Maße trifft das auch auf den Rumänen Ionel Bratianu (1864 - 1927) zu, der als Führer der Liberalen großen Anteil an der Neukonstituierung des wesentlich vergrößerten rumänischen Staates hatte. Es muß aber nicht immer die Aura des Erfolgs sein, die einen Politiker einflußreich werden läßt. Auch Führer in Zeiten des nationalen Notstands können sich mit ihrem Handeln eine herausgeho-

---

führte. Den Begriff "autoritäre Demokratie" verwenden auch andere Autoren desselben Sammelbandes.

Diktatur und Demokratie

bene Autorität verschaffen, die lange Zeit zu strahlen imstande ist. Das trifft etwa auf Admiral Miklos Horthy zu, den militärischen Führer des gegenrevolutionären Lagers in der Zeit der Niederschlagung der Räterepublik und des tragischen Friedensschlusses von Trianon, der sehr lange Zeit der Kristallisationspunkt des Staates blieb.

Wo einzelne Persönlichkeiten in so erheblichem Maße den Staat beeinflussen, da wird das Gemeinwesen auch mehr oder weniger stark durch deren subjektive Wertewelt geprägt. Und im Unterschied zwischen den Persönlichkeiten, einerseits Piłsudski und Horthy, andererseits Masaryk, könnte dann ein weiteres Moment einer Erklärung darin liegen, warum die Polen und Ungarn stärker durch autoritäre Momente geprägt wurden, während die Tschechoslowakei den Weg einer relativ stabilen Demokratie ging.

Um diese These zu überprüfen, will ich hier auf zwei unterschiedliche Persönlichkeiten eingehen, deren historische Ausstrahlung auch noch in der Gegenwart zu verspüren ist, Tomas Masaryk und Josef Piłsudski.

Beide sind einer Zeit verpflichtet, in der sowohl die Demokratie in hohem Ansehen stand, als auch der Nationalstaat als natürliche Grundlage politischer Gemeinschaften angesehen wurde. Darüber hinaus trennt sie sehr viel. Masaryk war Philosoph. Seine Konzeption der Demokratie gründete sich auf ein humanistisches Bild von den Menschen und der Gesellschaft, auf ein Programm, das er seit seinem Studium der Philosophie bei Franz Brentano in Wien in den siebziger Jahren des 19. Jahrhunderts verfolgte. Seine Beziehung zur Demokratie war auch durch die - im 19. Jahrhundert bekanntlich verbreitete - Überzeugung von der Unaufhaltsamkeit des menschlichen Fortschritts fundiert. In der Geschichte vollziehe sich eine Bewegung vom blinden Gehorsam zur rationalen Prüfung von Argumenten, von der Unterordnung unter die Autorität einer obersten Gewalt zur Freiheit der Kritik und Mitbestimmung. Demokratie war für ihn auf Diskussion begründet. Sie sei ein "Gespräch zwischen Gleichen, die Erwägung freier Bürger vor der ganzen Öffentlichkeit." (Čapek 1969: 317) Die wichtigste Garantie der Demokratie war für ihn demzufolge die sittliche Verantwortung der Bürger. Die Demokratie habe deshalb ihre Mängel, ist Masaryk der Überzeugung, weil auch die Bürger Mängel aufweisen. (Čapek 1969: 318 f.) Erst danach wären die Institutionen Parlament, Verwaltung oder Polizei von Bedeutung. Bildung, kultureller Fortschritt allgemein besaßen in seinem politischen Konzept einen zentralen Stellenwert. Entsprechend dieser Grundsätze versuchte Masaryk zu verfahren, seitdem er 1918 an die Spitze des Staates berufen wurde. Zwischen 1920 und 1935 wurde er dreimal zum Präsidenten gewählt. Seine Autorität war so groß, daß er selbst noch ohne größeren Widerstand seitens anderer politischer Kräfte seinen Nachfolger im Amt bestimmen konnte. Es war sein Schüler Edvard Beneš.

Josef Piłsudski, Sohn einer polnischen Adelsfamilie aus Litauen, begann als Sozialist, entschloß sich aber nach der gescheiterten russischen Revolution von 1905/06 dazu, als Soldat für Polens Wiedergeburt zu kämpfen. (Piłsudski 1935: 5) Später sollte er seine Wende selbst mit den Worten charakterisieren: "Lange Zeit sind wir zusammen in der sozialistischen Straßenbahn gefahren - ich bin an der Haltestelle ausgestiegen, die 'Unabhängigkeit' heißt."[14] Im Weltkrieg widmete er sich dem praktischen Aufbau einer polnischen Armee, zunächst an der Seite Österreichs. Ab Sommer 1917 entschloß er sich dann zum Kampf gegen die Mittelmächte und wurde in die Festung Magdeburg verbracht. Sein Anteil an der Wiedergeburt des polnischen Staates verlieh ihm eine hohe Autorität, weshalb er am 11. November 1918 zum Oberhaupt der neugegründeten Republik bestimmt wurde. Nach Annahme einer Verfassung, die die Macht des

---

14 Zitiert bei Mackiewicz 1956: 103.

Staatsoberhauptes gerade mit Blick auf seine Person radikal einschränkte, gab er Ende 1922 verbittert sein Amt auf. An der Spitze seiner Truppen kehrte er am 12. Mai 1926 an die Macht zurück und begründet faktisch seine Alleinherrschaft. Das Zentrum seines Denkens war die Wiedergeburt und Stärke seiner polnischen Heimat. Interessant für sein Gesellschaftsverständnis sind die Reden, die er unmittelbar nach seinem Staatsstreich im Mai 1926 hielt, in denen die Opfer seiner Aktion - es waren auf beiden Seiten ungefähr 1000 Menschen umgekommen - vor seinem Gewissen und den Bürgern rechtfertigte.

In der Periode der Demokratie habe - so Piłsudski - vor allem Parteihader geherrscht. Der Staat wäre schwach und die ihn repräsentierenden Personen seien schutzlos dem Kampf der Parteien ausgesetzt gewesen. Staatsposten seien klientelistisch von den regierenden Parteien verteilt und nach dem Wahlsieg anderer Parteien umverteilt worden. Piłsudski in direktem Zitat: "Über allem herrschte in Polen das Interesse des Einzelnen und der Parteien, es bestand Straflosigkeit für alle Mißbräuche und Verbrechen."[15] (Piłsudski 1935: 199) Dem wollte Piłsudski ein Ende bereiten, indem er die Macht der Parteien und des Sejm beschränkte und die Stellung der Exekutive stärkte. Wenn aber die Staatsziele nicht im Wettbewerb der Parteien bestimmt werden sollten, woraus sollten sie sich dann herleiten? Auch hiervon hatte der Marschall klare Vorstellungen. Das Ziel sollte ein machtvolles und leistungsfähiges Polen sein, wobei der Staat auch soziale Verantwortung zu tragen hatte. Er müsse mit seinen Mitteln auch verhindern, daß in der Gesellschaft "zuviel Ungerechtigkeit denen gegenüber" herrscht, "die ihre Arbeit für andere leisten"[16]. (Piłsudski 1935: 194 f.)

---

15 So Piłsudski vor dem Sejm am 29. 5. 1916.
16 Piłsudski in einer Rede in der Nacht des Staatsstreiches.

Während der Erarbeitung einer zweiten, autoritär orientierten Verfassung Polens Anfang der dreißiger Jahre, äußerte sich Piłsudski noch einmal umfassender zu seinen politischen Prinzipien: Der Staat müsse so konstruiert sein, daß die grundlegenden Machtfaktoren Sejm, Regierung und Staatspräsident nicht "mehr miteinander streiten..., sondern in Eintracht zusammenarbeiten."[17] (Piłsudski 1935: 203) Die Kompetenzen von Präsident und Regierung sollten wesentlich erweitert, die des Sejm weiter eingeschränkt werden. Die untergeordnete Stellung des Sejm äußerte sich auch darin, daß das Prinzip der Immunität der Abgeordneten aufgehoben wurde.[18] Piłsudski sprach sich auch gegen eine Fixierung von Menschenrechten in der Verfassung aus, sie sei für die jetzige Periode völlig überflüssig.(Piłsudski 1935: 204)

Diese Bemerkung rundet das Bild ab, das wir von Piłsudskis politischen Ansichten bekommen haben. Sein Idealbild war ein starker Staat, dessen Geschlossenheit die Stärke der polnischen Nation absichert. (Fuhrmann 1990: 51 ff.)[19], der aber auch für

---

17 1930 in einem Interview für die regierungsoffizielle Zeitung "Gazeta Polska".

18 Das ist besonders wichtig vor dem Hintergrund der willkürlichen Verhaftung einer großen Zahl von oppositionellen Sejmabgeordneten durch die Regierung im September 1930, mit der eine Verschärfung der diktatorischen Züge des Piłsudski-Regimes eingeleitet wurde. Siehe den Kommentar aus der Position eines konservativen Sympathisanten in Mackiewicz 1956: 280 ff.

19 Diese Vorstellung von Einheitlichkeit als Stärke wurzelt beim historisch argumentierenden Piłsudski auch in einer bestimmten Auffassung von den Ursachen der Teilung Polens im 18. Jahrhundert. Das "Liberum Veto", die anarchische Demokratie der polnischen Adelsrepublik, wurde von vielen Zeitgenossen und wird auch heute als Ursache des Machtverfalls des Staates angesehen. Man könnte bezogen auf Piłsudskis Ablehnung des politischen Pluralismus von der Verkopplung ungerechtfertigter historischer Parallelen (schließlich war das alte Polen schon lange untergegangen und in der Zeit zwischen den Weltkriegen ging es um die Frage, ob Polen den Weg der Modernisierung erfolgreich beschreitet, wozu politische Parteien nicht unwichtig waren) mit soldatischen Überzeugungen von sozialer Disziplin sprechen.

Diktatur und Demokratie

die Armen der eigenen Gesellschaft zu sorgen hat. Die politischen Konflikte wurden zu reduzieren versucht, indem die Gesellschaft autoritär eingeschnürt, die Parteien behindert und die Wahlen manipuliert wurden. An der Spitze des Staates sollte die überragende Autorität eines direkt gewählten Präsidenten für die politische Einheit sorgen. Hier zwang ein Soldat seine Vorstellungen von Gemeinschaftshandeln, von Pflicht und Ehre, der Gesellschaft auf. Der Befehl sollte die Funktion ausfüllen, die in Masaryks Vorstellungen das Gespräch freier Bürger in der Öffentlichkeit realisierte. Das Militär erschien in Piłsudskis Denken als die einzige Institution, die keine partikularen Interessen vertritt und somit als Garant der Stärke der Nation.

Zusammenfassend läßt sich folgendes sagen: Persönlichkeiten spielen besonders dann eine Rolle, wenn sich zwischen den verschiedenen Akteuren einer historischen Situation ein labiles Gleichgewicht eingestellt hat. Ihr Handlungsraum wird durch die jeweiligen Konfliktfronten bestimmt. Innerhalb des mehr oder weniger großen Raums freier Entscheidung, der historischen Alternativen, gewinnt dann größtes Gewicht, ob ein Politiker die Politik als den Raum des friedlichen Wettbewerbs unterschiedlicher Interessen und Werte ansieht oder aber als den Hebel, mit dem eine moralische Elite Entscheidungen zum Wohle der Nation und der Armen gegen Widerstreben durchzusetzen vermag.

Bevor ich diesen Abschnitt beende, will ich noch einmal die Aussagen über die Ursachen für die unterschiedlichen Schicksale der Demokratie in verschiedenen Ländern Osteuropas während der Zwischenkriegszeit resümieren: In Abhängigkeit davon, ob die Staaten auf der Seite der Sieger oder der Verlierer des Krieges gestanden hatten, ob sie mehr oder weniger modernisiert waren, welcher politischen Orientierung ihre Führer folgten, neigte sich die Waage entweder der Demokratie oder der Diktatur zu. Eine Zwangsläufigkeit der Entwicklung in die eine oder andere

Richtung wird allerdings durch keinen dieser Faktoren für sich genommen bedingt.
Aus dieser historischen Analyse lassen sich m. E. weitergehende theoretische Hypothesen ableiten. Historisch einmal konsolidierte demokratische Institutionen sind besser in der Lage, die vielfältigen Konflikte der Interessen und Werte in einer differenzierten, modernen Gesellschaft zu regulieren als autoritäre Regierungsformen. Dies ist theoretisch unbestritten. Die osteuropäischen Erfahrungen lassen aber auch die folgende Annahme zu: Es gibt ein bestimmtes Maß an Spannungen, bei dessen Überschreiten die politische Stabilität des jeweiligen Gemeinwesens nur noch aufrecht erhalten werden kann, wenn die demokratischen Institutionen durch diktatorische Verstrebungen verstärkt werden. In solchen Situationen ist es prinzipiell möglich, zwei Wege zu gehen: den Weg einer zeitlich begrenzten Diktatur (einer Notstandsdiktatur nach dem Vorbild der antiken römischem Republik) oder aber den der dauerhaften Ersetzung demokratischer durch autoritäre Spielregeln. Die meisten Länder Osteuropas gingen im Verlaufe der 20er Jahre unseres Jahrhunderts den zweiten Weg.

4 Staatssozialismus als erfolgreiche Diktatur: warum der Gegensatz zwischen Demokratie und Diktatur nicht alles erklärt

Warum kam es nun nach 1945 zu einer erneuten Auflage politischer Diktaturen in Osteuropa? Dafür gibt es verschiedene Deutungsmöglichkeiten. Man kann dem politischen Zwang eine entscheidende Rolle zusprechen, mit welcher Begründung auch immer, vielleicht mit der des Bildes von Mao Tsedong, daß die Macht aus den Gewehrläufen kommt. Die Sowjetarmee, der KGB, sowjetische Berater sowie die einheimischen Helfershelfer der KPdSU realisierten eine Kopie der in der Sowjetunion nach 1917 entstandenen Diktatur, die durch die Persönlichkeit Josef Stalins geprägt war. Die Art, in der die Machtverhältnisse in den politischen Prozessen zwischen 1948 und 1952 gesichert wurde, in der das große Privateigentum abgeschafft und die Bauern in die faktische Enteignung getrieben werden sollten, in der jede Opposition vernichtet oder zumindest frühere oppositionelle Kräfte domestiziert wurden, spricht für diese These. Sie bezeichnet auch eine Schicht der Wirklichkeit, aber sie läßt eine ganze Reihe von Erscheinungen unerklärt.

Es wurden auch andere Erklärungen entwickelt, so die These der unterschiedlichen politischen Kulturen. Der englische Historiker Longworth hat es kürzlich so formuliert: Nicht zufälligerweise ging der "Eiserne Vorhang" fast genau an der Stelle nieder, an der sich über ein Jahrtausend früher die Ostgrenze des Reiches Karls des Großen befunden hatte. Oder anders ausgedrückt, der Gegensatz zwischen NATO und Warschauer Vertrag sei nichts weiter gewesen als eine historische Variation eines fundamentaleren kulturellen Gegensatzes zwischen Ost- und Westeuropa, der sich seit dem 4. nachchristlichen Jahrhundert langsam herausgebildet hat und mindestens seit 1000 Jahren stabil geblieben ist. (Longworth 1992: 8) In der osteuropäischen Tradition, die vom russischen Staat am stärksten geprägt wurde, existiere ein anderes Verhältnis zwischen Staat und Gesellschaft als in Westeuropa. Der Osten sei deshalb nicht zu dem kunstvollen, stets fragilen Gleichgewicht zwischen den verschiedenen politischen und sozialen Kräften fähig, die die Demokratie als Regierungsform erst möglich machen. (Segert 1993: 123 ff.)[20]

Eine weitere Variante geschichtsphilosophischer Deutungen des Staatssozialismus, die weniger weit in die Geschichte zurückgeht, sieht ihn ebenfalls nur als eine Fortsetzung alter Ost-Westgegen-

---

20 Eine andere Variante der Diskussion über historisch-kulturelle Gegensätze in Europa ist die über Mitteleuropa.

sätze, als einen nicht geglückten Versuch eines Teils der Semiperipherie des "Weltsystems", aus der seit 300 Jahren sich vertiefenden Abhängigkeit vom nordwestlichen Zentrum auszubrechen. 1989 führe somit nicht zu neuen Ufern, sondern zu alten Dilemmata zurück. (Brie/Böhlke 1992)

Die Antwort dieser geschichtsphilosophischen Deutungen der osteuropäischen Geschichte auf die oben formulierte Frage lautet also: Nach 1945 kam es zu Diktaturen, weil in Osteuropa keine historische Alternative dazu möglich ist. Wenn es so schon einige Jahrhunderte war, kann man wohl schlußfolgern, warum sollte es in der Zukunft anders sein.

Die Auffassung des Autors ist von diesen Varianten der Deutung der Gegenwart abweichend. Geschichte ist für ihn ein Prozeß, in dem jede Generation sich erneut zwischen unterschiedlichen Alternativen entscheiden muß, die ihre Wurzeln jeweils in unterschiedlich tiefen Schichten ihres von ihren Vorgängern zu verantwortenden Erbes haben.

Wenn man nach den Ursachen dafür sucht, warum es in Osteuropa nach dem Zweiten Weltkrieg zur Wiederentstehung diktatorischer Regime kam, so muß man auf das Problem des gesellschaftlichen Bedürfnisses nach Diktatur zurückkommen, das oben ausgehend von Franz Neumann bereits angesprochen wurde. Die zu erklärende Tatsache ist die lange Dauer der Diktatur, nicht nur deren Durchsetzung. Diese Stabilität der autoritären Verhältnisse hat etwas damit zu tun, daß sie von bestimmten Teilen der Bevölkerung mitgetragen wurden. Man muß die verbreitete Loyalität der Bevölkerung gegenüber dem errichteten Regime nicht als Ausdruck einer Legitimität dieser Macht nehmen[21], aber es war mehr als eine unter ständiger Gewaltzufuhr erzwungene Duldung.

Bezogen auf die Individuen erklärt sich die Dauer der Diktatur durch mitunter sachkundigen Einsatz der anderen beiden allge-

---

21 Siehe dazu u.a. Meuschel 1992 aber auch den Standpunkt von Holmes 1993.

Diktatur und Demokratie

meinen Herrschaftsmittel, der Überzeugung wie der Gewährung oder dem Entzug materieller Vorteile.[22] Politische Macht steuert aber nicht nur Individuen, greift nicht nur direkt in das Leben der Betroffenen ein, sondern sie dirigiert auch soziale Gruppen, beeinflußt das Klima in und zwischen ihnen. Ein Teil dieser Beziehungen existiert als Meinungsklima, das in jeder Gesellschaft spontan entsteht, auch wenn keine moderne, also medienvermittelte Öffentlichkeit existiert. Solange die "Bevorrechtigten" des Staatssozialismus eine informelle Meinungsführerschaft in diesen Gemeinschaften ausüben konnten, solange - auf die Familien bezogen - mindestens ein Sohn, eine Tochter, eine gute berufliche Position einnehmen konnte, erhielt die Diktatur in den Urteilen dieser Gruppen positive Bewertungen.

Die Aufbauprogramme der StaatsParteien in Osteuropa wurden über eine lange Zeit von einem - jeweils unterschiedlich großen - Teil der Bevölkerung als mögliche Verwirklichung der eigenen Zielsetzungen aufgefaßt.[23] Das war möglich, weil jene nicht nur mit Gewalt unterdrückten und mittels Angst herrschten, sondern darüber hinaus mit ihrem Programm einer teilweise erfolgreichen Modernisierung auch massenhaft soziale Aufstiege ermöglichten. Die zentralisierten, verstaatlichten Volkswirtschaften erlaubten in gewissem Maße die vor dem Krieg vorhandene wirtschaftliche Rückständigkeit der osteuropäischen Gesellschaften zu überwinden. Sie waren in diesem Sinne auch "Entwicklungsdiktaturen"

---

22 Siehe dazu weiter vorne die Definition von politischer Macht bei Franz Neumann.
23 Dieser allgemeinen Einschätzung bedürfte einer Differenzierung nach Ländern: In der Tschechoslowakei und Ostdeutschland beispielsweise war die Unterstützung relativ groß, in der Sowjetunion hatte sich nach dem gewonnenen Krieg eine festere Loyalität der Bevölkerungsmehrheit gegenüber der Staatsmacht herausgebildet, in Polen gab es dagegen von Anfang an größere Spannungen, die nach 1956 (mit dem "nationalkommunistischen Programm" Gomulkas) von einer Art gegenseitigem Gewährenlassen zwischen Staat und Gesellschaft abgelöst wurden.

(einem Begriff, der von Marxisten wie Werner Hofmann zur Deutung der sowjetischen Realität genutzt wurde).[24] Vor allem wurde diese Modernisierungsleistung in solchen Gesellschaften wie Bulgarien und Rumänien, aber auch Polen und Ungarn vollbracht.

Hier soll die *These* aufgestellt werden, *daß die staatssozialistische Diktatur deshalb über viele Jahrzehnte stabil war, weil sie als Diktatur verstanden hat, den Entwicklungsbedürfnissen einer genügend großen Anzahl von Menschen in diesen Gesellschaften in akzeptablem Maße zu entsprechen.*

Dies gilt in besonderem Maße für die Nachkriegsgeneration, die die 50er und 60er Jahre mit wirtschaftlichem Aufbau und Reformhoffnungen nach Stalins Tode erlebte. Der Staatssozialismus war eben nicht nur eine (politische) Diktatur, er war auch der Versuch eines (sozialen) Umbaus der in Osteuropa existierenden abhängigen kapitalistischen Gesellschaften zugunsten der Unterschichten. Nach 1945 fand nicht nur der Abstieg der bisherigen, in Osteuropa meist zahlenmäßig kleinen Mittelschichten statt, sondern auch umfangreiche Aufstiege von Angehörigen der Unterklassen. Das diktatorische Programm einer kleinen Minderheit schuf sich so eine beeindruckende Schar von Anhängern.

---

24 Der Begriff "Entwicklungsdiktatur" ist dem Begriff der "Erziehungsdiktatur" verwandt, der sich schon bei Auguste Blanqui, dann aber auch bei Marx und Lenin findet, und den auch Franz Neumann benutzte, wie oben beschrieben. "Entwicklungsdiktatur" meint eine politische Form, die die Kluft zwischen den Zielen der Politik (einer über den Kapitalismus hinausreichenden Gesellschaft der gleichen Entwicklungsbedingungen aller und des Einschlafens der Notwendigkeit restriktiver politischer Macht) und ihren realen Bedingungen als abhängiger, unterentwickelter, teilweise vorkapitalistischer - wenn man so will, traditionaler - Gesellschaften versucht zu überbrücken. Sie hat sich erledigt, wenn diese Aufgabe erfüllt ist. Zu einem solchen Konzept haben sich in der Reflexion der Stalinschen Praxis der Machtausübung eine Reihe kritischer Marxisten in der Zeit des Kalten Krieges entschlossen. Siehe beispielhaft für diese die Schriften Werner Hofmanns (etwa: "Die Arbeitsverfassung der Sowjetunion" von 1955).

Diktatur und Demokratie

Die in bewußt provokanter Absicht zugespitze These in der Überschrift des 4. Abschnitts soll hier noch einmal wiederholt werden: Der "reale Sozialismus" war zunächst ein hervorragendes Beispiel einer *erfolgreichen Diktatur*. Er ging erst dann kaputt, als er auf die selbstproduzierten sozialen Bedürfnisse nur noch schlechtere Antworten produzierte als die Gesellschaft, in Konkurrenz zu der er ursprünglich entstanden war, und dies auch einer genügend großen Anzahl von Menschen zu Bewußtsein kam.

Der Staatssozialismus brachte eine Vielzahl von Nachteilen für die Bevölkerung mit sich, aber solange diese Nachteile durch als Vorteil empfundene Sozialleistungen partiell aufgewogen wurden, blieb eine gewisse, wenn auch vorrangig passive Form von politischer Unterstützung stabil. Auch hier wieder zeigt sich, daß die Stabilität politischer Institutionen davon abhängig ist, ob diese als eine Form der Lösung auftretender sozialer Konflikte von der Bevölkerung erlebt und empfunden werden. Zu den sozialen Leistungen der Diktatur, die ich hier nicht genauer bezeichnen will, kam noch ein ideeler Vorteil für eine bestimmte Gruppe von Menschen, die sich vor allem innerhalb der gebildeten Schichten fand: Die staatssozialistische Diktatur war mit dem Versprechen gekoppelt, die Welt zu verändern, eine Antwort auf alle Probleme der Zeit zu bieten. Sie vermochte so immer wieder, besonders unter jungen Menschen, Lebenssinn zu stiften. Diese moralische Selbstbindung der Diktatur wurde wiederholt zum Ansatzpunkt für ihre Kritiker. In den meisten staatssozialistischen Gesellschaften weichte allerdings bereits im Gefolge des Tauwetters der 50er und 60er Jahre diese moralische Bindung sowohl in der Führungsschicht als auch in der Intelligenz auf. Nicht so in der DDR. Hier wirkte sie noch in Gestalt ehrlicher Empörung über das sichtbar gewordene "gute Leben" der Führung in Wandlitz im

November/Dezember 1989. Auch der größere Teil der DDR-Oppositionellen blieb vor der Maueröffnung dem sozialistischen Ideal verpflichtet.

5 Diktatur und Demokratie in Osteuropa heute: Wiederholung einer problematischen Geschichte oder Neubeginn mit neuen Chancen?

Als ein kurzes Resümee aus den historischen Analysen für die gegenwärtige Entwicklung sollen abschließend einige Thesen formuliert werden:

1) Demokratie ist möglich in dieser Region, in der seit der Neuordnung der Machtverhältnisse am Ende des Ersten Weltkrieges vorwiegend diktatorische Regierungssysteme existierten. Diese These kann sich auf die Analyse der demokratischen Entwicklung in der Zwischenkriegs-Tschechoslowakei stützen. Eine aktuellere Garantie bietet die Entscheidung einer großen Zahl von Angehörigen der intellektuellen Elite Osteuropas für Demokratie und Menschenrechte. Ihre Abwendung von der sozialistischen Utopie kann durchaus als Entscheidung für die Säkularisierung politischer Ziele verstanden werden, für eine diesseitige Orientierung auf eine Sinngebung des Politischen. In dieselbe Richtung wie die Entscheidung osteuropäischer Intellektueller wirkt sicher die Erfahrung der Vorzüge freiheitlicher Partizipation, die viele Bürger in dieser Phase erneuter Begründung der osteuropäischen Staatlichkeit erworben haben. Zu Optimismus Anlaß bietet auch, daß der nationale Sprengstoff, der zwischen 1918 und 1945 das Leben der Völker erschwerte, zumindest in weiten Teilen Osteuropas entschärft wurde. Es sind, wenn auch teilweise mit zweifelhaften Mitteln - etwa der Vertreibung der deutschen Minderheit aus Polen und den tschechischen Ländern

Diktatur und Demokratie

- stabile staatliche Grenzen gezogen worden, an die man sich - mit den Worten Bibós "gewöhnen" konnte.[25]
2) Diese These muß allerdings sogleich durch eine zweite eingeschränkt werden. Die ersten Anfänge von Demokratie in Osteuropa sind heute noch gefährdet. Die größten Gefahren verbergen sich in den falschen Erwartungen breiter Teile der Bevölkerung, die im Wettbewerb beider Systeme auf sozialem Gebiet entstanden sind. Mit dem Ruf nach Demokratie und Marktwirtschaft war die Hoffnung verbunden, daß sich bald der Wohlstand der westeuropäischen Bevölkerung einstellen würde. Die Schwierigkeiten der wirtschaftlichen Umstellung führten aber zunächst für eine Mehrheit zur umgekehrten Tendenz. Daraus erwächst die Gefahr, daß der Wert der Demokratie im Denken einer Mehrheit vor dem der sozialen Absicherung zurücktritt.
3) Die zweite These greift nur eine, wenn auch sehr wichtige Bedingung des Gelingens oder Scheiterns der osteuropäischen Demokratisierung auf. In dieser dritten These soll noch einmal die "Überdeterminiertheit" des Prozesses, die tatsächliche Offenheit der Situation betont werden. Die Schwierigkeiten der politischen Entwicklung, die sich besonders in der Möglichkeit der Etablierung neuer Diktaturen in Osteuropa äußern, wurzeln nicht allein in Problemen, die sich mittels demokratischer Institutionen lösen lassen. Hier sind die sozialen und wirtschaftli-

---

25 Eine solche Stabilisierung der Grenzen sah Bibó in seiner schon zitierten Studie von 1946 als elementare Voraussetzung dafür, die politische Hysterie der Völker dieses Raumes zu überwinden und einen von allen akzeptierten, somit dauerhaften Frieden zu erreichen. (Bibó 1992: 80 ff.) Die Grenzziehung nach 1945 hatte diese Qualität zunächst nicht, aber die lange Zeit durch die Hegemonie der Sowjetunion gegenüber allen Völkern dieses Raumes erreichte Dämpfung der Konflikte im Zusammenleben brachte eine Gewöhnung mit sich. Der Stoff, aus dem die "politische Hysterie" des Nationalismus war, nationale Legenden, irrationale Gefühle, zerbröselte in diesen Jahren, geriet in Vergessenheit. Jugoslawien und die Slowakei zeigen allerdings, daß es unter bestimmten Umständen möglich ist, die alten Mythen wiederzuerwecken.

chen Leistungen politischer Systeme gefragt. Aber der schließliche politische Ausgang aus der heutigen tiefen Krise der osteuropäischen Gesellschaften ist auch nicht einfach ein Resultat vorhandener Wirtschaftspotentiale, sondern er wird sich aus einem komplizierten, in seinen Resultaten höchst ungewissen Wechselspiel ergeben zwischen der wirtschaftlichen Leistungsfähigkeit dieser Gesellschaften und der Bereitschaft Westeuropas zur Solidarität, zwischen der Phantasie und Entscheidungsfähigkeit der Europäischen Gemeinschaft und dem Ausgang der internen Entscheidungsprozesse zwischen national und europäisch orientierten Politikern in Osteuropa, zwischen den sozialen und politischen Interessen der osteuropäischen Bevölkerung, die von der Mobilisierungsfähigkeit ihrer Parteien und Politiker beeinflußt werden wird. Auch einzelne Persönlichkeiten werden wie zwischen den Kriegen ihre Spuren hinterlassen. Es muß sich noch zeigen, wie die Persönlichkeiten beschaffen sind, die in diesem Gründungsprozeß auf den vorderen Rand der politischen Bühne geraten sind. Manches spricht dafür, daß sie demokratischer gesonnen sind als die Mehrzahl der osteuropäischen Politiker vor 1945 und danach.

Also: Keine vorgegebene Entscheidung für Demokratie oder Diktatur läßt sich aus meiner Sicht ablesen, sondern eine offene Situation. Unterschiedliche Optionen der handelnden Kräfte zeichnen sich ab. Eine osteuropäische Zukunft, in der die Rechte der Minderheiten ebenso geschützt sind wie die Entscheidungen von Mehrheiten durch die unterlegenen Gegner akzeptiert werden, ist durchaus noch möglich.

Literaturverzeichnis

Bibó, István, 1992: Die Misere der osteuropäischen Kleinstaaterei, Frankfurt a. M.

Brie, Michael/Böhlke, Ewald, 1992: Rußland wieder im Dunkeln. Ein Jahrhundertstück wird besichtigt, Berlin.

Čapek, Karel, 1969: Gespräche mit T. G. Masaryk, München.

Ehrenburg, Ilja, 1978: Menschen, Jahre, Leben. Memoiren. Band 2, Berlin.

Fest, Joachim C., 1991: Hitler. Eine Biographie, Frankfurt a. M./ Berlin.

Fuhrmann, Rainer W., 1990: Polen. Handbuch/Geschichte, Politik, Wirtschaft, Hannover.

Funda, Otakar A., 1978: Thomáš Garrigue Masaryk. Sein philosophisches, religiöses und politisches Denken, Bern u.a.

Glaeßner, Gert-Joachim, 1995: Kommunismus - Totalitarismus - Demokratie. Studien zu einer säkularen Auseinandersetzung, Bern u. a.

Haffner, Sebastian, 1990: Anmerkungen zu Hitler, Frankfurt a. M.

Handbuch der europäischen Wirtschafts- und Sozialgeschichte, 1985, Band 6, Stuttgart.

Holmes, Leslie, 1993: The End of Communist Power, Cambridge.

Körösényi, András, 1991: Revival of the past or new beginning? The nature of post-communist politics, in: Szoboszlai, György (ed.), Democracy and political transformation, Budapest.

Longworth, Philip, 1992: The Making of Eastern Europe. Basingstoke, London.

Mackiewicz, Stanislaw, 1956: Geschichte Polens vom 11.11.18 bis zum 17.9.39. Marburg.

Mann, Golo, 1992: Deutsche Geschichte des 19. und 20. Jahrhunderts, Frankfurt a. M.

Marcuse, Herbert, 1986: Vorwort zur amerikanischen Ausgabe der Sammlung von Schriften Franz Neumanns, in: Neumann, Franz, Demokratischer und autoritärer Staat, Frankfurt a. M.

Mathias, Peter/Pollard, Sidney, 1989: The Cambridge economic history. Vol. VIII, Cambridge u. a.

Meuschel, Sigrid, 1992: Legitimation und Parteiherrschaft, Frankfurt a. M.

Moore, Barrington, 1969: Die sozialen Wurzeln von Diktatur und Demokratie, Frankfurt a. M.

Neumann, Franz, 1986: Demokratischer und autoritärer Staat, Frankfurt a. M.

Niethammer, Lutz, 1991: Die volkseigene Erfahrung, Berlin.

Piłsudski, Josef, 1935: Gesetz und Ehre. (Auswahl aus "Pisma-Mowy-Rozkazy", Bd. 1-9, Warszawa 1928 ff.), Jena.

Schumpeter, Joseph A, 1987: Kapitalismus, Sozialismus und Demokratie, Tübingen.

Segert, Dieter, 1993: Der "Fluch der Geschichte"? Interpretationen der Wirkungen der Geschichte Osteuropas auf seine Gegenwart, in: Berliner Debatte Initial. Zeitschrift für den sozialwissenschaftlichen Diskurs 3, Berlin.

Slapnicka, Helmut, 1969: Recht und Verfassung in der Tschechoslowakei (1918 - 1938), in: Bosl, Karl, Aktuelle Forschungsprobleme um die Erste Tschechoslowakische Republik, München, Wien.

Weber, Max, 1921: Politik als Beruf, in: Gesammelte Politische Schriften, München.

"Delegative", "halbierte" und "Nomenklatura"-Demokratien. Zu den Entstehungs- und Entfaltungsbedingungen demokratischer Gemeinwesen in Osteuropa

Margareta Mommsen

1 Einführende Betrachtungen

Mit dem Zerfall der kommunistischen Regime in Osteuropa verband sich die Hoffnung auf einen raschen Aufbruch zu Demokratie, Marktwirtschaft und Rechtsstaatlichkeit. Jedenfalls gehörten diese Zielsetzungen zu dem Credo, das von Reformern und Revolutionären, ob in Prag, Moskau, Warschau, Budapest oder Sofia, unisono angestimmt wurde. Wie sich unterdessen herausgestellt hat, ist die Wegstrecke vom "realen Sozialismus" zur lichten Zukunft der Demokratie mit Hindernissen, Verzögerungen und Rückschlägen übersät. In den einzelnen "Reformstaaten", wie die Nachkommen der sozialistischen Bruderländer in der Publizistik schnell und unpräzise etikettiert wurden, entstanden in Wirklichkeit eigentümlich hybride Systemgebilde, die bald mehr, bald weniger Ähnlichkeiten mit dem vergangenen oder dem angestrebten neuen Regimetyp aufweisen.

Die Transformationsprozesse vollziehen sich widersprüchlich, das Tempo der Veränderungen wechselt und die Schauplätze in Politik, Gesellschaft und Wirtschaft werden von der allgemeinen Dynamik des Wandels in unterschiedlichem Maße erfaßt. Da sich die Übergangsregime solchermaßen in einem ständigen Wandel befinden, ist es schwierig, sie in einen typologischen Rahmen zu pressen. Andererseits ist es ein naheliegendes Anliegen der Vergleichenden Politikwissenschaft, auch solche Systeme zu verorten, die sich auf noch schwankendem Kurs in schweren Wassern bewegen. Klaus von Beyme hat 1994 versucht, die Regierungsformen, die sich in Osteuropa seit 1989/1990 etabliert haben, in einer typologischen Skala einzuordnen, die von der Demokratie über die Anokratie zum Autoritarismus reicht; zwischen den drei Haupttypen sind Phasen des Übergangs vorgesehen. In der so etablierten fünfgliedrigen Typologie firmieren lediglich Tschechien und Ungarn als Demokratien, die Slowakei, Polen und Bulgarien rangieren im Übergang zur Anokratie, welcher Typus eine Anlehnung an südamerikanische Vorbilder ist. Dieser durch schwache Institutionen und unterentwickelten politischen Wettbewerb ausgezeichneten Herrschaftsform konnten zu dem Beobachtungszeitpunkt vor allem Rußland, die Ukraine und Rumänien zugeordnet werden. Im Übergang von der Anokratie zum Autoritarismus befinden sich nach Meinung des Autors etwa Albanien und Kasachstan, während die anderen zentralasiatischen und die kaukasischen Sukzessorstaaten der ehemaligen Sowjetunion unter das Verdikt des "Autoritarismus" fallen (v. Beyme 1994: 358).

Gert-Joachim Glaeßner hat in einer im gleichen Jahr vorgelegten Untersuchung die Übergangsregime in Osteuropa je nach gewählten Verfassungsmodellen fünf verschiedenen Systemtypen zugeordnet. Aus dieser Perspektive fallen zum Beispiel Rußland und Serbien unter den "reinen" Präsidentialismus, Rumänien unter den Präsidentialismus mit starkem Premier (doppelte Exekutive), Bulgarien und Slowenien unter den Parlamentarismus mit direkt gewähltem Präsidenten, Polen und Kroatien unter den Semi-Präsidentialismus, Ungarn, Tschechien, die Slowakei und Albanien hingegen unter den "reinen" Parlamentarismus (Glaeßner 1994: 249). Es versteht sich, daß diese typologische Annäherung strikt auf die Verfassungsoption abstellt, während die jeweilige Verfassungsrealität, etwa der "reine" Parlamentarismus in Albanien, in einem Land, das ein wahrhaft totalitäres Erbe zu bewältigen und eo ipso besonders geringe Demokratisierungschancen hat, nur mittels empirischer Untersuchungen erhellt werden kann. Bei den Bemühungen um eine angemessene typologische Einordnung der Übergangsregime in Osteuropa, die unter Einschluß aller sowjetischen Nachfolgestaaten in ihrer übergroßen Mehrheit einen auffälligen Trend in Richtung des Präsidentialismus und Semipräsidentialismus aufweisen, hat auch der Typus der "delegativen Demokratie" unter westlichen Autoren wie in Osteuropa gleichermaßen unter Politikwissenschaftlern und Politikern das Interesse auf sich gezogen. Der ebenfalls aus dem Arsenal der Südamerikastudien stammende Begriff der "delegativen Demokratie" kennzeichnet eine Zwischenstufe auf dem Weg zur repräsentativen Demokratie und stellt ähnlich zur Anokratie auf einen noch unterentwickelten politischen Wettbewerb, schwache demokratische Institutionen und die überragende Machtposition eines Präsidenten ab. Das in Osteuropa, etwa in Rußland und in der Ukraine, breit manifestierte Interesse an dieser Regierungsform hängt mit der Nostalgie zusammen, die hier allenthalben Verhältnissen à la Pinochet in Chile entgegengebracht wird (O'Donnell 1994; Kubicek 1994). Die von Wissenschaftlern und Publizisten in Osteuropa selbst kreierten Begriffe zur Erfassung der typischen strukturellen und soziokulturellen Befindlichkeiten in den zwischen Autoritarismus und protodemokratischen Zuständen oszillierenden Übergangsregimen haben gegenüber den westlichen Typologisierungsversuchen den Vorteil der größeren Anschaulichkeit und der heuristischen Kraft. Dies gilt etwa für den in Rußland 1994 in Mode gekommenen Begriff der "Nomenklaturdemokratie" oder die von Adam Michnik in Polen beobachtete "samtene Restauration" (Burtin/Wodolasow 1994; Michnik 1994). Beide Formulierungen suggerieren die Vorstellung, daß auch in den neuen demokratischen Einrichtungen Nomenklatura-Eliten dominieren. Im Falle einer weitreichenden

Kontinuität der Verwaltungs- und Wirtschaftseliten liegt zweifellos die Annahme nicht fern, daß ältere bürokratische, korporatistische und klientelistische Strukturen auch nach 1989 wirksam geblieben sind. Die von Attila Agh über das ungarische System angestellte Beobachtung, das Land sei mangels demokratischer Infrastrukturen bestenfalls eine "halbierte Demokratie", kann ebenfalls auf der Suche nach den typischen Befindlichkeiten aller Übergangsgesellschaften behilflich sein (Agh 1993: 112). Im gleichen Zusammenhang erscheint das Urteil des russischen Soziologen Jurij Lewada bedenkenswert, der angesichts der in Rußland noch schwach entwickelten Zivilgesellschaft hier eine "ungeordnete" bzw. "liederliche" Demokratie ausgemacht hat (Lewada 1995 b).

In den Postkommunismusstudien ist es im übrigen üblich geworden, die Voraussetzungen und Etappen des Systemwandels in den osteuropäischen Ländern mit Hilfe der Vorgaben der allgemeinen Demokratisierungs- und der jüngeren "Transitions"-Forschung zu überprüfen. Dabei versucht man, sich die von den "Transitologen" vor allem in Südamerika gemachten Beobachtungen und Verallgemeinerungen als Kompaß zunutze zu machen. Dort haben empirische Untersuchungen den Blick für die Faktoren geschärft, die auch in Osteuropa als entscheidende Requisiten bei dem Versuch einer demokratischen Landnahme gebraucht werden. Dies trifft auf den wünschenswerten allgemeinen Grundkonsens unter den Transformationseliten zu, auf eine im gleichen Geist erarbeitete, identitätsstiftende Verfassung, weiter auf die rasche Entfaltung einer Zivilgesellschaft und eines Mehrparteiensystems, schließlich auf die baldige Akzeptanz demokratischer Institutionen und Verfahren durch Eliten und Bürger.

Zu dem aufgelisteten Kriterienbündel, das bei der erfolgreichen Ablösung jedes autoritären Regimes ins Gewicht fällt, kommen allerdings bei der osteuropäischen Systemtransformation noch weitere Faktoren hinzu, die das demokratische Experiment zusätzlich gefährden. Dies gilt zum einen für den parallelen Wandel der politischen und der ökonomischen Ordnung, zum andern für die grundlegenden Staats- und Nationsbildungsprozesse, die in den neu entstandenen beziehungsweise "wiedergeborenen" Gemeinwesen Osteuropas gleichzeitig mit dem Wandel der institutionellen und gesellschaftlichen Infrastruktur zur Lösung anstehen. Während "Transitologen" und "Konsolidologen", wie Philippe C.Schmitter und Dankwart Rustow, in ihren Konstruktionen davon ausgehen, daß "eine nationale Identität und territoriale Grenzen hergestellt werden" müßten, "bevor die politischen (oder ökonomischen) Institutionen reformiert werden", kommen die politischen Eliten wie die multinationalen Völker in den Nachfolgestaaten der UdSSR gar nicht umhin, sich den umfassenden Imperativen der gleichzeitigen ökonomischen, politischen und nationalen Neuordnung zu stellen (Schmitter 1995: 49; Rustow 1970; Bunce 1995: 111-127). Die Staats- und Nationsbildungsprozesse, ob in Rußland, der Ukraine oder auch in der kleinen Slowakei, wirken auf die Gestaltung der neuen Systeme ebenso mächtig ein wie Verfassungskonflikte, das fortwirkende strukturelle und soziokulturelle Erbe des kommunistischen Nomenklaturastaates, eine wildwüchsige Pluralisierung, schließlich das fehlende bis unklare Demokratieverständnis der politischen Akteure in den höchsten Staatsämtern.

In diesem Beitrag soll zunächst das Augenmerk auf die verfassunggebenden Prozesse gerichtet sein, die erhellen können, warum man sich in mehreren osteuropäischen Staaten rasch an der Einführung eines machtvollen Präsidentenamts orientierte. Ein Blick auf die Verfassunggebungsprozesse kann auch darüber Aufschluß geben, ob überhaupt der nach der Checkliste der Transitologen wünschenswerte Grundkonsens der Transformationseliten gegeben war oder ob das neue institutionelle Design nicht eher von Kalkülen des Machtpokers bestimmt wurde, die vor allem den Erblassern des alten Systems Startvorteile zu gewährleisten schienen (Glaeßner 1994: 250-251). Prüft man in einem weiteren Schritt, wie sich die neuen Verfassungsstrukturen entfalten, so stellt sich vor allem die Frage nach dem Ausgang der Gründungswahlen und nach dem Amtsverständnis der neuen Führungsfiguren. Dabei mag es nicht unerheblich sein, ob sich die neuen Eliten eher aus den oppositionellen oder den reformorientierten Kreisen des alten Regimes rekrutierten. Zuletzt soll dem Phänomen der institutionellen Surrogate und "Schatteninstitutionen" nachgegangen werden, deren machtvolles Wirken zumal in den "Nomenklaturdemokratien" zu den besonderen Merkmalen der Transformation gehört. Dabei verbindet sich das Interesse an der Kontinuität der Eliten mit der Frage nach dem Fortleben typischer Machtstrukturen und Regulierungsmechanismen des traditionellen bürokratischen Pluralismus und Korporatismus innerhalb der neuen demokratischen Einrichtungen, schließlich nach dem Verhältnis von faktischer "Privatisierung der Macht" (Gajdar 1995: 186) und offiziellen Bemühungen um Grundlegung eines starken, autoritären Gemeinwesens.

2 Verfassungsstaaten? Parlamentarisches und präsidentielles Prinzip als Spielbälle im Kampf um die Umverteilung der Macht

Der Systemwandel in den Ländern des ehemaligen "Ostblocks" wurde von verfassunggebenden Prozessen begleitet. Intensität und Dynamik dieser Vorgänge gestalteten sich jedoch sehr unterschiedlich. Während in Polen selbst Anfang 1996 noch keine endgültige Verfassung vorliegt, kam es in Ungarn unmittelbar im Zuge der "ausgehandelten" Revolution von 1989 zu einer "Totalrevision" der bestehenden Verfassung. Rumänien und Bulgarien, die zu den Schlußlichtern der Revolutionen von 1989 gehörten, eilten so manchen ihrer früheren sozialistischen Bruderländer mit neuen Verfassungen in die postkommunistische Ära voraus. In Rußland tobte nahezu zwei Jahre lang ein Verfassungskrieg, der erst mit der blutigen Niederschlagung des Parlamentsputsches von Anfang Oktober 1993 sein Ende fand. Jon Elster hat richtig beobachtet, daß all diese verfassunggebenden Prozesse "auf offener See" ausgetragen wurden (Elster 1993: 169-217). Diese Formulierung umreißt bildhaft den Umstand, daß sich die unter den Akteuren des Systemwechsels ausgefochtenen oder ausgehandelten Kämpfe um die institutionelle Neuverteilung der Macht unmittelbar mit den rasch wechselnden politischen Kräftekonstellationen der Umbruchszeit verknüpften. In Ostmittel- und Südosteuropa wurden Verfassungsänderungen oder verfassungsähnliche Vereinbarungen zumeist an den Runden Tischen getroffen, um die Machtverteilung unter den Transformationseliten rasch auf den Weg zu bringen. Dabei spielten Grundsatzdebatten oder akademisch fundierte Diskurse über die Vor- und Nachteile etwa parlamentarischer gegenüber präsidentiellen Regimen überhaupt keine oder bestenfalls eine marginale Rolle. In Rußland wurden die lange anhaltenden heftigen Verfassungskonflikte von allen Beteiligten unter Berufung auf das Prinzip der Gewaltenteilung geführt. Tatsächlich sannen die Protagonisten des Kampfes dabei vorwiegend auf die Maximierung der Macht der jeweils vertretenen institutionellen Bastion, hier des Parlaments unter Führung Ruslan Chasbulatows, dort der Exekutive unter der Leitung Boris Jelzins.

Aufs Ganze gesehen waren die Revolutionen von 1989 nur bedingt nachholende "bürgerliche" Revolutionen oder "Verfassungsrevolutionen", welche Illusion in der Euphorie des Aufbruchs unter westlichen Beobachtern weit verbreitet war (Preuß 1990; Ackermann 1991/92: 46-61). Jedenfalls waren die Vorgänge des Systemwechsels in Osteuropa weit entfernt von dem mustergültigen Verfassunggebungsprozeß der Founding Fathers in den USA, die ein institutionelles Arrangement zum Zwecke der gegenseitigen Begrenzung und Kontrolle der Macht und zum Schutze der individuellen Freiheit im Rahmen tiefschürfender philosophischer Debatten zu ergründen suchten. Auch die Genese des Bonner Grundgesetzes zeugte von ähnlichen guten Absichten der deutschen Verfassungsväter und -mütter. Demgegenüber schlitterte man in Osteuropa in Verfassungsordnungen hinein, deren institutionelle Muster und Konzepte recht beliebige Anleihen an westliche Verfassungen darstellten. Im wesentlichen spiegelte sich in ihnen nur die unmittelbare Dynamik des Machttransfers wider (Zielonca 1994: 87-104; Rüb 1994 a: 111-137). Während dabei letztlich Varianten der präsidentiellen Herrschaftsform obsiegten, fand auch das parlamentarische Modell seine Abnehmer. Bekanntlich ist es in Polen, Rumänien und Rußland sowie in vielen anderen Nachfolgestaaten der UdSSR zur Entstehung von semi- bis superpräsidentiellen Regimen gekommen, während sich in Tschechien, der Slowakei, Ungarn, Bulgarien und den baltischen Staaten parlamentarisch ausgerichtete Systeme etablierten.

Wie rasch die Vereinbarungen an den Runden Tischen von den Unwägbarkeiten des Interregnums überholt wurden, kann an der Entstehung der neuen Verfassungen in Warschau, Sofia und Budapest demonstriert werden (Rüb 1994 b: 260-292). In Polen wurden die konjunkturellen Schwankungen des Verfassunggebungsprozesses besonders augenfällig. Der Runde Tisch, der Kommunisten und Oppositionelle zusammenbrachte, diente als Forum einer vertraglichen Neuaufteilung der Macht (Rüb 1994 b: 271-276). Die Kommunisten plädierten hier für die Einführung eines mächtigen Präsidentenamts, dessen mutmaßlicher Inhaber General Jaruzelski hieß. Er sollte in dem höchsten Staatsamt für die Wahrung der Interessen der alten kommunistischen Staatspartei Sorge tragen. Aus eben diesem Grunde waren die Vertreter der Solidarnosc am Runden Tisch bestrebt, das Präsidentenamt schwach zu halten und dessen Kompetenzen nur vage festzulegen

(Ziemer 1993: 100). Die präsidentielle Position und andere für den kommunistischen Vertragspartner ausgehandelte Machtreserven wurden durch den Ausgang der ersten halbfreien Wahlen, die der Gewerkschaft Solidarnosc einen Erdrutschsieg verschafften, schnell überholt. Nachdem Jaruzelski mit der denkbar knappen Mehrheit von nur einer Stimme durch Sejm und Senat in das Präsidentenamt gewählt worden war, trug der Präsidentenbonus für die Kommunisten nicht mehr weit.

Im Sommer 1990 machte Jaruzelski den Weg frei für die Wahl eines neuen Präsidenten, um dessen Amt sich nicht nur Lech Walesa, sondern unter anderen auch Tadeusz Mazowiecki bewarb, der ebenfalls den Reihen der Solidarnosc entstammte. Da die Gruppe um Mazowiecki damit rechnen konnte, daß dieser kraft seiner Popularität, die er als erster nichtkommunistischer Ministerpräsident gewonnen hatte, bei der Präsidentenkür über gute Chancen verfügen werde, setzte sie sich für die Direktwahl des Präsidenten durch das Volk ein (Rüb 1994 b: 275). Die Rechnung ging nicht auf. Anstelle des zurückhaltenden, liberal und demokratisch eingestellten Mazowiecki ging Lech Walesa, der frühere Gewerkschaftsführer und Volksheld von Danzig, im zweiten Wahlgang siegreich durchs Ziel. Walesa machte nach seiner Wahl unmißverständlich klar, daß er die Kompetenzen des Präsidenten extensiv auszulegen beabsichtige (Ziemer 1993: 104-106). Nachdem die "Logik" der kontraktuellen Machtteilung am Runden Tisch alle ihre Wirkungen eingebüßt hatte, blieb es weitgehend dem Selbstverständnis des neuen, plebiszitär gewählten ehemaligen Gewerkschaftsführers überlassen, die Rolle und Reichweite des Präsidentenamtes im postkommunistischen Polen zu bestimmen.

Ganz ähnlich zu Polen drängten in Ungarn die Reformkommunisten auf die Bildung eines starken Präsidentenamtes. Dabei gingen sie davon aus, daß Imre Pozsgay, der populäre reformkommunistische Vorkämpfer eines raschen, reibungslosen Systemwechsels, bei einer Volkswahl des Präsidenten erfolgreich sein werde (Mink 1993/94: 68-71). Man stellte in Rechnung, daß der reformkommunistische Präsident als ein bedeutendes Gegengewicht zu einem wie erwartet von der Opposition dominierten Parlament fungieren könne (Bozoki 1994: 46-51). An der Frage, ob der neue Präsident, wie von den Reformkommunisten gewünscht, noch vor den Parlamentswahlen durch eine Volkswahl oder, wie von den oppositionellen Gruppierungen verlangt, erst nach den Parlamentswahlen direkt durch das neue Abgeordnetenhaus gewählt werden sollte, scheiterte der Runde Tisch. Ein Volksentscheid sprach sich mit der hauchdünnen Mehrheit von 50,14% der abgegebenen Stimmen zugunsten einer Wahl des Präsidenten durch das neue Parlament aus. Nachdem die ersten freien Parlamentswahlen in Ungarn den Postkommunisten eine verheerende Niederlage und dem konservativen Demokratischen Forum einen beachtlichen Erfolg beschert hatten, stand für die Sieger eine Volkswahl des Präsidenten nicht mehr zur Debatte. Das Demokratische Forum zog es jetzt vor, mit den oppositionellen Liberalen, dem Verband Freier Demokraten, einen sogenannten "Pakt der Regierbarkeit" abzuschließen (Brunner 1993: 28). Die Übereinkunft sah unter anderem vor, daß die Liberalen das Präsidentenamt mit einer Person aus ihren Reihen besetzen durften, wenn sie im Gegenzug für eine verfassunggebende Mehrheit im Parlament sorgten, um ein für allemal die Wahl des Staatspräsidenten durch das Parlament sicherzustellen (Rüb 1994 b: 281-283).

Die ungarische Öffentlichkeit zeigte wenig Verständnis für das "undemokratische Parteiengemauschel" der neuen politischen Kräfte (Barany 1990: 27). Als sich die Postkommunisten jedoch entschlossen, in der Frage einer Direktwahl des Präsidenten noch einmal das Volk zu konsultieren, wurde auch dies nicht honoriert, im Gegenteil. Das Referendum, das allerdings zu dem ungünstigen Zeitpunkt der Schulferien abgehalten wurde, erlangte bei ei-

Demokratie in Osteuropa

ner Beteiligung von lediglich 13,9 % der Wahlberechtigten keine Gültigkeit. So wurde in Ungarn das ursprüngliche Ziel der Errichtung eines starken Präsidentenamts zunichte. Die "Logik" der Teilung der Macht blieb nach den Gründungswahlen der Verständigung unter den demokratischen Kräften überlassen. In ihrem Poker um Behauptung und Konsolidierung der kraft der Wahlen gewonnenen institutionellen Bastionen spielte nicht zuletzt mangels eines charismatischen Kandidaten in den eigenen Reihen ein vom Volk gewählter Präsident keine Rolle mehr. So begab sich Ungarn eher beiläufig auf den Pfad eines parlamentarischen Regimes.

Ebensowenig wie in Warschau und Budapest ging das Kalkül der Reformkommunisten in Sofia auf (Elster 1993/94: 95-98). In Bulgarien verständigten sich die Kräfte, die den Sturz Todor Schiwkows bewerkstelligt hatten, auf die Einführung eines starken Präsidentenamtes (Poshtov 1993/94: 61-62). Da die Kommunisten in der als Konstituante fungierenden, erstmals frei gewählten Nationalversammlung über eine absolute Mehrheit verfügten, mußte der Plan als gesichert erscheinen. Einmal mehr plädierten die Vertreter der oppositionellen "Union der Demokraten" am Runden Tisch für die Schaffung eines schwachen Präsidentenamts, da sie gleich den Reformkommunisten davon ausgehen mußten, daß ein Postkommunist das höchste Staatsamt bekleiden werde (Rüb 1994b: 276-277). Doch auch in Sofia holten die Unwägbarkeiten des Umbruchs solche Planungen ein. Nachdem der schon geküfte sozialistische Präsident, Peter Mladenow, sich mit den rasch erwiesenen Vorwürfen konfrontiert sah, er habe gegen eine Massenversammlung Panzer einsetzen wollen, blieb ihm nur noch der Rücktritt.

Daraufhin gelang es der Nationalversammlung selbst nach mehreren Anläufen nicht, einen den Sozialisten zumindest nahestehenden Kandidaten zu wählen. Dies veranlaßte die Kontrahenten der Systemtransformation zu dem Kompromiß, den früheren Dissidenten und nunmehrigen Vorsitzenden der Union der Demokratischen Kräfte, Schelju Schelew, in das Amt des Staatspräsidenten zu bringen (Höpken 1995: 196). In Absprache mit den Sozialisten erhielt ein ehemaliger kommunistischer Apparatschik, General Semerdschiew, das Amt des Vizepräsidenten. So wurde auch in Bulgarien das Ansinnen der Erblasser des alten Systems, den "Kommunismus zu konstitutionalisieren" (Kaminski 1991: 177-201), weitgehend zum Scheitern verurteilt.

Der Sieg des präsidentiellen über das parlamentarische Prinzip in der Verfassungsarchitektur des postsowjetischen Rußland speist sich aus ganz unterschiedlichen Quellen und Modellen. Zunächst ging man in der größten Unionsrepublik der früheren UdSSR, der Rußländischen Sozialistischen Föderativen Sowjetrepublik (RSFSR), 1989 daran, die Verfassung in Anlehnung an Gorbatschows Perestroika der Unionsstruktur zu verändern. Dabei folgte man zuerst dem auf Unionsebene vorgegebenen "Doppeldeckerparlament", insofern ein Volksdeputiertenkongreß Rußlands sowie ein aus dessen Mitte gewählter Oberster Sowjet eingeführt wurden. Im weiteren zeigten sich die führenden Kräfte der RSFSR bestrebt, auch Gorbatschows Weg in ein Präsidialregime nachzuvollziehen. Obwohl Gorbatschow persönlich eine solche Entwicklung nicht favorisiert hatte, wurde im März 1990 eine mächtige Unionspräsidentschaft geschaffen. Damit wollte man zum einen den gleichzeitigen förmlichen Verzicht auf das Herrschaftsmonopol der KPdSU kompensieren, zum andern dem zunehmenden Zerfall des Sowjetimperiums Einhalt gebieten (Mommsen 1996: 118-123).

Es gehörte zur Ironie der Geschichte, daß die starke Präsidentschaft, die in Moskau ein aus der Not geborenes Verfassungsexperiment war, um die Unionsrepubliken wieder enger an den Zentralstaat heranzuführen, gerade dort einen starken Nachahmungstrieb weckte. Sah man doch in den Republikmetropolen in der Einführung einer eigenen Präsidentschaft einen wichtigen

Schritt zur Stärkung der immer drängender eingeforderten Souveränität der Gliedstaaten. In seinen "Erinnerungen" beschreibt Gorbatschow, wie ihn der plötzliche Gegencoup aus den Republiken im März 1990 überraschte. Nursultan Nasarbajew, der Erste kommunistische Republikparteisekretär von Kasachstan, habe gleichzeitig für Gorbatschow als Präsidentschaftsanwärter auf Unionsebene plädiert und das präsidentielle Modell für die Republiken selbst eingefordert, um, wie er sagte, "die sich abzeichnende Diskrepanz zwischen der Idee der Präsidentschaft und dem Bestreben der Republiken nach größerer Selbständigkeit zu beseitigen" (Gorbatschow 1994: 469). Gorbatschow würdigte in bitterem Ton Nasarbajews "klugen Schachzug" und stellte gleichzeitig fest: "Ich will es nicht verhehlen: Mit der Schaffung von Präsidentenposten in den Unionsrepubliken hatte ich nicht gerechnet, und zweifellos wurden durch dieses unerwartete Ansinnen erheblich die Bemühungen unterlaufen, Ansehen und Einfluß der zentralen Gewalt zu stärken." (Ebda) Bekanntlich ließen die von Gorbatschow befürchteten Entwicklungen nicht lange auf sich warten. Das Amt eines Allunionspräsidenten gehörte zu den letzten fruchtlosen Maßnahmen, um den Staatszerfall zu verhindern. Zugleich wurde damit der Ursprung für das Entstehen von Präsidialregimen in den späteren Sukzessorstaaten der UdSSR gelegt.

Angesichts der fortgesetzten Unabhängigkeitsbetrebungen der Gliedstaaten blieb die auf Unionsebene eingeführte Präsidentschaft nur auf dem Papier ein mächtiges Amt. Um dessen Wirkungslosigkeit auszugleichen, wurden bald weitere Verfassungsänderungen vorgenommen, die jetzt der stärkeren Mitwirkung der Unionsrepubliken an der Unionsgewalt dienen sollten. Offiziell wurde damit die Festigung der sogenannten "präsidialen Republik sowjetischen Typs" angestrebt (Meißner 1991: 680). Doch auch die neuen Angebote an die Unionsrepubliken vermochten die "Parade der Souveränitäten" nicht zu bremsen. Gorbatschow sah sich im Frühjahr 1991 veranlaßt, einen neuen Unionsvertrag zwischen dem Zentrum und den neun von fünfzehn Unionsrepubliken auszuhandeln, die sich überhaupt noch an einer solchen Vereinbarung beteiligen wollten. Die Realisierung des neuen Vertrages mit den nunmehr "souveränen Staaten" wurde zuletzt durch die Putschisten im August 1991 vereitelt. Denn sie fanden es völlig inakzeptabel, daß die Union durch "eine Konföderation mit Republiken, mit eigenen Präsidenten" ersetzt werden sollte, wie Dmitrij Jasow seine Ablehnung begründete (Der Spiegel 1991: 196 ff.) So war es eine weitere Ironie der Geschichte, daß der Putsch genau das zur Folge hatte, was man damit hatte unterbinden wollen, nämlich das Ende der sowjetischen Staatlichkeit. Da sich die große Mehrheit der Repräsentanten der Republiken während des Moskauer Machtvakuums nicht mehr an den alten Zentralstaat gebunden sah, kündigten sie ihre Mitgliedschaft einfach auf.

Im Sommer 1991 hatte sich die russische Unionsrepublik bereits einem Regime angenähert, das sich zum einen durch einen vom Volk gewählten Präsidenten und zum andern durch ein machtvolles zweistöckiges Parlament auszeichnete. In diese eigentümliche Konstellation war die RSFSR im Kielwasser der Systemveränderungen auf Unionsebene gelangt. Die staatliche Organisation der Rußländischen Föderation war im Vergleich zu den anderen Unionsrepubliken unterentwickelt, da die RSFSR enger als diese mit den Unionsstrukturen verflochten war. Die auch in Rußland angestrebte stärkere Emanzipation von dem Dachstaat lud dazu ein, die Staatsorgane von Grund auf so zu erneuern, daß sie einem modernen Verfassungsstaat entsprachen und darüber hinaus über eine Präsidentschaft verfügten, die nicht zuletzt als Gegenmacht gegenüber der Unionsmacht auftreten konnte. Bereits im Sommer 1990 beschäftigte sich eine Verfassungskommission der RSFSR damit, Vorschläge zur Errichtung eines Präsidentenamtes auszuarbeiten (Luchterhandt 1992: 302 ff.). Hier und in einer eingesetzten Arbeitsgruppe wurden zwei Varianten präsen-

Demokratie in Osteuropa 247

tiert; während sich die eine überwiegend an der französischen Verfassung orientierte, folgte die andere dem amerikanischen Modell. Eine Gruppe unter der Leitung des späteren Verfassungsgerichtspräsidenten, Walerij Sorkin, machte sich zumal für die amerikanische Version stark, die man auch in dem Entwurf propagierte, der offiziell der Öffentlichkeit vorgelegt wurde und großen Zuspruch fand.

Als im März 1991 im Rahmen eines Allunionsreferendums die Zustimmung für die Bewahrung der UdSSR eingefordert wurde, besorgte sich die Führung der RSFSR auf dem Wege einer Zusatzfrage das Mandat für die Volkswahl des Präsidenten Rußlands. Schwieriger gestaltete sich die Einholung des Plazets zu der Verfassungsänderung durch den mehrheitlich mit konservativen Kommunisten besetzten Volksdeputiertenkongreß Rußlands. Zwar konnte auch diese Hürde überwunden werden, doch nur zu dem Preis, daß in dem "Gesetz über den Präsidenten der RSFSR" keine weitreichenden Vollmachten festgelegt wurden (Luchterhandt 1992: 290-303). Der Präsident wurde zwar berechtigt, Minister zu ernennen und Dekrete zu erlassen, jedoch durfte er das Parlament nicht auflösen und gegen dessen Gesetze auch nicht Einspruch erheben. So fand letztlich weder das präsidentielle amerikanische noch das semipräsidentielle französische Modell Berücksichtigung. Vielmehr überwog die Macht des Parlaments gegenüber den präsidentiellen Prärogativen. Hinzu kam, daß das rußländische Verfassungsgebäude am Ende der UdSSR einem Torso glich, in dem die Staatsgewalten einander nicht sinnvoll zugeordnet waren und sich ihre Kompetenzen vielfach überlappten.

Diese Schwächen wurden zunächst durch die Euphorie überdeckt, die sich ob der erstmaligen freien Wahlen in Rußlands Geschichte breitmachte. Als deren Sieger ging bereits in der ersten Runde Boris Jelzin im Team mit dem Kandidaten zum Vizepräsidenten, Alexander Ruzkoj, hervor. Bei Jelzins Vereidigung im

Kremlpalast und nach der siegreichen Niederschlagung des Augustputsches waren es vorwiegend symbolische Werte - Hymne und Flagge -, die den Aufbruch Rußlands in eine neue Staatlichkeit prägten (Mommsen 1996: 145-146). Indessen versäumte man es, die vielfach beschworene "Wiedergeburt" Rußlands mit einer demokratischen Geburtsurkunde zu besiegeln. Die Gunst der Stunde, die in dem Konsens der Augustsieger über die Putschisten lag, wurde weder zur Verabschiedung einer neuen demokratischen Verfassung noch zu parlamentarischen Gründungswahlen genutzt. Die Gemeinsamkeiten der Bezwinger des Aufstandes erschöpften sich bald. Die vom Volksdeputiertenkongreß dem Präsidenten noch 1991 zugestandenen Vollmachten für eine rasche ökonomische Transformation wurden dem Staatsoberhaupt im nachsowjetischen Rußland schnell wieder strittig gemacht. Jelzins engste Mitstreiter im Kampf gegen die Putschisten, der "Speaker" des Parlaments, Ruslan Chasbulatow, und Jelzins Vizepräsident, Alexander Ruzkoj, gingen auf Distanz und bald in Opposition zum Präsidenten und dessen Regierung. Die Bemühungen um die Ausarbeitung einer neuen Verfassung wurden zum Zankapfel zwischen dem parlamentarischen Heerlager und den präsidentiellen Interessenvertretern.

Den Moskauer Verfassungskrieg machten sich Rußlands Regionen und nationale Republiken zunutze, um bald durch spontane Separatismen, bald durch konföderale Forderungen ihr Eigengewicht bei der nationalen und staatlichen "Wiedergeburt" Rußlands spürbar zu machen. Die von Jelzin im Frühjahr 1993 nach Moskau einberufene "Verfassungskonferenz" trug nur konsultativen Charakter. Auf dem Forum, das einige Wochen währte, sorgten Rechtswissenschaftler dafür, daß Verfassungen zahlreicher Länder auf ihren Nutzen für Rußlands Staatsschöpfung hin analysiert und durchkämmt wurden (Steinsdorff 1995: 488-489). Diese auch akademisch niveauvollen Debatten wurden indessen durch die Konflikte beeinträchtigt, die zwischen den Vertretern der Verwaltungsregionen und der nationalen Republiken um Gleichbehandlung bzw. Besserbehandlung durch das Zentrum, und die zwischen letzterem und den immer selbstbewußteren Provinzen überhaupt ausbrachen.

Nach dem Showdown im Streit zwischen Exekutive und Legislative, der Anfang Oktober in den Beschuß des Parlamentsgebäudes mündete und die Gefangennahme Chasbulatows und Ruzkojs, der Anführer des Parlamentsputsches, zur Folge hatte, wurden die Arbeiten an der neuen Verfassung im wesentlichen auf der Grundlage der Konzepte der Verfassungskonferenz von einem kleineren Gremium zu Ende geführt. Am 13. Dezember 1993, gleichzeitig mit den ersten freien Parlamentswahlen, wurde das Verfassungsdokument in einem Plebiszit angenommen.

Die neue Verfassungsordnung der Rußländischen Föderation wurde von russischen Rechtsgelehrten als ein "gemischtes" System bezeichnet, das sich sowohl durch präsidentielle als auch durch parlamentarische Elemente auszeichne. Art.1 der neuen Verfassung bezeichnete die Rußländische Föderation als einen "demokratischen föderativen Rechtsstaat mit republikanischer Regierungsform". Der deutsche Rechtswissenschaftler Theodor Schweisfurth definierte das russische Verfassungssystem als eine "repräsentative Präsidialdemokratie mit Elementen der parlamentarischen Demokratie" (Schweisfurth 1993). Die Kommentatoren konstatierten einmütig eine weitgehende Orientierung an der Verfassung der Fünften französischen Republik. Die Reichweite der präsidentiellen Macht übertrifft in Rußland jedoch diejenige des französischen Präsidenten. Insofern blieben die Auffassungen darüber geteilt, ob die neue Verfassungsordnung Rußlands eher als semi-präsidentiell, super-präsidentiell oder dreiviertelpräsidentiell zu beurteilen sei (Steinsdorff 1995: 495). Die herausragende Stellung des Präsidenten war weitgehend eine unmittelbare Reaktion auf die Übermacht des Parlaments, die während der

"Doppelherrschaft" zur Blockierung und Konfrontation der Staatsgewalten geführt hatte. Die bisher erörterten besonderen Merkmale der Verfassunggebungsprozesse sind für nahezu alle Übergangsregime nach dem Zusammenbruch des Kommunismus in Osteuropa charakteristisch. Die klassischen westlichen Verfassungen wurden als Steinbruch für den Aufbau einer eigenen Verfassungsordnung benutzt, die im wesentlichen den Kalkülen und Konflikten um die neue Machtverteilung entsprang. Vielfach wurden einzelne Teile westlicher Verfassungen zu einem Potpourri zusammengeschweißt. Eine identitätsstiftende Wirkung war von solchen Dokumenten nicht zu erwarten. Überall wurde das Prinzip des monolithischen kommunistischen Einparteienregimes bewußt entfernt und an dessen Stelle das Credo in einen politischen Pluralismus gesetzt. Von Polens vorläufiger "Kleiner Verfassung" abgesehen zieren die neuen Verfassungen durchweg Kataloge über die angestrebte Einhaltung der Grund- und Menschenrechte. Die Errichtung neuer Verfassungsgebäude gehörte quasi ex officio zum Systemwechsel. Eine andere Frage war es, wie die jeweils ausgesuchten Verfassungsnormen in der politischen Realität greifen würden, wie sich der allenthalben rudimentäre politische Pluralismus in den erstmals zu erprobenden Parlamentarismus einfügen würde. Besonders gespannt konnte man darauf sein, wie sich die neuen Träger der höchsten Staatsämter, ob vormalige Dissidenten, Reformkommunisten oder Volkshelden vom Schlage Walesas, in den demokratischen Institutionen und Verfahren zurechtfinden und damit auf ihre Weise die Verfassung zum Leben bringen würden.

3 "Delegative" und "halbierte" Demokratien. Demokratien ohne Demokraten

Die polnische Soziologin Anna Wolff-Poweska hat die problematischen Bedingungen zusammengefaßt, unter denen die proklamierten Demokratien auf den Weg zu tatsächlichen demokratischen Gemeinwesen geschickt wurden: "Die Länder Mittelosteuropas besitzen Verfassungen ohne Kultur und die Gewohnheiten des Rechtsstaats, einen politischen Pluralismus ohne die Fähigkeit der politischen Gruppierungen zur Zusammenarbeit, Volksparteien ohne Volk, Christliche Parteien ohne Christen, es herrscht Demokratie ohne demokratische politische Kultur." (Wolff-Poweska 1995: 49) Die von der Autorin auf Ostmitteleuropa beschränkte Beobachtung kann auf den ganzen Bereich der ehemaligen "real-sozialistischen" Regime ausgedehnt werden. Je weiter man nach Osten oder in einige Balkanländer blickt, umso krasser stellt sich das Problem, Demokratien ohne Infrastruktur und ohne demokratisches Know-how der Akteure auf die Beine zu bringen.

In Osteuropa ist der Regimewechsel ganz ähnlich zu den Transformationsprozessen in Südamerika und in Südeuropa von dem Auftreten kurzlebiger Parteien gekennzeichnet, die sich vorwiegend durch mangelnde soziale Unterstützung, schwache Organisation und programmatische Armut auszeichnen. Erst im Zusammenhang mit wiederholten Wahlen bilden sich Mehrparteiensysteme als unabdingbare Infrastruktur eines parlamentarischen Lebens heraus. Rechtsstaatliches und demokratisches Know-how der politischen Akteure stellt sich ebenfalls nicht in kurzen Zeiträumen ein. Je weniger konturiert das Parteienfeld ist und sich deswegen keine parlamentarischen Mehrheiten etablieren, umso orientierungsloser operieren die exekutiven Eliten. Wenn die neuen Amtsträger schließlich mit schlechtem Beispiel vorangehen, ist die Gefahr umso größer, daß sich die Demokratie diskreditiert, noch bevor sie sich etabliert.

Von dem Problem der Einübung in die neuen demokratischen und rechtsstaatlichen Rollen sind grundsätzlich alle Akteure betroffen. Allerdings liegt die Annahme nahe, daß ehemalige Dissidenten schon aufgrund ihrer Schulung im permanenten Kampf um Gewährleistung der Menschen- und Bürgerrechte auf die Übernahme demokratischer Ämter vergleichsweise besser vorbereitet sind. Dies wird durch die Amtsführung der neuen Staatsoberhäupter in Ungarn, Tschechien und Bulgarien vor Augen geführt, wo drei Intellektuelle aus dem Lager der regimekritischen Opposition zu höchsten Würden gelangt sind. Tatsächlich zeigten sich alle drei Präsidenten auch in der postkommunistischen Ära bemüht, Wahrheit und Gerechtigkeit in der Politik zur Geltung zu bringen.

Der ungarische Schriftsteller Arpad Göncz verband diese Vision mit dem Bestreben, die eher bescheidenen Kompetenzen des Staatsoberhauptes extensiv auszulegen. Göncz sagte aus, daß ihm die Verfassung weder vorschreibe zu schweigen noch dumm zu sein (FAZ 27.12.92). Offensichtlich folgte der Präsident seinem höchstpersönlichen, mehr moralischen als geschulten Verfassungsverständnis, wenn er in direkter Konfrontation zur Regierung unmittelbar in das politische Geschehen eingriff. Im Gegensatz zu den Absichten des Ministerpräsidenten gab Göncz die Anweisung, die Armee nicht als Ordnungsmacht gegen streikende Taxi- und LKW-Fahrer einzusetzen. Er berief sich dabei auf seine verfassungsmäßige Rolle als Oberbefehlshaber der Armee (O'Neil 1993: 192). Göncz versuchte auch, die geplante Reorganisation der Kommandostrukturen der Armee zu verhindern. Er weigerte sich, die von der Regierung beschlossene Ernennung von Fernseh- und Hörfunkmitarbeitern gegenzuzeichnen. Unter Berufung auf sein verfassungsmäßiges Recht zum Abschluß internationaler Verträge wollte der Präsident an dem Visegrad-Gipfel von Ungarn, Polen und der CSFR 1991 teilnehmen. Diesen Anspruch machte Ministerpräsident Antall streitig, der überhaupt wenig Gefallen an der Eigenmächtigkeit des Präsidenten finden konnte (Pataki/Schiemann 1991: 6). Die Regierung wandte sich an das Verfassungsgericht, um eine Klärung der Grenzen der Präsidentenmacht zu erhalten. Das neu etablierte Gericht sah sich veranlaßt, die Kompetenzen des Staatsoberhaupts restriktiv auszulegen. Allerdings war das Gericht, das sich in seinen ersten Wirkungsjahren mit vielen diffizilen Kompetenzauslegungen von großer politischer Sprengkraft konfrontiert sah, äußerst behutsam vorgegangen. Unter Leitung des renommierten Rechtswissenschaftlers Laszlo Solyom verstanden es die Höchstrichter, die von ihnen erwartete Rolle eines Pouvoir neutre zu erfüllen (Majoros 1994: 210-225). Damit leisteten sie einen erheblichen Beitrag dazu, Ungarn auf den Weg eines Rechts- und Verfassungsstaates zu bringen. Gleichzeitig festigte die neue Institution die eigene Autorität. Trotz der von dem Gericht verfügten Eingrenzung der Macht des Staatspräsidenten blieb auch das Ansehen von Arpad Göncz ungetrübt. Die moralische Integrität und die Popularität des Dichters auf dem Präsidentenstuhl verlieh dem Amt weiterhin mehr Gewicht als ihm qua Verfassung zustand (Mink 1993/94: 68-71).

Zu Kraftproben und Spannungen zwischen den neuen Präsidenten und Regierungen kam es auch in anderen Übergangsregimen, unabhängig davon, ob diese eher semi-präsidentiell oder parlamentarisch ausgerichtet waren. Lediglich in Tschechien blieben Kompetenzkonflikte aus. Denn hier verstanden es die beiden Amtsinhaber, Präsident Vaclav Havel und Ministerpräsident Vaclav Klaus, verschiedene, einander eher ergänzende als kontroverse Schwerpunkte der Transformation programmatisch und praktisch zu besetzen. Während der Wirtschaftswissenschaftler Vaclav Klaus sich als Garant eines erfolgreichen Übergangs zur Marktwirtschaft behauptet, verleiht Vaclav Havel dem Präsidentenamt kraft seiner moralischen Autorität als oppositioneller Wahrheitssucher und Bürgerrechtskämpfer besonderes Gewicht.

In der postkommunistischen Zeit machte sich Havel stark für eine Dezentralisierung der Macht und für den Ausbau der partizipatorischen Möglichkeiten der Bürger. Hinzu kommt, daß Havel bemüht ist, seinen Arbeitsstil dem Thomas Masaryks, des angesehenen Präsidenten der ersten Republik, anzugleichen, um damit dem Präsidentenamt auch bei geringerer Machtfülle eine ähnliche Bedeutung angedeihen zu lassen (Holmes 1993/944: 36; Cepl/Gillis 1993/94: 64-68).

Auch wenn in Bulgarien letztlich für ein parlamentarisches Regime optiert wurde, so erhielt der Präsident kraft der vorgesehenen Wahl durch das Volk einen Legitimitätsvorschuß im Vergleich zu seinen Amtskollegen in Budapest, Prag oder Bratislava. Der vormalige Dissident Schelju Schelew war, wie erwähnt, nach dem Scheitern Mladenows als eine Art Lückenbüßer von der Konstituierenden Nationalversammlung zum Staatsoberhaupt avanciert. Bei den Volkswahlen im Januar 1992 konnte er den beträchtlichen Zuspruch von 53 % der abgegebenen Stimmen für sich verbuchen. Auch Scheljews Autorität wurzelt vornehmlich in seiner Reputation als unerschrockener Regimekritiker. Darüber hinaus verstand es der Philosoph auf dem Präsidentenstuhl, sein Amt in den politischen Prozeß bald schiedsrichterlich bald gestaltend einzubringen (Ganev 1993/94: 62-64). Er nahm verschiedentlich Einfluß auf die Regierungsbildung und setzte sich für die Gleichberechtigung der Partei der Türken und Muslime Bulgariens ein. Scheljews politische Aktivität stieß auch auf Kritik, zumal seitens der Union der Demokratischen Kräfte, die ihm eine zu kompromißbereite Haltung gegenüber den Postkommunisten zum Vorwurf machte. In der Bevölkerung wurde ihm allenfalls mangelnde Diplomatie und zu große Ehrlichkeit angelastet. Diese Art von Nachrede mochte dem ersten demokratischen Präsidenten Bulgariens eher zur Ehre gereichen. Ähnliches galt für das Verhalten der Amtskollegen in Budapest und Prag. Unter den durchweg professionell ungeschulten Demokraten der ersten Stunde war die moralische Vorbildfunktion der Dichterpräsidenten von zweifellos unschätzbarem Wert.

In der Slowakei hat der Konflikt, der zwischen dem vom Parlament gewählten Präsidenten Mihal Kovac und dem Regierungschef, Vladmir Meciar, bald schwelt, bald lodert, symptomatischen Charakter für die Staatskrise, in der sich das Land seit der Trennung von Prag befindet. Der Konflikt wurzelt maßgeblich in den autoritären Herrschaftstendenzen Meciars, der nach einer Umwandlung des parlamentarischen in ein präsidentielles System trachtet, in dem er selbst das höchste Staatsamt anstrebt (Bricke/Lukas/Szomolanyi 1995: 167-170). Meciars autokratischer und populistischer Führungsstil wurde nicht zuletzt in den Kraftproben zwischen Meciar, dessen parlamentarischen Anhängern und Koalitionspartnern einerseits, dem einsamen Staatsoberhaupt andererseits, sichtbar (Vodicka 1994: 669-682). So inszenierte Meciar ein rechtlich irrelevantes parlamentarisches Mißtrauensvotum gegen Kovac, wobei ins Treffen geführt wurde, Kovac habe den Slowakischen Informationsservice als Waffe gegen Meciar und dessen Bewegung für eine Demokratische Slowakei (HZDS) mißbraucht. Kovac machte daraufhin klar, daß der Konflikt mit Meciar nicht persönlicher Natur sei, sondern im wesentlichen in Meinungsdifferenzen darüber gründe, wie Politik "in einer parlamentarischen Demokratie und einer freien, offenen Gesellschaft vollzogen werden sollte". Kovac beteuerte, weiterhin fest auf der Seite der Wahrheit, Gerechtigkeit und des Gesetzes stehen zu wollen (Fisher 1995: 38-42). Kovacs aufrechte Haltung verschaffte dem Staatsoberhaupt Sympathiebekundungen von bis zu 25.000 Teilnehmern.

Die Machenschaften der Anhänger Meciars stießen bald auch auf internationale Kritik. Als Vertreter der HZDS sich sogar damit brüsteten, daß der Bericht der Getrennten Kontrollorganisation (OKO), dem die Anschuldigungen gegenüber Kovac entstammten, in eine Reihe mit den Untersuchungen des amerikanischen Kongresses in der Watergate-Affäre zu setzen seien, ging diese Analogie der Regierung in Washington sichtlich zu weit. Die diplomatische Vertretung der USA in Bratislava verwahrte sich gegen die deplazierten Anspielungen und strich die rechtsstaatliche Absicherung der Untersuchungen im Watergate-Fall heraus, die keineswegs mit den in Bratislava verfolgten Methoden vergleichbar seien (Fisher 1995: 39). Es war nur zu verständlich, daß die Repräsentanten eines altehrwürdigen Verfassungsstaates sich veranlaßt sahen, den slowakischen ABC-Schützen in Sachen Rechtsstaat und Demokratie eine Lektion zu erteilen.

Auch das neue slowakische Verfassungsgericht bemüht sich, auf die Einhaltung der Verfassungsmäßigkeit von Gesetzen der Regierungskoalition zu achten. Als das Gericht jedoch einige von der Koalition verabschiedete Gesetze als verfassungswidrig erkannte, zeigten sich Meciar und seine Getreuen wenig gewillt, die höchstrichterliche Rechtsprechung zu akzeptieren. Sie sahen in dem Gericht vielmehr ein "krankes Element" des politischen Systems (Bricke/Lukas/Szomolanyi 1995: 170). Die Haltung des Ministerpräsidenten gegenüber den Höchstrichtern wie gegenüber dem Staatsoberhaupt macht deutlich, wie die Autorität der neuen Institutionen gerade von den Kräften gefährdet wird, die das System ursprünglich eingeführt haben. Zu befürchten ist, daß die destruktive Wirkung auch dann noch anhält, wenn sich das populistische Charisma Meciars bereits erschöpft hat. Insofern steht der Systemwechsel in der Slowakei unter besonders ungünstigen Auspizien. Hinzu kommt, daß in diesem multinationalen Land gleichzeitig mit der institutionellen Demokratisierung ein weitreichender Staats- und Nationsbildungsprozeß in Gang gekommen ist, der autoritäre politische Kräfte dazu treibt, die Titularnation zu bevorteilen. Das neue slowakische Sprachengesetz vom Herbst 1995 unterstrich diese Tendenz (SZ 11./12. und 18./19. November 1995).

In Polen hatten die wiederkehrenden Kompetenz- und Machtkonflikte zwischen Präsident Lech Walesa und den rasch wechselnden Regierungen verschiedene Ursachen. Sie lagen sowohl in den unklaren, provisorischen Verfassungsbestimmungen als auch in den zunächst diffusen parlamentarischen Kräftekonstellationen, schließlich in den höchst eigentümlichen Vorstellungen Walesas von Demokratie und Rechtsstaat begründet (Bos 1995: 13-48). Als der Präsident im Dezember 1995 in seinem Amt von Aleksander Kwasniewski abgelöst wurde, war das Verfassungsprovisorium noch nicht beseitigt. Allerdings hatte sich die politische Landschaft im Sejm konsolidiert. Denn nach dem Einbau von Hürden in das Verhältniswahlrecht verringerte sich bereits bei den zweiten freien Parlamentswahlen im Herbst 1993 die Zahl der im Parlament vertretenen Parteien und Listenverbindungen von neunundzwanzig auf sechs. Walesa sah sich jedoch seither einer breiten Mehrheit der kommunistischen Nachfolgeparteien gegenüber.

Zweifellos war es für Walesa vor dem Hintergrund seines energischen Kampfes gegen das kommunistische Regime eine besonders schwierige Aufgabe, sich in eine "Kohabitation" mit einer postkommunistischen Parlamentsmehrheit und Regierung einzufügen. Doch hatten schon Walesas Wahlkampf um die erstmalige Übernahme der Präsidentschaft sowie seine anschließende Wahrnehmung des Amts immer wieder erkennen lassen, daß ihm der Umgang mit Repräsentanten anderer politischer Institutionen, ob diese aus den Reihen der Solidarnosc oder aus dem postkommunistischen Lager stammten, ebenso schwer fiel wie die Akzeptanz und der Respekt demokratischer Verfahren und Institutionen überhaupt. Dies lag vornehmlich in seinem autoritären und populistischen Rollenverständnis begründet, wie er es selbst in vielen Aussagen und Handlungsweisen dokumentiert hat.

Zu überlegen bleibt, inwieweit die vielen Widersprüche, die sich sowohl zwischen Walesas persönlichen Bekenntnissen zur

Demokratie und seinem tatsächlichen Verhalten in der Politik sowie innerhalb seines demokratischen Credos auftaten, auf Mißverständnisse und/oder auf die mangelnde Bereitschaft des Helden der Danziger Werft zurückzuführen sind, das demokratische Einmaleins zu erlernen. Gerade Walesas feurige Lippenbekenntnisse zu den demokratischen Werten legen nahe, daß die deklamatorische Verve über die inneren Vorbehalte des Redners hinwegtäuschen soll. So stand Walesa nicht an, immer wieder zu behaupten, er sei der "größte Demokrat" und ein "fanatischer Anhänger von Demokratie und Pluralismus" (Bos 1995: 37). Bei einem Treffen mit der Führung des Sejm versicherte er noch im Februar 1995: "Zum tausendsten Mal erkläre ich, daß ich unabhängig davon, welches Amt ich ausübe, ob Präsident oder Elektriker, niemals Demokratie, Freiheit oder die demokratisch verabschiedete Verfassung verletzen werde. Und ich werde es mit Sicherheit niemals auf gewaltsame Art und Weise tun." (zitiert nach Transition 1995: H.4, 56) Tatsächlich hatte sich Walesa mit bloßen Androhungen von Gewalt begnügt, etwa nach dem kommunistischen Wahlsieg im Herbst 1993, als er davon sprach, daß ihm zur Bewältigung der politischen Krise immer noch die "Jelzin-Variante" bleibe, d.h. die gewaltsame Auflösung des Parlaments.

Walesas voluntaristisches Amtsverständnis offenbarte sich zumal in seinem verfassungsrechtlich höchst umstrittenen Widerstand gegen die Nominierung von Ministerpräsidenten und Ministern und in seinem Veto gegen Gesetze, darunter auch Haushaltsvorlagen. Während in solchen Vorgängen vor allem populistische Tendenzen hervortreten, kam in Walesas Verlangen, die Außenpolitik gleich dem französischen Präsidenten als seine "domaine réservé" zu betrachten, der Anspruch zum Ausdruck, die Machtvollkommenheit des Präsidenten gegenüber der Welt und den anderen Staatsgewalten zu Hause herauszustreichen. Tatsächlich führte die von Präsident und Regierung gleichermaßen beanspruchte Außenpolitik nicht selten zu grotesken Situationen.

Dies traf beispielsweise auf die gleichzeitig erwarteten Staatsgäste aus Rußland und Litauen zu. Während der russische Ministerpräsident Tschernomyrdin als Gast seines Amtskollegen Pawlak nach Warschau kam, honorierte am gleichen Tag Litauens Präsident Brasauskas eine Einladung von Walesa. Pawlak und Walesa hatten einander von ihren Vorhaben nicht unterrichtet. In der polnischen Öffentlichkeit reagierte man peinlich berührt bis belustigt darüber, daß die zwei Staatsflaggen gerade noch rechtzeitig aufgezogen und eingeholt werden konnten (Bos 1995: 33). Im Ergebnis gaben sich die höchsten Amtsträger selbst der Lächerlichkeit preis. Zudem brachten sie die von ihnen bekleideten Staatsämter in Mißkredit.

Walesas abschätzige Haltung gegenüber den neuen demokratischen Institutionen und ihren Repräsentanten wurde wiederholt deutlich. Er bezeichnete den Sejm als "Debattierklub", die Abgeordneten als "nichtsnutzige Schwätzer und Demokraten". Mazowiecki und dessen Regierungsmitglieder wurden als "intellektuelle Eierköpfe" geschmäht (Bos 1995: 39). Demgegenüber nahm Walesa für sich in Anspruch, daß er "das Volk höre und wisse, was das Volk wolle, nämlich einen starken Führer" (SZ 21.10.94). Adam Michnik hat Walesa als eine "Mischung aus Jeanne d'Arc und Napoleon" beschrieben (Die Zeit 01.03.1991). Walesa selbst sah sich nicht ungern in der Tradition Jozef Pilsudskis, der Polen nach einem Staatsstreich im Jahre 1926 autoritär regierte.

Walesa sprach gern in Bildern. Er sagte zum Beispiel: "Ich bin kein Anhänger der klassischen Präsidentschaftskonzeptionen, ob französisch, italienisch oder amerikanisch. Ich mache das anders. Ich werde alle überraschen. Meine Devise lautet nicht 'Wein und Dinner', sondern eher 'Fliegender Holländer', der durch das Land reist und überall eingreift, wo es nötig ist". (Gazeta Wyborcza 27.10.90). Ungeachtet der opernhistorisch wie verfassungsrechtlich teilweise schiefen Vergleiche wird die Vision von der Führungsrolle des Präsidenten in dieser Aussage überdeutlich. Das Ziel eines volksnahen Führers sah Walesa immer wieder von den Schranken des Verfassungsrechts und politischen Gegenmächten beeinträchtigt. Er klagte: "Im herrschenden politischen System kann ich kein Führer sein. Ich kann nur ablehnen, nur ein Veto einlegen." (SZ 21.10.1994). Um gleichwohl sein autoritäres Herrschaftsverständnis zu realisieren, schreckte er vor Verfassungsbruch und anderen Rechtsbeugungen nicht zurück. Kritische Kommentatoren beobachteten, daß Walesas Präsidentschaft das Amt selbst beträchtlich beschädigte. Es habe immer stärker unter "Deprofessionalisierung, Dekomposition und Manipulation des Verfassungsrechts" gelitten (Bingen 1995: 180). Selbst ehemalige Mitstreiter in der Solidarnosc standen nicht an, Walesa in aller Öffentlichkeit vorzuhalten, daß es der Präsident selbst sei, der die Demokratie in Polen gefährde.

In Rußland ist das Amt des Präsidenten, mit dem man am Ende der UdSSR das Tor zu einem souveränen, demokratischen Rußland aufstoßen wollte, seit 1994 einem vergleichbaren Prozeß der Delegitimierung ausgesetzt. Deshalb stellte die Kommunistische Partei der Rußländischen Föderation im Vorfeld der Präsidentschaftswahlen von Mitte 1996 in Aussicht, im Falle des Sieges ihres Kandidaten, Gennadij Sjuganow, das Präsidentenamt zu entmachten oder ganz abzuschaffen. (SZ 10./11.2.1996; Tagesspiegel 14.2.1996) Der Autoritätsverlust der russischen Präsidentschaft liegt in der populistischen bis autokratischen Amtsführung des "späten Jelzin" (Burlackij 1995) begründet. Diese wurzelt maßgeblich in dem Ausgang der ersten freien Parlamentswahlen, die im Dezember 1993 den demokratischen Kräften wenig Erfolg beschert hatten. Seither sah sich Jelzin veranlaßt, das Problem der geschwundenen Machtbasis durch institutionelle Surrogate, einen autokratischen Führungsstil und einen ideologischen Paradigmenwechsel in Richtung auf eine verstärkte Großmachtapologetik auszugleichen. Diese Politik der Kompensationen vermochte indessen keineswegs die politische Glaubwürdigkeit der Präsidentschaft wiederherzustellen. Vielmehr untergrub das Verhalten Jelzins sowohl den demokratischen Auftrag als auch die Würde des Amtes.

Jelzin hatte es während Gorbatschows Perestroika verstanden, sich im Verein mit dem Dissidenten Andrej Sacharow und anderen Vorkämpfern für einen raschen Abbau des alten Systems als "Radikaldemokrat" zu profilieren. Die von ihm anläßlich seiner feierlichen Vereidigung als erster frei gewählter Präsident Rußlands im Sommer 1991 verkündete Botschaft klang glaubwürdig. Er sagte damals: "Das große Rußland erhebt sich von den Knien! Wir werden es unbedingt in einen blühenden, demokratischen, friedliebenden, souveränen Rechtsstaat verwandeln." (Meißner 1992: 22). Vor allem in den Jahren 1990 und 1991, als Jelzin von der Bewegung "Demokratisches Rußland" emporgetragen wurde und er sich als ihr unstrittiger Führer empfahl, vollzog sich das Wunder, daß die Demokraten "Jelzin zu Jelzin gemacht haben" und er diese "zu Demokraten gemacht hat" (Kostikow 1996). Selbst während der zweijährigen "Doppelherrschaft", als im postsowjetischen Rußland Präsident und Parlament um die Vorherrschaft rangen, kam der alte Parteisekretär in Jelzin nicht allzu deutlich und eher selten zum Vorschein. Im Vergleich zu seinen hauptsächlichen politischen Rivalen schien Jelzin seinem demokratischen Auftrag gerechter zu werden. Demgegenüber vermittelte sich der Eindruck, daß seine Konkurrenten im Kampf um Behauptung und Beschneidung institutioneller Macht weitaus stärker dazu neigten, ihre Ämter bald mißzuverstehen, bald zu mißbrauchen, bald der Lächerlichkeit preiszugeben.

Die größten Schwierigkeiten zeigte Jelzins Stellvertreter, sich in seiner Rolle zurechtzufinden. Alexander Ruzkoj ging früh in Distanz zu Jelzin und zur Regierung, die er der Unfähigkeit bezichtigte. Ruzkojs Ausfälle gegen die Regierungsmitglieder waren mit dem Status und der Würde eines Vizepräsidenten ganz und gar nicht vereinbar. Er beleidigte die jungen demokratischen Regierungsmitglieder, indem er sie zum Beispiel als "kleine Jungen in rosafarbenen Höschen" herabzusetzen versuchte. In der Umgebung des Präsidenten sah er nur einen "führungslosen, unorganisierten Ort von Intrigen", wo niemand wisse, welche Ziele man verfolge (Mommsen 1996: 160-161). Ruslan Chasbulatow, Speaker des Parlaments, stand diesem Urteil kaum nach. Er sah in den Kabinettsmitgliedern nur "Kinder, die ihren Weg verloren haben". Jelzins Entourage nannte er in Anspielung auf Rasputin, den dubiosen Wundermönch am Hofe des letzten Zaren, einen "kollektiven Rasputin", der ungebührend auf die Regierungspolitik Einfluß nehme (Mommsen 1996: 162-163).

Chasbulatow setzte alles daran, sich das Parlament als persönliche Machtbasis aufzubauen. Dies trotz seines geringen Respekts gegenüber den Volksdeputierten, die er gelegentlich als "Würmer" verunglimpfte. Chasbulatow schwärmte für die Parlamentssouveränität nach dem Westminster Modell, was ihn nicht daran hinderte, dieses Ziel gleichzeitig als Verteidigung des Prinzips der Gewaltenteilung auszugeben. (Chasbulatow 1993: 226 ff.) Chasbulatow und Ruzkoj übten bald den Schulterschluß mit Walerij Sorkin, dem Präsidenten des neu geschaffenen Verfassungsgerichts, der sich nicht scheute, in dem politischen Poker zwischen Präsident und Parlament persönlich Partei zu beziehen. Als Sorkin auf einer Pressekonferenz so weit ging, den Präsidenten ob eines bloß angekündigten Dekrets das zuletzt gar nicht erlassen wurde, vorzuverurteilen und des Staatsstreichs zu bezichtigen, war die Autorität des Gerichts vollends kompromittiert (Sharlet 1993: 1-39).

Allerdings sah sich auch Jelzin in Versuchung geführt, den Gewohnheiten eines kommunistischen Parteisekretärs nachzugeben. Dazu gehörten Mißbrauch der Amtsgewalt, Amtswillkür und vor allem mangelnder Respekt gegenüber einer unabhängigen Justiz. Charakteristisch dafür war die Erhöhung der Richtergehälter während des sogenannten "Jahrhundertprozesses", der 1992 zu der Rechtmäßigkeit des durch Jelzin nach dem August-Putsch verhängten Verbots der KPdSU durchgeführt wurde (Moscow News 16.8.1992). Als Kavaliersdelikt mochte Jelzins telefonische Fürbitte beim Verfassungsgerichtspräsidenten durchgehen, das über Michail Gorbatschow wegen Aussageverweigerung in dem gleichen Prozeß verhängte Ausreiseverbot aufzuheben, um diesem die Teilnahme an dem Staatsakt zu Ehren Willy Brandts in Berlin zu ermöglichen (Mommsen 1996: 171). In Jelzins "später" Amtszeit verstießen zunehmend populistisch inspirierte, verfassungswidrige Gesetze und Dekrete gegen den Anspruch des Präsidenten, Garant der Verfassung zu sein. Zu dem Sündenregister zählte etwa das Dekret über die Bekämpfung des organisierten Verbrechens, das eine Reihe verfassungswidriger Bestimmungen enthielt; weiter das Gesetz über den Status der Abgeordneten, das Jelzin im Frühjahr 1994 trotz seiner verfassungswidrigen übermäßigen Privilegierung der Parlamentarier unterschrieb (Mommsen 1996: 239 und 244). Jelzin nahm diese Verfassungsverstöße bewußt in Kauf, um in der Duma ein freundliches Echo zu erzielen.

Als im Sommer 1993 der Konflikt zwischen Präsident und Parlament einen Höhepunkt erreicht hatte, waren die Akteure beider Lager in aller Öffentlichkeit dazu übergegangen, sich in wahren Schlammschlachten gegenseitig der Korruption zu beschuldigen. Diese extreme Form der Austragung politischer Differenzen und andere Formen gegenseitiger Provokation ließen die Situation eskalieren. Anfang Oktober 1993 nahmen die Kontrahenten unter dem Vorwand, der Demokratie den Weg ebnen zu müssen, Zuflucht zu nackter Gewalt. Damit schien fürs erste der Versuch, in Rußland zivilisierte demokratische Verhältnisse zu schaffen, gescheitert. Der Transitionsforscher Adam Przeworski hat zu Recht als Mindestvoraussetzung eines demokratischen Systems dessen Fähigkeit betont, das Aushandeln von politischen

Konflikten zu gewährleisten, ohne daß sich die politischen Akteure gegenseitig umbringen (Przeworski 1991: 95).

Es mag erstaunlich erscheinen, daß trotz des unsäglichen Anschauungsunterrichts, den die politischen Eliten im Umgang mit der Macht und dem politischen Gegner der Öffentlichkeit boten, die Demokratie als Ziel von der Bevölkerung weiterhin bejaht wird. Wenn man auch Chaos und Unordnung im Lande vielfach bitter beklagt und eine Politik der "eisernen Hand" wünscht, so wird gleichzeitig jegliche Form von Diktatur abgelehnt. Umfrageuntersuchungen brachten Bewußtseinsverwirrungen der Menschen als spontanen Reflex auf die vielfachen Veränderungen an den Tag. Dazu gehört die Nostalgie nach autoritärer Ordnung und das gleichzeitige Hoffen auf Demokratie und "Zivilisiertheit" (Lewada 1995a). Skepsis gegenüber dem Nutzen eines Mehrparteiensystems oder des Streikrechts paart sich mit selbstverständlicher Genugtuung über die errungene Presse- und Meinungsfreiheit.

Umfragen von Anfang 1995 haben ergeben, daß in der Bevölkerung insgesamt noch "wenig klare Vorstellungen" von Demokratie herrschen. Die Ausbildung der Zivilgesellschaft ist weiterhin schwach. Erst im Zusammenhang mit den erneuten Parlamentswahlen im Dezember 1995 hat die gesellschaftliche Selbstorganisation neue Impulse erhalten. Auch wenn der Tschetschenienkrieg von mindestens drei Viertel der Bevölkerung abgelehnt wird, die Presse in nahezu geschlossener Front dagegen anging und es zu spektakulären einzelnen Formen des Widerstands kam, blieb eine breite gesellschaftliche Mobilisierung aus. Dieses Phänomen deutete der bekannte Soziologe Jurij Lewada als Ausdruck der noch vorherrschenden "regellosen" bzw. "liederlichen" Demokratie (Lewada 1995b). Der Begriff paßt auch auf die rudimentäre Parteienlandschaft, die mangels demokratischen Führungspersonals und mangels programmatischer Konturen zur Identifikation und sozialen Gefolgschaft wenig einlädt. Solange jedoch die neuen wie die alten Eliten noch selbst auf der Suche nach ihrem Standort in einem pluralistischen Gemeinwesen sind, können sie die klassischen Funktionen von politischen Parteien als Kanäle der Artikulation und Aggregation gesellschaftlicher Interessen nicht erfüllen.

Vergleichsdaten über Ostmitteleuropa bringen an den Tag, daß auch hier die Bürger ob der vielen Transformationsprozesse überfordert, desorientiert und psychisch erschöpft sind. Angesichts der Schwäche der Institutionen, der mangelnden demokratischen Kultur ihrer Träger und fehlender gesellschaftlicher Subsysteme stellen sich überall affektive Systemloyalitäten und partizipatorisches Interesse nur schleppend ein (Plasser/Ulram 1994: 365-379). Die Entfremdung der Massen von der Politik ist selbst in Tschechien und in Ungarn ein hervorstechendes Merkmal der Übergangszeit (Hanak 1995: 898-906). Attila Agh hat in Ungarn das Phänomen einer "halbierten Demokratie" beobachtet, in der die Politik sich auf zwei miteinander unverbundenen Ebenen abspiele. Der Autor hebt hervor, daß sich die politischen Parteien "in ihrer selbstherrlichen Isolation mit Fragen (befassen), die die Menschen nicht wirklich interessieren und berühren, sondern in Form rücksichtsloser Konfrontation nur der Klärung ihrer gestörten eigenen Identität dienen". Deshalb könnten sie die Kluft zu den Bürgern nicht überwinden. Die neue Ordnung müsse also mehr von oben als von unten etabliert werden. Das Dilemma dabei liege jedoch darin, daß auch die oberen Etagen des neuen Herrschaftsgebäudes nur unzureichend funktionierten, solange die unteren und mittleren Stockwerke nicht fertiggestellt seien. Dies könne man in Ungarn an den Schwächen des Parlamentarismus beobachten, der sich durch geringen Professionalismus und durch mangelhafte Gesetzesvorlagen auszeichne (Agh 1993: 112-118).

Während es zweifellos ein zumindest mühseliges und langwieriges Unternehmen ist, "Demokratien ohne Demokraten" und ohne Zivilgesellschaft seetüchtig zu machen, so liegen weitere

Gefahren für den demokratischen Wandel vormals kommunistischer Regime darin begründet, daß die Funktionsschwächen der neuen Einrichtungen durch Surrogate und im Wege der Wiederbelebung hergebrachter institutioneller Mechanismen kompensiert werden. Gerade in "superpräsidentiellen" bzw. "delegativen Demokratien" können im Falle weitreichender Elitenkontinuität typische Praktiken des Nomenklaturastaats eine Fortsetzung finden und das Binnenleben der neuen demokratischen Institutionen stärker prägen als deren verfassungsrechtliche Standortbestimmung.

4 "Nomenklaturdemokratien" und "Schatteninstitutionen". Privatisierung der Macht versus Autoritarismus

Adam Michnik hat in Polen eine "samtene Restauration" beobachtet. In Rußland machte der 1994 von zwei Publizisten geprägte Begriff der "Nomenklaturdemokratie" als plakative Bezeichnung für das heutige Regime Furore. Hier wurde zudem eine Fragmentierung und gar eine "Privatisierung" der Macht registriert. In dem Zusammenhang war von mächtigen "Staatslobbies", von einem "bürokratischen Markt" und von einflußreichen "Schatten der Macht" die Rede. In Rumänien wurden alte Seilschaften und "Schatteninstitutionen" gesichtet. In der Slowakei avancierte der Geheimdienst SIS zum kriminellen Drahtzieher und zur politischen Schaltstelle bei der Bewältigung einer Staatskrise, in der es um Behauptung und Durchsetzung der Verfassungsnormen gegenüber nackter Machtwillkür der Exekutive und ihrer "Schatten der Macht" geht.

Der Grad der Pervertierung der neuen Verfassungsbestimmungen hängt von mehreren Faktoren ab, die in den einzelnen Übergangsregimen unterschiedlich zu Buche schlagen. Dazu gehören

Demokratie in Osteuropa

unter anderem das Ausmaß der Elitenkontinuität, die Rolle autoritärer Persönlichkeiten, der Wechsel der politischen Kräftekonstellationen, daraus resultierende Strategien der Machtabsicherung durch die herrschenden Kreise und Schichten, schließlich die institutionelle Entwicklungsdynamik, sei es auf der Ebene der neuen verfassungsmäßigen Einrichtungen, sei es auf der Ebene der Schatteninstitutionen.

In allen Übergangsregimen Osteuropas ist es nur begrenzt zu einem Austausch der politischen Eliten gekommen (Beyme 1994: 177-191). Dies gilt vor allem für die staatlichen Verwaltungsapparate und die Justiz. Veränderungen an der Spitze dürfen nicht über die Heerscharen früherer Apparatschiks hinwegtäuschen, die auch bei genereller "Wendementalität" der "Kader" oder Stellenwechsel im einzelnen immer noch die Amtsstuben auch der Übergangsregime bevölkern. Michniks Überlegungen zur "samtenen Restauration" in Polen zielten darauf ab, daß sich Polens Eliten seit 1989 noch stark aus den alten Kadern rekrutierten. Einstellungen und Verhaltensweisen der kommunistischen Nomenklatura prägen insofern auch die Eliten der neuen Ära und bestimmen das Wechselverhältnis von politischer Kultur und Institutionen. Diese Beobachtung läßt sich auf alle Übergangsregime übertragen.

Reformkommunisten und gewöhnliche Wendekommunisten dominieren weiterhin in vielen Regierungen. In der föderativen Regierung der CSFR von 1990 sowie in der ersten slowakischen Regierung nach dem Umbruch zählte man fünf Reformkommunisten und fünf weitere ehemalige Kommunisten (Schneider 1995: 60). In der Slowakei dominierten auch nach dem Bruch mit Prag Deszendenten der kommunistischen Nomenklatura. Dies hat sich maßgeblich darauf ausgewirkt, daß in der Slowakei im Unterschied zu Tschechien spät und schleppend Strukturreformen in Gang kamen. Nach dem Wahlsieg der ungarischen Sozialisten 1994 übernahm Gyula Horn die Führung einer neuen Regierungsmannschaft, die auf einer Koalition von Sozialisten und den liberalen Freien Demokraten beruhte. Horn stellte in Aussicht, in der neuen Regierung dem Sachverstand oberste Priorität einzuräumen. Im Ergebnis entstammten neun von elf Ministern der früheren kommunistischen Staatspartei; sechs Minister waren ehemalige Apparatschiks, die eine klassische Kaderkarriere aufzuweisen hatten (Oltay 1995: 34-37).

In Rumänien hat der Reformkommunist Ion Iliescu dafür gesorgt, Macht und Einfluß über die verfassungsmäßigen Institutionen hinaus noch mittels anderer Einrichtungen abzusichern. Anneli Ute Gabanyi unterscheidet dabei "Schatteninstitutionen" und "Seilschaften". Letztere spielten in allen "realsozialistischen" Systemen eine wichtige Rolle. Dabei handelt es sich um "okkulte Machtstrukturen, deren Vertreter zueinander in einem Loyalitäts- und Klientelverhältnis besonderer Art stehen" (Gabanyi 1994: 141). Die "Schatteninstitutionen" sind demgegenüber institutionelle Surrogate und Mechanismen der zusätzlichen Herrschaftssicherung im postkommunistischen Staat. In Rumänien fallen vor allem der Sicherheitsdienst SRI und der Oberste Landesverteidigungsrat in diese Kategorie. Letzterer wurde kurz nach Ceauşescus Sturz per Dekret geschaffen. Ein karger Verweis in der Verfassung hebt die koordinierende Funktion des Organs im Zusammenhang mit der Verteidigung des Landes und der nationalen Sicherheit hervor. Dem Gremium gehören über den Staatspräsidenten hinaus die Vertreter der wichtigsten Ministerien und des Sicherheitsdienstes an. Aufgrund der fehlenden parlamentarischen Kontrolle des Organs und seiner tatsächlich weitreichenden Machtausübung, die sich selbst auf die Amtsenthebung eines Ministerpräsidenten erstreckt, kann man in dem Rat eine Art "Überregierung" sehen (Gabanyi 1994: 140-143).

Im postsowjetischen Rußland weist der Nationale Sicherheitsrat, der im Mai 1992 ins Leben gerufen wurde, eine starke Ähnlichkeit mit Rumäniens Landesverteidigungsrat auf. Gleich bei seiner Gründung zog das Gremium in Moskau den Verdacht auf sich, eine Reanimation des Politbüros zu sein. Doch erst nach Inkrafttreten der Verfassung und im Gefolge der diffusen Kräftekonstellation in der Staatsduma avancierte der Nationale Sicherheitsrat zu dem tatsächlich höchsten Machtorgan Rußlands, auch wenn es in der Verfassung ebenfalls nur spärlich mit Hinweisen auf seine "konsultative" Funktion bedacht ist. Die tatsächliche Machtfülle des Nationalen Sicherheitsrates wurde vollends offenbar, als hier Ende November 1994 von Jelzin im Verein mit einer Handvoll weiterer Oligarchen die militärische Intervention im Kaukasus beschlossen wurde (Mommsen 1996: 242-252).

Rußlands Nationaler Sicherheitsrat, unterdessen ein Sanktuarium der politischen Macht mit entsprechend zeremoniellem Gepränge, ist zwar nur ein Stiefkind im Verfassungsgefüge, aber immerhin offiziell registriert. Demgegenüber entbehren die Spiele der weiteren Moskauer "Schatten der Macht" jeglicher rechtlichen Basis. Dabei geht es um Jelzins persönliche politische Entourage, seinen Personenschutz zumal, dessen Intrigen auf die Ausweitung des eigenen politischen Einflusses in und gegenüber den offiziellen Etagen der Macht zielen (Mommsen 1996: 295-296). Damit nicht genug. Die Kamarilla des Kremls gleicht einem "skrupellosen Wolfsrudel", "das notfalls über sich selbst herfalle, um Einfluß auf den Präsidenten zu gewinnen", wie Jelzins früherer Pressesprecher, Wjatscheslaw Kostikow, Anfang 1996 dokumentierte (Kostikow 1996). Außerdem repräsentieren die "Schatten des Kreml" nur eine der Gruppen, die in großer Zahl das Binnenleben der Staatsbürokratie bestimmen und jenem Phänomen der "Privatisierung der Macht" Auftrieb verleihen, das als eines der hervorstechendsten Merkmale der russischen Nomenklaturdemokratie gilt. Während der Termiteneffekt des bürokratischen Pluralismus die von dem Präsidenten gewünschte "Machtpyramide" untergräbt, verhindert er gleichzeitig die Einwurzelung einer neuen zentralistischen autoritären Macht (Shevtsova 1995: 69).

Die alte Nomenklatura tummelt sich nicht nur in der zentralen Moskauer Bürokratie, sondern auch und vor allem in den Provinzen und Regionen, wo sie zu den ersten Nutznießern des "Nomenklaturakapitalismus" gehört. Eine geradezu klassische Ausprägung erfährt das Prinzip der Nomenklaturdemokratie in den Regierungsstrukturen der Rußländischen Föderation, insofern hier die "roten Ökonomen" als Repräsentanten der mächtigen Staatslobbies - sei es der Militär-Industrielle-, der Agrar-Industrielle- oder der Energie- und Erdöl-Komplex - den Ton angeben und Verteilungsfragen im Stil des alten Sowjetkorporatismus entscheiden (Mommsen 1996: 227). Die Regierungspraxis der russischen Nomenklaturtschiki wurde Anfang 1995 in der liberalen Zeitung Segodnja so erläutert: "Da es an einem strukturierten Parteieinfluß fehlt, ist an dessen Stelle der Gruppeneinfluß gerückt, der sich in der Regel 'in einem Kampf der Bulldoggen unter dem Teppich' ausdrückt. Und deswegen ist der Charakter der Macht zu einer Nomenklaturaherrschaft mit all ihren Begleiterscheinungen verdammt, die die Macht selbst wie auch die Gesellschaft durch Korruption, Beamtendünkel, staatliche Willkür, unkontrollierte Ausgaben staatlicher Mittel und mangelnde Transparenz der Willensbildung (die Aufzählung kann jeder weiter fortsetzen) zerstören". (Krasnow 1995) Im Vorfeld der Parlamentswahlen vom Dezember 1995 sah sich Jelzin veranlaßt, die Parteienbildung von oben anzustoßen, um damit der Nomenklaturaherrschaft eine gesellschaftliche Absicherung zu verschaffen. Auf diese Weise wurde der Mitte-Rechts-Block "Unser Haus Rußland" unter Führung des Ministerpräsidenten Viktor Tschernomyrdin und Iwan Rybkins Mitte-Links-Block auf den Weg gebracht. In der International Herald Tribune kommentierte William Safire treffend, daß im Unterschied zum Westen, wo man politische Parteien dazu benutze, um Regierungen zu bilden, in Rußland die Regierung dazu verwendet werde, eine Partei zu kreieren (IHT 7.5.1995). Bekanntlich war die Wirkung des Gedankens, in

Rußland nach amerikanischem Muster von oben her ein Zweiparteiensystem zu schaffen, nicht sehr weitreichend. Der Vorgang zeigt jedoch, daß die höchsten Repräsentanten der russischen Staatsgewalt wie schon im Zarismus und während der Sowjetzeit zum Zwecke der Perpetuierung der eigenen Macht nicht davon ablassen, die Gesellschaft als staatliche Veranstaltung zu perzipieren und zu manipulieren.

5 Abschließende Betrachtungen

In diesem Beitrag konnte nur ein Teil des Problembündels aufgeschnürt werden, das die Entstehung und Entfaltung von Rechtsstaat und Demokratie in Osteuropa beeinträchtigt und gefährdet. Die aufgezeigten Schwierigkeiten und Abweichungen bei der Annäherung an die erstrebten "Errungenschaften der Weltzivilisation" reichten von überhasteten und konfliktreichen Verfassunggebungsprozessen über die fehlende demokratische Schulung der Transformationseliten bis zu deren Tendenz, die Herrschaftsausübung über die verfassungsmäßigen Organe hinaus auch auf "Schatteninstitutionen" auszudehnen.

Der glatten Entfaltung der Verfassungen steht vielerlei entgegen. Die erste Hürde bilden die strukturellen Ungleichgewichte, die von den Kontrahenten des Machtwechsels in das Verfassungsgebäude eingebaut wurden und dessen Tragfähigkeit von Anfang an unterhöhlten (Glaeßner 1994: 250; Zielonka 1994: 87-104). Das Einpendeln eines sinnvollen Zusammenspiels der Institutionen wurde im weiteren generell durch das demokratische Analphabetentum der Akteure erschwert. Die fehlende Vorbildfunktion der Eliten verzögert wiederum das Erlernen einer demokratischen politischen Kultur durch die Bürger. Um strukturell nicht ausbalancierte Systeme und/oder das Fehlen parlamentarischer Mehrheiten auszugleichen, wächst die Versuchung unter politischen Führungskreisen, auf institutionelle Surrogate und Ersatzideologien, ob Nationalismus oder Großmachtapologetik, auszuweichen. Der Teufelskreis, der die genannten Schwachstellen verkettet, ist nur schwer aufzubrechen. Die Distanz zur Verfassung wächst, anstatt sich zu verringern.

Diese Beobachtungen treffen zumal auf den größeren Teil der Nachfolgestaaten der UdSSR zu. Das politische Regime Rußlands, des mächtigsten Sukzessorstaates, zeichnet sich durch besonders widersprüchliche Merkmale aus. Es verkörpert eine Mischung aus den Typen der "Nomenklatur-" wie der "delegativen" Demokratie, aus Anarchie und Autokratie, aus protoparlamentarischen und -pluralistischen Zügen. Presse- und Meinungsfreiheit können als die bedeutendsten Elemente der politischen Freiheit in dem hybriden Regimetyp gelten, der weiterhin von ganz unterschiedlichen Entwicklungstendenzen geprägt ist: Während offiziell ein starker Staat und eine reife Zivilgesellschaft gleichzeitig propagiert werden, sorgen in der Realität mächtige bürokratische Lobbies dafür, daß der Staat der "Privatisierung" anheimfällt. Ein anderer Trend besteht darin, daß die zuletzt im Dezember 1995 demokratisch gewählten Volksvertreter, in ihrer übergroßen Mehrheit selbst Anhänger eines starken Staates, im Tauziehen mit dem dominierenden Präsidenten Rußland ein Stück weit von der "delegativen" zur repräsentativen Demokratie hin zu bewegen bemüht sind. Andererseits sieht sich Boris Jelzin im Kampf um die Wiederwahl in das Präsidentenamt veranlaßt, sämtliche Register des politischen Populismus zu ziehen. Dazu gehört das Ende Februar 1996 bekundete Bestreben, die eigene Regierung zu desavouieren und dem kommunistischen Konkurrenten Gennadij Sjuganow die programmatische Show abzulaufen (SZ 24./25.2.1996).

Angesichts dieser Widersprüchlichkeiten sind Auffassungen von einer "richtungslosen Transformation" (Schröder 1995) oder von einem "unkonsolidierten Autoritarismus" (Aspen-Konferenz

1994) gewiß zutreffend, wenn auch wenig erhellend im Hinblick auf die Grundgestalt der augenblicklichen Herrschaftsverhältnisse und auf mutmaßliche weitere Entwicklungen des Systems. Gegenwärtig tritt ob des schwachen Parlamentarismus und der von Jelzin forcierten Vorherrschaft der Präsidialexekutive gegenüber der Regierungsgewalt als hervorstechende Kennung des Regimes der superpräsidentielle Charakter entgegen. Dieser ist jedoch keineswegs deckungsgleich mit dem in der Verfassung verankerten Semi- oder Dreiviertelpräsidentialismus, der durch gewaltenteilige Vorkehrungen, das allgemeine Rechtsstaatsgebot und den besonderen Schutz der Verfassung durch den Präsidenten selbst bestimmt ist. Die Verfassungsrealität hingegen ist geprägt von Kompetenzanmaßungen und -überschreitungen der präsidentiellen Gewalt gegenüber den anderen staatlichen Organen, von der unzulässigen institutionellen Verengung der politischen Entscheidungsprozesse, von populistisch begründeten verfassungswidrigen Gesetzen und Dekreten und nicht zuletzt von schreienden Menschenrechtsverletzungen, wie sie etwa seit Ende 1994 im kaukasischen Tschetschenienkrieg zu beobachten sind.

Angesichts der raschen und komplexen Dynamik des sozialen, politischen und ökonomischen Wandels in allen Übergangsregimen Osteuropas und der Verflechtung dieser Veränderungen mit Faktoren der internationalen Politik, der Staatsgründung und Nationenbildung, erscheint zuletzt die Überlegung angebracht, die Transformationsprozesse verstärkt aus der Perspektive nichtlinearer Systemtheorien oder Chaostheorien zu beobachten. Denn eine so erweiterte Optik könnte zu einer umfassenderen Einschätzung aller relevanten nationalen und transnationalen Faktoren beitragen und die entscheidenden Veränderungen in der Morphologie der Herrschaftsverhältnisse verdeutlichen.

Literaturverzeichnis

Ackermann, Bruce, 1991/92: Von der Revolution zur Verfassung, in: Transit 1991/92, H. 4, S. 46-61.
Agh, Attila, 1993: Unsere halbierte Demokratie, in: Bayer, Joszef/Deppe, Rainer (Hrsg.), Der Schock der Freiheit. Ungarn auf dem Weg in die Demokratie, Frankfurt, S. 112-118.
Barany, Zoltan, 1990: First Session of New Parliament, in: RFE/RL Research Report on Eastern Europe, S. 26-32.
Beyme, Klaus von, 1994: Systemwechsel in Osteuropa, Frankfurt am Main.
Bingen, Dieter, 1995: Die Transformation geht weiter. Polen sechs Jahre nach dem Systemwechsel, in: Herder Korrespondenz, H. 4, S. 177-181.
Bos, Ellen, 1995: Polens Balanceakt zwischen "großem Durcheinander" und demokratischer Konsolidierung, in: Mommsen, Margareta/Ellen Bos/Silvia von Steinsdorff (Hrsg.): Demokratie-Experimente im Postkommunismus. Politischer und institutioneller Wandel in Osteuropa, Münster, S. 13-48.
Bozoki, Andras, 1994: Party Formation and Constitutional Change in Hungary, in: The Journal of Communist Studies and Transition Politics, 10, H. 3, S. 35-55.
Bricke, Dieter W./Lukas, Zdenek/Szomolanyi, Sona, 1995: Slowakische Republik, in: Weidenfeld, Werner (Hrsg.): Mittel und Osteuropa auf dem Weg in die Europäische Union, Gütersloh, S. 167-193.
Brunner, Georg, 1993: Ungarn auf dem Weg zur Demokratie. Von der Wende bis zur Gegenwart, Bonn.
Bunce, Valerie, 1995: Should Transitologists Be Grounded?, in: Slavic Review, 54, H. 1, S. 111-127.
Burlackij, Fjodor, 1995: Posdnij Jelzin: Kuda westi Rossiju? in: Nesawisimaja Gaseta vom 17.2.1995.
Burtin, J./Wodolasow, G., 1994: W Rossii postroena Nomenklaturnaja Demokratija, in: Iswestija vom 1.6.1994.
Cepl, Voytech/Gillis, Mark, 1993/94: Czech Republic, in: East European Constitutional Review, S. 64-68.
Elster, Jon, 1993: Constitution-Making in Eastern Europe: Rebuilding the Boat in the Open Sea, in: Public Administration, 71, H. 3-4, S. 179-217.
Elster, Jon, 1993/94: Bargaining over the Presidency, in: East European Constitutional Review, S. 95-98.
Fisher, S.: Prime Minister and President Grapple for Power, in: Transition, Vol. I, Nr. 11, S. 38-42.
Gabanyi, Anneli Ute, 1994: Rumänien: Die Wende als institutioneller Wandel, in: Papalekas, J.L. (Hrsg.): Institutionen und institutioneller Wandel in Südosteuropa, München.

Gajdar, Jegor, 1995: Entscheidung in Rußland. Die Privatisierung der Macht und der Kampf um eine zivile Gesellschaft, München-Wien.

Ganev, Venelin, 1993/94: Bulgaria II, in: East European Constitutional Review, S. 62-64.

Glaeßner, Gert-Joachim 1994: Demokratie nach dem Ende des Kommunismus. Regimewechsel, Transition und Demokratisierung im Postkommunismus, Opladen.

Gorbatschow, Michail, 1995: Erinnerungen, Berlin.

Hanak, Jiri, 1995: Die Tschechische Republik sechs Jahre danach, in: Die Neue Gesellschaft. Frankfurter Hefte, 10, S. 898-906.

Höpken, Wolfgang, 1995: Bulgarien, in: Weidenfeld, Werner (Hrsg.): Demokratie und Marktwirtschaft in Osteuropa, Gütersloh, S. 191-208.

Holmes, Stephen, 1993/94: A Forum on Presidential Powers. The Postcommunist Presidency, in: East European Constitutional Review, S. 36-39.

Kaminski, Bartlomiej, 1991: Systemic Underpinnings of the Transition in Poland: The Shadow of the Round-table Agreement, in: Studies in Comparative Communism, 24, H. 2, S. 173-190.

Chasbulatow, Ruslan, 1993: The Struggle for Russia. Power and Change in the Democratic Revolution, hrsg. von R. Sakwa, London-New York.

Kostikow, Wjatscheslaw, 1996: "Die Macht ist seine Mätresse", in: Süddeutsche Zeitung, 9.2.1996, S. 8.

Krasnow, Michail, 1995: Dwe schisni. Do i posle prinjatija rossijskoj konstituzii, in: Segodnja, 27.1.1995.

Kubicek, Paul, 1994: Delegative Democracy in Russia and Ukraine, in: Communist and Post-Communist Studies, 27, H. 4, S. 423-441.

Lewada, Jurij, 1995a: Teper my bolsche dumaem o semje, tschem o gosudarstwe. "Tschelowek sowetskij" pjat let spustja: 1989-94, in: Segodnja, 24.1.1995.

Lewada, Jurij, 1995 b: W Rossii ustanowilas "Demokratija Besporjadka", in: Segodnja, 15.4.1995.

Luchterhandt, Otto, 1992: Die Einführung des Präsidialsystems in Rußland, in: Jahrbuch für Politik, 2 (1992), S. 275-305.

Mink, Andras, 1993/94: Hungary, in: East European Constitutional Review, S. 68-71.

Majoros, Ferenc, 1994: Der Verfassungsstreit über die Kompetenzen des ungarischen Staatspräsidenten als Oberbefehlshaber der Streitkräfte, in: Osteuropa Recht, 40, H. 3, S. 210-225.

Meißner, Boris, 1991: Gorbatschow am Scheideweg (II), in: Osteuropa, 41, S. 671-694.

Meißner, Boris, 1992: Gorbatschow, Jelzin und der revolutionäre Umbruch (II), in: Osteuropa, 42, S. 21-40.

Mommsen, Margareta, 1996: Wohin treibt Rußland? Eine Großmacht zwischen Anarchie und Demokratie, München.

O'Donnell, Guillermo, 1994: Delegative Democracy, in: Journal of Democracy, 5, H. 1, S. 55-69.

Oltay, Edith, 1995: The Return of the Former Communists, in: Transition, 1, H. 1, S. 34-37.

O'Neil, Patrick, 1993: Presidential Power in Post-Communist Europe: The Hungarian Case in Comparative Perspective, in: The Journal of Communist Studies, 9, H. 3, S. 177-201.

Pataki, Judith/Schiemann, John W., 1991: Constitutional Court limits Presidential Powers, in: RFE/RL Research Report on Eastern Europe, 2, H. 42, S. 5-9.

Plasser, Fritz/Ulram, Peter A., 1994: Politische Systemunterstützung und Institutionenvertrauen in den OZE-Staaten, in: Österreichische Zeitschrift für Politikwissenschaft 4/1994, S. 365-379.

Poshtov, Georgi, 1993/94: Bulgaria I, in: East European Constitutional Review, S. 61-62.

Preuß, Ulrich K., 1990: Revolution, Fortschritt und Verfassung. Zu einem neuen Verfassungsverständnis, Berlin.

Przeworski, Adam, 1991: Democracy and the Market. Political and Economic Reforms in Eastern Europe and Latin America, Cambridge.

Rüb, Friedbert W., 1994 a: Die Herausbildung politischer Institutionen in Demokratisierungsprozessen, in: Merkel, Wolfgang (Hrsg.): Systemwechsel 1., Opladen, S. 111-137.

Rüb, Friedbert W., 1994 b: Schach dem Parlament! Über semipräsidentielle Regierungssysteme in einigen postkommunistischen Gesellschaften, in: Leviathan, 22, S. 260-292.

Rustow, Dankwart, 1970: Transitions to Democracy: toward a Dynamic Model, in: Comparative Politics, 2, S. 337-363.

Schewzowa, Lilija, 1995: The Two Sides of the New Russia, in: Journal of Democracy, 6 (1995), S. 56-71.

Schmitter, Philippe C., 1995: Von der Autokratie zur Demokratie. Zwölf Überlegungen zur politischen Transformation, in: Internationale Politik, 6/1995, S. 47-52. Schneider, Eleonora, 1995: Politische Eliten in der ExTschechoslowakei (Teil I), in: BiOst 60.

Schneider, Eleonora, 1995: Politische Eliten in der ExTschechoslowakei (Teil I), in: BiOst 60.

Schröder, Hans-Henning, 1995: Die richtungslose Transformation. Zum politischen und gesellschaftlichen Wandel in Rußland, in: Blätter für internationale und deutsche Politik, 40, H. 8, S. 936-945.

Schweisfurth, Theodor, 1993: Der Staat soll in Zukunft für den Menschen da sein, in: Frankfurter Allgemeine Zeitung, 9.12.1993.

Sharlet, Robert, 1993: Chief Justice as Judicial Politician, in: East European Constitutional Review, 2, S. 1-39.

Demokratie in Osteuropa 277

Steinsdorff, Silvia von, 1995: Die Verfassungsgenese der Zweiten Russischen und der Fünften Französischen Republik im Vergleich, in: Zeitschrift für Parlamentsfragen, 26, S. 486-504.

Vodicka, Karel, 1994: Die Slowakei im Jahre 1, in: Osteuropa 7/1994, S. 669-682.

Walesa, Lech, 1995: Trying to make repairs (Rede vom 6. Februar 1995), in: Transition, Bd. 1, 4, 95, S. 56 ff.

Wolff-Poweska, Anna, 1995: Politische Kultur in den postkommunistischen Gesellschaften, in: Weidenfeld, Werner (Hrsg.): Demokratie und Marktwirtschaft in Osteuropa, S. 35-54.

Zielonca, Jan, 1994: New Institutions in the Old East Bloc, in: Journal of Democracy, 5, S. 87-104.

Ziemer, Klaus, 1993: Probleme des politischen Systemwechsels der Republik Polen. Eine Zwischenbilanz nach drei Jahren, in: Jahrbuch für Politik, 3, Halbband 1, S. 93-123.

Auf dem Weg zur Demokratie

Gert-Joachim Glaeßner
Demokratie nach dem Ende des Kommunismus
Regimewechsel, Transition und Demokratisierung im Postkommunismus
1994. 445 S. Kart.
ISBN 3-531-12538-9
Der Autor geht der Frage nach, welche Erbschaft der Kommunismus hinterlassen hat, welche Voraussetzungen in den postkommunistischen Ländern für die Etablierung dauerhafter demokratischer Ordnungen bestehen, wie sie mit den Problemen der Nationenbildung und der Schaffung demokratischer Institutionen zurechtkommen und welche Auswirkungen das Ende des Kommunismus auf die Demokratien des Westens hat.

Gert-Joachim Glaeßner
Der schwierige Weg zur Demokratie
Vom Ende der DDR zur deutschen Einheit
2., durchges. Aufl. 1992. 230 S. Kart.
ISBN 3-531-12318-1
Dieses Buch untersucht die Ursachen für den Zusammenbruch und Sturz des politischen Systems in der DDR und beschreibt den komplizierten und widerspruchsvollen Weg des Übergangs zur Demokratie. Neben den inneren Aspekten werden auch die europäischen Konsequenzen des Weges zur staatlichen Vereinigung Deutschlands dargestellt und analysiert. Besondere Beachtung wird schließlich den Problemen des sozialen und kulturellen Zusammenwachsens zweier höchst unterschiedlicher Teilgesellschaften gewidmet.

Dieter Segert / Csilla Machos,
unter Mitarb. von L. Brokl, H. Burmeister, W. Hedeler, G. Hunics, Z. Mansfeldová
Parteien in Osteuropa
Kontext und Akteure
1995. 345 S. Kart.
ISBN 3-531-12774-8
Nach 1989 sind auch in Osteuropa politische Parteien als die für Wettbewerbsdemokratien typischen Hauptakteure entstanden. Die Autoren vertreten die These, daß die Geschichte des Staatssozialismus die spezifischen Parteibildungsprozesse in diesem Raum am stärksten beeinflußt hat. Der vergleichenden Analyse liegen Einzelstudien zu den Parteiensystemen in Ostdeutschland, Polen, der Sowjetunion/Rußland, Tschechien und Ungarn zugrunde.

WESTDEUTSCHER VERLAG
Abraham-Lincoln-Str. 46 · 65189 Wiesbaden
Fax (06 11) 78 78 - 420

Osteuropa im Umbruch

August Pradetto (Hrsg.)

OSTMITTELEUROPA, RUSSLAND UND DIE OSTERWEITERUNG DER NATO

PERZEPTIONEN UND STRATEGIEN IM SPANNUNGSFELD NATIONALER UND EUROPÄISCHER SICHERHEIT

Westdeutscher Verlag

August Pradetto (Hrsg.)
Die Rekonstruktion Ostmitteleuropas
Politik, Wirtschaft und Gesellschaft im Umbruch
1994. 327 S. Kart.
ISBN 3-531-12630-X
Experten aus Ost und West ziehen vier Jahre nach dem fundamentalen Umbruch in Mittel- und Osteuropa Bilanz. Der erste Teil des Buches umfaßt vergleichende Studien über Ungarn, Rumänien, Bulgarien, Slowenien, Polen und die Tschechoslowakei bzw. ihre Nachfolgestaaten. Der zweite Teil des Bandes behandelt den Sonderfall ehemalige DDR/neue Bundesländer. Im dritten Abschnitt finden sich Beiträge, die länderübergreifenden Charakter aufweisen.

August Pradetto (Hrsg.)
Ostmitteleuropa, Rußland und die Osterweiterung der NATO
Perzeptionen und Strategien im Spannungsfeld nationaler und europäischer Sicherheit
1997. 377 S. Kart.
ISBN 3-531-13002-1
Was diesen Band von anderen Publikationen zur Thematik zuvorderst unterscheidet, ist die Gegenüberstellung der Ansichten über die NATO-Osterweiterung und über die Sicherheitsentwicklung auf dem Kontinent aus mittel-, ost-, westeuropäischer und „atlantischer" Perspektive. Die zum Großteil aus den jeweiligen Ländern stammenden Autoren explizieren, wie die sicherheitspolitische Lage bestimmt und das nationale bzw. regionale Sicherheitsinteresse von den diversen Akteuren definiert wird.

Dieter Segert /Richard Stöss /
Oskar Niedermayer (Hrsg.)
Parteiensysteme in postkommunistischen Gesellschaften Osteuropas
1997. 433 S. (Schriften des Zentralinstituts für sozialwiss. Forschung der FU Berlin, Bd. 82) Kart.
ISBN 3-531-13007-2
Spätestens nach den zweiten freien Wahlen haben sich überall in den postkommunistischen Staaten relativ stabile politische Parteien herausgebildet. In Fallstudien wird die Mitgliederschaft und Wählerstärke, ihre Finanzsituation, darüber hinaus das programmatische Profil sowie das institutionelle Umfeld der Parlamentsparteien von neun postkommunistischen Staaten analysiert.

WESTDEUTSCHER VERLAG
Abraham-Lincoln-Str. 46 · 65189 Wiesbaden
Fax (06 11) 78 78 - 420

MIX
Papier aus verantwortungsvollen Quellen
Paper from responsible sources
FSC® C105338

If you have any concerns about our products,
you can contact us on
ProductSafety@springernature.com

In case Publisher is established outside the EU,
the EU authorized representative is:
**Springer Nature Customer Service Center GmbH
Europaplatz 3, 69115 Heidelberg, Germany**

Printed by Libri Plureos GmbH
in Hamburg, Germany